大学生活启示录

翟国栋　主编

首都师范大学出版社
CAPITAL NORMAL UNIVERSITY PRESS

图书在版编目（CIP）数据

大学生活启示录 / 翟国栋主编. — 北京：首都师范大学出版社，2019.7（2020.3重印）

ISBN 978-7-5656-5148-9

Ⅰ.①大… Ⅱ.①翟… Ⅲ.①大学生－学生生活 Ⅳ.①G645.5

中国版本图书馆CIP数据核字（2019）第128665号

DAXUE SHENGHUO QISHILU

大学生活启示录

翟国栋　主编

责任编辑　周晓蓉

首都师范大学出版社出版发行

地　　址　北京西三环北路105号
邮　　编　100048
电　　话　68418523（总编室）　68982468（发行部）
网　　址　http://cnupn.cnu.edu.cn
印　　刷　北京虎彩文化传播有限公司
经　　销　全国新华书店
版　　次　2019年7月第1版
印　　次　2020年3月第3次印刷
开　　本　787mm×1092mm　1/16
印　　张　15.5
字　　数　260千
定　　价　42.00元

版权所有　违者必究
如有质量问题　请与出版社联系退换

前言

　　历经了多少苦读的日日夜夜，历经了多少努力拼搏的雨雪风霜，终于拿到了大学录取通知书。怀揣着对大学生活和未来的憧憬，金秋九月，同学们进入了大学校园。刚刚迈进大学校门，由于生活环境、社会角色发生了较大的变化，同学们不可避免地会出现各种不适应，出现各种困惑与不安：大学生如何由被动学习到主动学习？如何处理学习与学生会、社团工作的关系？上大学的奋斗目标在哪里？大学生活中的挫折和困难如何克服？如何修炼自己的情商？如何在大学里脱颖而出？如何让自己的大学生活更加充实和有益？

　　为了能更好地帮助大学新生顺利完成角色转变，更快地适应大学的新生活，我们摘录了选修《大学生活与生涯规划》课的部分在校大学生的心路历程以及获得各类奖学金学生的事迹，主要内容包括自主学习、课堂学习、实践实习、阳光心态、情商修炼等章节。本书是一本在校大学生写的、给在校大学生看的、直面大学生活领域的书。书中记录的是在校大学生的思考，既有成功道路的启示，又有出于惨痛教训的警示，关键是提供了一些可行的建议。而所有正反两方面的反思都为的是一个目的：希望刚进入大学的学子能够从中发现一条适合自己的发展道路，学会抓住机遇，利用资源，发展自我，走向成功。

　　本书尽可能全面地提供一种参照，提供一种参考，提供一些经验，提供一些教训，希望原本精彩的你，在大学的四年中应更精彩！但愿本书能激发你获取成功的欲望，使你能够及早地审视未来，锁定未来人生的目标，努力过好你的大学，获得属于你自己的幸福而成功的人生！

大学不仅不是你奋斗的终点，而恰恰是你人生的又一个起点，是你生命历程中一条新的起跑线。无论过去你多么优秀，那只能属于过去。是过浑浑噩噩、一生懊悔的大学四年，还是过奋发有为、辉映一生的大学四年，主要看你的目标和行动。天道酬勤，一分耕耘一分收获，一分汗水一分成功。真心希望同学们在大学期间努力，努力，再努力，为人生更加灿烂的未来奠定好知识和能力的坚实基础。

感谢书中各位大学生的所思、所想、所悟。感谢中国矿业大学（北京）本科教育教学改革与研究项目（J180421，J190517）的资助。感谢辅导员赵汉青老师在资料整理和书稿润色中的辛勤劳动。感谢北京航空航天大学附属实验学校中学部翟洛寒同学绘制的精美插图。感谢为本书出版给予大力支持的领导，老师和编辑同志。

因时间、水平所限，书中错误之处在所难免。诚恳地希望各位读者多提宝贵意见和建议。

编者
2019 年 7 月

目录

第1章 自主学习　全面成才 ·············· 1

　　大学教学方式要求自主学习 ·············· 2
　　自主学习使平凡变为优秀 ·············· 5
　　找准目标，自主学习 ·············· 8
　　少回寝室，多到自习室自习 ·············· 11
　　处理好又爱又恨的手机 ·············· 13
　　找一个好朋友共同学习 ·············· 16
　　利用课余时间预习、复习 ·············· 20
　　多和老师、同学沟通 ·············· 23
　　上慕课自主学习 ·············· 25
　　重视课堂往往事半功倍 ·············· 26
　　学习和社团活动必须平衡好 ·············· 28

第2章 大学课堂　亮点纷呈 ·············· 33

　　高数的魅力与乐趣 ·············· 34
　　大学英语及应用实践 ·············· 37
　　思政课及其实践 ·············· 41

	专业导论提升专业自信	45
	心理沙龙，破冰之旅	47
	金工实习趣味多多	50
	专业实习与实践	54
	实验课	59
	专业课程	60
	军训之红蜻蜓	65
第3章	第二课堂　丰富多彩	67
	社会实践	68
	大学生创新训练与学科竞赛	78
	文体活动	88
	志愿服务	93
	校园中的社会工作	96
	走出校园　工作实习	99
第4章	明确目标　做好当下	105
	树立目标	106
	做好当下	121
	培养自己的爱好	126
	以积极向上的心态面对生活	130
	树立自信	135
	情商培养	139
	习惯	146

第5章　青春有价　大学无悔 … 151

- 走好当下，路越走越宽 … 152
- 大学生活的三个关系 … 153
- 付出与得到 … 155
- 激扬青春，绽放精彩 … 157
- 勤可补拙，熟能生巧 … 158
- 大学杂谈 … 160
- 且行且珍惜 … 162
- 我的大一生活 … 164
- 过有目的的大学生活 … 166
- 与你的大学相适应 … 168
- 永葆"学习"之心 … 170
- 怀揣梦想，把控时间 … 172
- 过充实的大学 … 174
- 用行动编织自己的梦想 … 175
- 大学要有所取舍 … 178
- 我对大学的认识 … 179
- 回首大一 … 181
- 大学，需要奋斗 … 182
- 青春与梦想 … 184
- 尽量别让自己后悔 … 186
- 淡泊明志，宁静致远 … 188
- 过好当下，珍视过程 … 190
- 大学点滴 … 192
- 充实和丰富 … 194
- 做一个快乐的人 … 196
- 踏实走好每一步 … 198
- 发现自己 … 200
- 过好独一无二的大学生活 … 202

大一让我幡然醒悟 …… 204
理想不是空想 …… 206
学习经验之我见 …… 209
踏实走好每一步 …… 210
青春不散场，且行且珍惜 …… 212
孤独与幸运 …… 214
大学是人生的加油驿站 …… 216
我的青春我做主 …… 218
提高工作学习效率 …… 220
永不言弃 …… 221
明确目标，努力奋斗 …… 223
我的大学经历 …… 225
我们一直在路上 …… 226
学习的方法、习惯与品质 …… 228
找回梦想，孜孜以求 …… 230
回望大学 …… 232
度过一个没有遗憾的大学 …… 234
大学，阳光洒过的地方 …… 236
我在大学放风筝 …… 237
努力一点，再努力一点 …… 239

第1章　自主学习　全面成才

大学教学方式要求自主学习

  摆脱了初中、高中被束缚的生活,迎来了相对自由的大学生活。培养大学生自主学习能力是大学阶段的重要任务。自主学习是大学生自主意识的外化,是学生的内在要求。自主学习者把自己视为"主",视为"主动者",视为学习的主人、时间的主人。当前大学生在自主学习方面普遍存在一些问题。首先是学习不刻苦。有的同学对大学生活不适应,仍然沿用中学的学习方法,过分依赖老师和班主任,学习上缺乏自主性;有的同学自认为很聪明,学习不必花太多功夫,临考前突击一下就能过关;有的同学迷恋网吧;等等。其次是学习基础参差不齐,特别是边远地区入学分数低的学生,学习上缺乏信心。再次是经济困扰。大学阶段培养自主学习能力就显得尤为重要。为了培养自主学习习惯,学习观念要由依赖性转变为自主性,学习内容要由被动接受转变为主动选择,学习方式要由单一性转变为多样性,要学会利用课堂进行有效学习,利用实验室、计算机房培养自己实际操作能力与理论联系实际的能力。(马行健 信息 15)

  培养大学生的自主学习能力是十分重要的。大学课堂班级人数多,上课进度快,习题讲解少,没有强制自习,这些都会使学生们在课堂及课后的学习效率有所降低,课上讲的跟不上、记不牢,课下如果还不能及时巩固,那几乎就等于没有学习。所以,我们必须培养自学能力,自行梳理知识、学习和巩固知识,找到自己的薄弱环节,做针对性练习。进入大学我们一定要对自己负责,想要好的未来,就必须自主学好知识。我认为自学能力中最关键的就是自制力和行动力。我们都是有目标的人,但并不是所有人都会因目标而努力要求自己。当自己对目标意志很坚定时,就会对自己有足够的自制力(因我常因意志不强而放纵),所以要有目标而后自制,最后发挥行动力去学习。自学一定要发自内心地学习,当然也要有方法,梳理知识与对应练习很重要,尤其对内容零散的课程。另外还要劳逸结合。谨记期末前的突击是很累人的……(李柠菡 化学 15)

培养大学生自主学习能力是我们自身发展的需要。科学技术的发展，不仅丰富了知识的内容，也改变着知识传播的方式与途径。我们仅仅依靠在课堂上学到的知识已远远不够，学习不再受时间、空间的限制。很多网上课程同样能带给我们各种不同于课堂却又能补充课堂的知识，而自主学习能力自然就成为社会发展对大学生的必然要求。自主学习能大大提高我们的学习效率与学习效果。自主学习可以通过确立学习目标、自我监督、自我克服困难等方法来实现。自主学习要有明确的学习目标，能逐渐摸索出适合自己的学习方法。在学习过程中采取自觉主动的态度，课前充分预习，发现问题研究问题，课堂中认真听讲，积极参与发言，课后自觉概括知识要点，及时纠正错误。在学习过程中不断鼓励自己，利用各种学习资源，摄取更丰富的知识，逐步培养自己的自主学习能力。总之，在学习过程中，应有计划地提高自主学习能力。（汪才琴　化学16）

大学与高中最大的不同就是大学再也没有老师会耳提面命地督促你学习，很少有老师将一个知识点反复讲四五遍。在大学你有了很大的自由度，没有谁会过多地管束你，上课睡觉、打游戏或者是写其他作业也不会有人来制止你。极高的自由度让我有些不习惯，看来我们还没有从高中那种约束力极大的管教模式中走出来。在大学我们可以肆意地放纵自己，但也要为自己的所作所为埋单。高中曾幻想过大学生活的舒适，但当你真到了大学才知道，高中老师让你对大学憧憬的话太过片面，比如他们说：你上课时玩手机和睡觉都没有人会打扰你，但他们没说的是一旦你这样做了，迎接你的未来不会美好。不管你憧憬的大学生活多么美好，但你现在必须面对的是人生的选择。要么拼搏，为自己的未来拼出一片天；要么沉沦，让自己的未来石沉大海。所以，来到大学你要做的第一件事就是放下你曾经以为的美好，端正你的态度。你要明白大学总归还是一个学校，来到这里的第一要务是学习，而不是享乐。你要明白大学不是终点，这里不是你松懈的港湾，你可以偶尔停下来想想，但请不要长留。时间不会重来，你没有机会去后悔。时间对每个人都是公平的，所以不要让自己被迷雾笼罩，在原地徘徊，你需要勇敢、坚毅、拼搏，坚定地朝着你所想去的远方前行。也许孤独，也许不被人理解，也许你走得很艰难，但请相信努力奔跑的你很美。（阮开杰　采矿16）

自主学习能力是现代知识潮流的一个大趋势，大学的学习方式与高中有很大的不同，大学中的自主学习，不仅能使大学生有效圆满地完成大学学业，而且能使大学生在以后的人生中受益。大学生自主学习过程中，会逐渐形成一种主动而积极自觉的心态，进而会形成一种习惯，这种习惯会在以后的教育或学习中表现为对知识的强烈渴求，主动参与的精神和积极向上的心态。大学生会在自我学习的过程中，完成对自我价值和社会责任感的认知。学习的目的并不是为了考试过关，更不是为了应付老师，而是为了获取知识、技能以及锻炼培养自己。大学生自主学习能力是大学生必须逐步培养的能力。大学的学习不是完全依赖教师的计划和安排，学生也不是单纯盲目地接受教学内容和观点。只有通过自主学习，才能发挥主观能动性，发掘自己在学习中的潜力，并最终转化为自己的学术观点和见解。当今知识更新迅速，走上工作岗位后，由于职业的发展，我们不得不学习更多新的知识。同时，转换思想也是自主学习能力的重要方面，在转换思想的过程中，自主学习和自我接受就显得尤为重要。所以，我们必须改变传统教育中以教师为中心的学习方式，更多采用自主的学习方式，来获得工作生活中所需的知识技能。（陈磊　消防16）

自主学习能力是一个学生独立学习能力的体现，也是衡量一个人可持续发展能力的重要因素。大学阶段培养的自主学习能力将在未来工作中充分发挥作用，包括不断地更新自己的知识和更快地掌握工作技能，从而更好地适应社会发展。目前人类已进入信息时代，信息时代的特点之一就是信息量特别大，知识更新速度非常快。作为当代大学生，我们应该跟上时代的步伐。首先，要主动学习外界信息；其次，在大量信息面前，还应有选择地学习。大学教学模式决定大学生必须培养独立学习能力。在大学里，以教师为主导的教学模式变成了以学生为主导的自学模式，教师在讲授知识后，我们不仅要消化理解课堂上的学习内容，而且还要大量阅读文献，主动做题做实验，以加深理解和记忆。"授人以鱼，不如授之以渔。"自学能力是我们获取新知识的最基本的能力。（高超　采矿15）

我们经历了残酷的高考，跨越重重难关，终于进入了大学的殿堂。然而时常会有许多大学生因为大学与高中学习生活方式的巨大差异而无法适应，这种不适应状况甚至可能持续整整四年。在高中学习生活中，老师作为我们全程"导游"，能够随时发现我们的学习问题并给予及时的指导和监督。然而到了大学，没有了老师的监督，以及高中所有的拘束，学习就更倚赖于自我主动性了。这样一来，我们的自主学习能力便很大程度上决定了我们大学学习的效果。及时培养起自主学习能力，有助于我们在大学的学习竞争中取胜，进而多一份自信。而培养自主学习能力的过程一开始并不轻松，四处潜藏的诱惑有可能将你引向歧路。就我自己而言，我认为应该选择一个适合的学习环境，在相应的氛围下进行学习，并时刻以自己身边的学习自主性强的人为榜样，勉励自己，并且时常对自己施加心理暗示。只有养成自主学习的好习惯，才能在大学以及未来的竞争中获胜。（牟建华　土木16）

自主学习使平凡变为优秀

作为一名刚刚进入大学的16级学生，本以为可以像高中老师所说的那样"大学就可以干自己想干的事情了"，事实并非如此。进入大学后，经过了各种课堂，各种考试以及测验的磨砺之后，我发现要想在大学里保持优秀，更需要自己有一个良好的学习习惯，自主学习的能力和自我意识。高中会有老师督促你，让你认真学习，而大学的晚自习你玩好几个小时的游戏也不会有人管你。随便晃悠几天，一周就过去了，晃悠几个月，一学期就过去了。当我看到无数个本来平凡但能控制自己，努力在大学奋斗最后取得优异成绩的学长时，我意识到，自主学习在大学是多么的重要，它可以让你在十年寒窗之后，顺利完成迈向社会之前的大学学业，它可以给你未来的人生奠定坚实的基础，它可以让你以后的生活不再变得毫无规律、乱无章法，它可以给予你青春最好的光彩。就如上学期期中考试高数不及格的我，知道了自己认真学习才能通过考试，经过我后半学期的努力，高数最终没有难住我。大学是真正的"海阔凭鱼跃，天高任鸟飞"的平台，让我们带着自主和坚持的好习惯走向成功吧。（王伟　采矿16）

我的大学时光已经所剩不多了。从大一的懵懂无知到现在的井井有条，每一步都是经验和教训，每一步也都是无法重来的回忆！以前，上课最喜欢听的一句话就是老师的重点提醒——"这个是重点"。后来，最不喜欢听的一句话是——

"这些内容你们自己下去学"。再后来，就是没有所谓的喜欢与不喜欢了，总之，多学无害。慢慢地，自主学习已成家常便饭。没有了起初的反感，取而代之的是沉甸甸的充实。通过自主学习，我们能离我们想要达到的目标更近一些，离我们的惰性更远一些。我们不再被人监督，因为我们学会了自我管理；我们不再碌碌无为，因为我们学会了发现兴趣；我们不再依靠他人，因为我们学会了自己解决问题。对于自主学习能力的培养，我认为可以用任何一项需要通过学习才能达到的技能来类比。比如游泳，刚开始教练已经把所有的经验和教训都传授给了你，但你的身体还是无法控制地下沉。你唯独要做的，就是模仿，就是下水多练，然后找到属于你自己的感觉和技巧。（刘晨光　化工 14）

　　作为一名大三学生，在大学我认为最重要的能力就是自主学习能力。因为大学的课程时间安排并不像高中那般紧凑，有很多可以自由安排的时间。我们基本上每天下午没什么课程，可以自由安排自己的学习生活。对于大学生而言，自主学习的能力是非常重要的。老师在课堂上讲的知识，我们可以用自由时间去消化，通常情况下，更多的扩展知识还需要我们自己去主动探究和钻研。我们如今已经是成年人，应合理地安排好时间，自己知道该做什么，该怎样做。就拿我自己来说，还有一年多一点，便不再是有着最幸福时光的大学生，这段日子过得实在太快了，倘若再迷迷糊糊，到了社会以后便会有很多的烦恼，所以需要考一些证书来加强自身的竞争力。比如"证券从业证书"等考试内容都是没有老师教的，需要自己去琢磨学习。记得那几周在图书馆拼命刷题、看书，希望自己可以考过，最后的结果对得起自己的努力，我考取了证券从业证。我是学会计的，对于学习方法我认为是理解案例再加详细背诵一些会计分录，在理解的基础上明白知识点，同时结合去会计师事务所的实习，将这些知识在工作中应用，更能准确掌握专业知识。在上个寒假的实习中，我深深体会到了工作的苦以及学习的幸福。所以我们每一位大学生都应该好好珍惜大学的时光，自主独立地学习，毕竟在以后的生活中，集中学习的时间越来越少，能有安静的书桌学习是一件非常幸福的事，有独立的空间思考自己的人生，想一想自己应该干什么，要不一生就这样马马虎虎地过去了。让我们规划好自己的人生，一步一步地实现自己的梦想。（杨泽源　会计 14）

在古人看来，大学生即为有渊博学识，并且有"自主学习能力"的人。可见，自主学习能力培养的重要性。在科技迅猛发展的今天，自主学习显得更加重要。大学四年，是我们人生中最宝贵的时间段，需要我们自主探索，寻找自己未来发展的路。我们在这宝贵的大学期间最重要的收获应该是自主学习能力。在自由的大学生活里，有自主学习能力的人可以学到更多东西，而整天沉迷在游戏中放纵自己的人便白白浪费了时光。在北京这个自由的城市里，大学生也是一个自由的群体，我们拥有全国最好的教育资源。在矿大，学校鼓励学生参加学科竞赛，并且通过资助来使我们的兴趣得到发展，使我们在专业领域内得到深造。同样，自主学习能力能使我们在这个竞争激烈的环境中脱颖而出。正如老师讲的，我们拥有同样的优质资源，通过竞赛便看到了人外有人，那么如何能追上他们，靠的便是自主学习能力。大学四年是我们宝贵的学习时光，我们首先要端正学习态度，维持好寝室文化氛围，最重要的是自己应有一颗上进的心，知道未来的发展方向。我们要不断挑战自己，积极参加各类学习竞赛，通过比赛认识自己，提高自己，并树立更高的目标。我们要利用好身边的资源，如图书馆、周围的大学以及北京的文化环境。总之，大学生要以"吾将上下而求索"的精神来对待学习和工作。（栾博语　机械 15）

我们已由高中那个受老师与家长督促的人生阶段走过来，步入了大学这座神圣的殿堂，心中充满欢喜，庆幸自己终于可以完完全全地放松了。于是，有一部分人便开始终日沉迷于网络游戏而无法自拔，最终毕业的时候一无所获。对于我们刚刚步入大学的大一学生而言，培养自主学习能力极其重要。在大学里，基本上没有人催促你去学习，自己每天要做什么以及将要做什么完全由自己把控。所以，为了不随波逐流，不会堕落，就一定要培养自主学习能力。光阴荏苒，岁月如梭，时间一去不回头。为了改变这种任凭时间流逝的现状，我们应去寻找一些方法来提高自主学习能力，不管是大把的空闲时间，整段的时间，还是碎片的时间，都不要随意将它浪费在浏览网页，看无用的视频，打网游上，我们要将一点一滴的时间累积起来，把它们用在读书看报上，定会收获颇多。在优秀学长学姐看来，抓住每一分每一秒实在是一种良策，注意不是抓住这些时间去玩电子游戏，而是将时间用在那些对自己有意义的事情上。（丛琳　信工 16）

| 大学生活启示录 |

找准目标，自主学习

　　进入大学以后，没有人监督你学习，更没有人强迫你学习。虽然，大一的时候要求强制去自习室上自习，但是包括我在内，有许多同学并没有在自习室学习，而是在干别的。这就说明，即使每天点名，关在自习室，学与不学也是个人的问题。其实，学习和玩一样，都是一种习惯罢了，只不过学习的习惯很难养成。但是一旦找准目标，比如考研、评优、出国等，就有了动力，再付诸一定的努力，就逐渐养成了学习的好习惯。你自主学习就会发现：第一，学习并不累。第二，你除了学习也没什么事要干。第三，无聊的时候首先想到的是学习。只要日复一日地坚持下去，最后一定会有好的结果。（闫韬　测绘14）

　　作为一名大二下学期的学生，我已度过了一年半的大学时光，也由当初入学的迷茫渐渐找到了适合自己的方法。我是一个喜欢思考，热爱学习、热爱生活的人，虽然如今已不强制自己，但我在每天晚上与周末时都会去自习室学习。我觉得大学与高中最大的不同就是大学更要求自主学习能力。高中阶段，我们会迫于家长、老师与社会压力选择以考上好大学为目标而学习，而到了大学，这种压力减小甚至消失了，导致如今许多大学生缺乏人生的目标与前进的动力，整天窝在宿舍或沉迷于游戏；有的人只为了能拿个学位证，有的人只为了混日子甚至不去上课……我们应该认识清楚自己学习是为了什么！为了以后更好的生活，为了自己内心的理想，为了解决社会问题，这些都可以作为我们学习的动力。例如我，环境工程是我的专业，如今环境问题日益突出，我觉得这是我发挥个人才能的大好机会，我对专业的学习很感兴趣。总之，兴趣与目标才是学习的动力。而且我们学习不能为了得高分而学，例如有的同学天资聪明，考前突击往往能得高分，但是考过就忘，这有什么用呢？学习就如吃饭，一点点来才能基础扎实，日积月累才能成长。而且我们学习不能只学理论，还应该注重应用，应该尝试把自己的知识用于生活中。（张清　环境15）

　　目前我已步入大三下学期，在大学的近三年时间里，我对上大学的意义并未有过深刻的认识，只以为上了大学便可以轻松地玩下去。但是到了这学期，我才意识到自己想法的错误。时间不能倒退，大学不能重来，只有把握好如今的每一分每一秒，才能对自己有所交代。在这学期的初始阶段，我面临一个决定未来的选择：考研，还是出国？一开始，我想得过于美好，认为上半年准备出国考试，下半年准备考研，对自己而言完全不是问题。但开学一周后，我才发现我想错了。之前两年半时间并没有准备日语以及英语托福考试，所以完全要从头开始，要在短短半年内达到能够通过的水平，难度不是一般的大。另外，高数的知识点在大一过后已然忘得一干二净，也得从头学起，权衡再三，我放弃了去日本留学的想法，转而全心全意备战考研。数学的所有课程都是大一、大二学的，那时还有老师上课和作业讲评，而如今我只能依靠自己，英语专业等其他科目也是如此。如若到现在我还不能做到高效地自主学习，那么我的考研梦也只能像昙花一现。自主学习能力的重要性就在此事上体现出来了。依靠自己，学习完大学期间的主要课程，没有老师指导，没有家长督促，在一切只靠自己的情况下，交出一份满意的答卷。对此，我深刻意识到了自己过去对时间的浪费以及学习效率低下的原因。为提高自主学习能力，我给自己安排了一份时间表，每天的作息严格按照时间表进行，学习期间关闭手机，心无旁骛才能将自己的一切注意力放在学习上。充分利用碎片时间，把握每分每秒，这样的生活虽然枯燥，但是我有为自己将来做准备的动力，因此我一定会坚持下去，决不放弃，因为我明白，今日吃的苦是为了明日更美的笑。（王征 机械14）

　　高中几乎全天都在学习，还有老师的不断督促，回家后也有家长的看管，这些都有利于强制性地把个人成绩向上提。而到了大学，学生自主学习能力的重要性就体现了出来。我们不是没看过那些关于名牌大学劝退大学生的报道，那些"好学生"考上了好大学后，认为一切都是自由的，再也没有老师与家长的看管约束，便去放纵自己而沉迷娱乐，将学业弃置不顾。他们没有了自主学习的能力相当于没有了在大学继续生活的资本，最后只能被淘汰出局，这就是深刻的教训。学无止境，在大学生活中没有人会强制你去学习，一切全靠自觉，期末成绩就是检验你平时自觉性的结果。我认为培养自主学习能力，首要是你不要觉得学习任务是负担，要以平和的心态去接受它，慢慢领悟其中的道理。在平时的空余时间，与其拿着手机刷着无聊的朋友圈，不如拿起单词书背上几个英语单词；与其早上赖床不起睡懒觉，不如去晨读振奋自己的精气神。所以培养自主学习能力也是靠平时积累的,当你发现有一天,你变得主动想去学习的时候,就意味着自己真正拥有了自主学习的能力。(盖禹成　测控 16)

大学生活已经快两年了。记得上高中的时候,老师都会和我们说:"等你们上了大学就好了,上了大学就轻松了。"一开始,我对这句话抱着坚信不疑的态度,期盼着考入大学。当然,在大学生活开始前,我从姐姐们口中知道,大学也是要认真学习的。但真正到了大学,我发现高中老师说的话的确需要商榷。相较高中来说,大学课余时间多了,自然是比高中轻松不少,可是大学学习却不像高中学习那样被动。高中时,老师时时刻刻都在督促你,而大学老师很多情况下除了上课见面,平时很少见到,更多需要的是我们主动地学习,有困难主动地去找老师。虽说上了大学学习很重要,但我们也不能仅仅局限于课堂知识,更多的还是研究前辈们的成果,拓宽自己的视野,有不懂的地方去找老师、导师或是成绩优秀的学长学姐。切记到了大学不可玩物丧志,不能自甘堕落。(季航　测绘 15)

我认为到了大学以后,可供自由支配的时间比中学时充裕了很多,而且相比较而言,中学老师在学生学习中起着十分重要的监督、督促作用,但在大学,再也不会有老师每天督促着你学习,此时若没有自主学习的能力,就会在学习中陷入被动。没有主动学习的意识,又没有旁人的督促,学习很容易落下,等意识到该学习时,往往为时已晚,所以自主学习是大学生必须具备的能力之一。以我自身经历来说,我认为要拥有自主学习能力,需要为自己制订学习计划,长短结合,并督促自己完成。比如,一周内完成所有科目的作业,复习已学知识,做一套四级题,看三篇英文小故事等。逐步地学习就会自主进行,并充满动力。在自主学习的过程中,心态要端正,要定一个长远目标,如,为了保研,为了出国,为了奖学金等。以这样积极的心态投入学习中,效率就会更高。(霍军洁　安全 16)

少回寝室，多到自习室自习

大学时光即将结束了，结合学校和我自身实际，我认为在大学中培养自主学习能力和摸索自主学习方法是十分重要的。大学是一个人从学校向社会的过渡，是我们从学生转变为独立职场人的必经之路，从生活能力到人际交往处处皆学问，而作为一名学生，更重要的莫过于培养自主学习能力了。初高中多数同学都是在学校、老师、家长的监督下完成学业，而进入大学后不仅环境一下子轻松自由了，而且面临的诱惑也很多，如果大学几年养成了堕落的习惯，无论是读研还是工作都会产生很大的负能量。如果不能学会控制自己，管理自己，在以后的日子里就不会有成长成才。大学四年除了学校监督大一上晚自习来培养习惯外，自己也可以通过少回寝室，一有空就去图书馆自习室的方式来培养自主学习能力。另外自习时如果能关掉手机远离干扰，也可以大大提升学习效率。通过环境和习惯的影响，慢慢进入良性循环。如果觉得困难，那么证明是在坚持上坡，而一旦放弃，再想将逝去的光阴补上是不可能的。（李婉婷　化工 14）

大学不像我们高中时代，学习时间由学校安排，统一上晚自习，每天有老师督促我们抓紧时间认真学习。大学是一个比较自由的地方，除了课堂学习，老师不会监督我们，我们的课余时间是丰富的，也是自由的，我们要学会自主安排，培养自主学习的能力，这对于我们来说十分重要。因为我们如果还沉浸在高中的学习模式中，那就会非常被动，压力也会非常大，会被其他同学甩开很大的距离。为了培养自主学习能力，我们要勤上自习，勤去图书馆，只有这样，才能充分利用空闲时间充实自习，学习课本知识，掌握所学内容。宿舍是用来休息的，人来人往十分嘈杂，不适合学习，只有自习室才适合学习，才有学习的氛围，更能让人静下心来全身心地投入学习。还要少玩游戏，少玩手机，这样才会腾出时间干更多有益的事。上课时要认真听讲，做好笔记，有不懂或疑问，应在下课时问老师，问同学，努力做到不懂就问，不能不懂装懂。应多看课本，多查资料，通过课外资料拓展课本知识。最后，我们应该独立自主地完成课后习题，不能抄答案，更不能不做，只有这样，才能够培养出自主学习能力，大学生活才能顺利度过。（马金星　环境 15）

进入大学之后，学习方式从老师布置任务转变为学生自主学习。大学课堂上老师很少一而再，再而三地重复某个知识点，更多的内容往往需要学生自己在课下借助资料去自主学习。没有了老师的监督，自己再不上进，很容易造成考试不及格挂科的问题。自制力不够强是导致无法自主学习的重要原因。很多学生都喊着"要学习"的口号，但又无法抵挡床和游戏的诱惑，于是学习成了空喊，及格也成了奢望。想要彻底静下心来学习，还得从自身做起。想自习就别呆在宿舍，去自习室就放下手机，实在不行就到图书馆，让他人认真学习的样子来感染自己，尽快投入到学习状态中去。当然，制订一个计划也是必需的，让计划来督促自己去投入学习，那样，及格甚至优秀就在不远处了。（柴硕　环境15）

当一个大学生具有自主学习能力时，就可以把零碎的时间充分有效地利用起来，在没课的时候，主动选择去自习室完成作业或做预习、复习，或是去图书馆浏览一些自己感兴趣的书籍。当一个大学生能够这样做时，他的大学生活将会变得十分充实，他的学习成绩也会十分优秀。经过大一上学期的学习，我发现培养自主学习能力并不是没有方法，比如，当自己比较颓废、不想学习的时候，可以选择逼迫自己去自习室或图书馆，把手机扔在宿舍，尽管这个时候学习效率比较低，但久而久之会养成在没课的时候去教室上自习的习惯，这样你的自主学习能力便会慢慢培养出来。此外，学习过程中你可能发现自己比较感兴趣的东西，你就会不由自主地去学习这门课。就拿我来说，因为刚进大学的时候听说高数比较难，所以每天没课的时候我都会跑去自习室学高数，后来竟觉得这门课还挺有意思，所以之后每天我都会去学高数。但是当自己在自习室呆久了，学的多了，会产生一个问题——缺少交流，并不知道自己是否掌握，到底有哪些地方不会。因此，在自主学习的同时，多交流必不可少，另外还要注意上课认真听讲，否则会错过很多课本之外的东西，这比自己一个人在自习室学多久都重要。就拿我上学期学工程制图来讲，上课爱打瞌睡，不得不自己在课下啃课本，做习题，考前还狂补基础知识和绘图技巧，这是很不好的。总之，自主学习很重要，一定要培养这种能力！（王硕　采矿16）

我是一名大一学生，由于还保留着高中的学习习惯，没有自主学习的能力，结果第一次高数月考差点不及格，让我认识到了上大学靠的是自己，自主学习能力强才能考出好成绩，于是我从一点一滴中培养自己的自主学习能力，刚开始我有时间就去图书馆、自习室自习，想学什么就看什么，期间也会玩手机，但我发现虽然努力了一个月，成绩却没有什么长进，于是我开始反思自己的学习方法，发现自己没有目标，没有规划，于是我给自己定了个小目标，前进20名，并制订了学习计划，每天督促自己完成需要完成的任务，慢慢地我发现自己适应了这个节奏，效果也很明显，我在第三次高数月考中进步了很多。我的学校是一个学风很好的学校，只要想学习随时都可以去自习室，虽然人很多，但几乎没有喧闹声，坐在自习室中你会不由自主地融入那种学习氛围，所以培养自己的自主学习能力要坚持，要有目标，有规划，更重要的是找一个适合学习的地方，安安静静地沉下心去学习。（刘松博　电气16）

处理好又爱又恨的手机

大学与高中最大的区别应该就在于大学的学习环境比较宽松，学习知识都靠自觉。而高中学校、老师、家长都会推着你学习。在大学自由的氛围下，要想高效学习，避免不必要的诱惑，就要严以律己，做到自主学习，找出适合自己的学习方法，在大学期间努力提高自身能力。记得大一的一次班会，班主任老师让每个学生谈自己的学习方法，我那个时候才意识到，在自己懈怠的时光里，其他人是怎样的勤学多问，高效地利用自己的时间进行学习的。从那之后，我开始卸掉不必要的手机应用和购物软件，控制自己看手机的时间，合理地安排学习和生活时间，尽量做到充实自己的生活。记住：学习时一定不能看手机。现阶段，手机和电脑里的软件、游戏极大地浪费了我们的时间，严重影响了我们的生活，自习的时候尽量做到不带手机，静静学习1小时，往往比三心二意数小时来得高效。（姜阳　环境15）

刚从高中毕业的大学生们，并不会很好地进行自主学习，因为在高中的灌输式教育下，我们都习惯于有老师督促的模式，但到了大学，自主学习成为必不可少的技能之一。因为在大学没有老师会像高中老师一样催促我们去学习。自习、上课、作业的完成全凭学生的自觉。有良好的自主学习能力，能够让我们迅速进入大学的学习生活状态，及时完成老师布置的作业，做到上课高效率地听讲，下课也能及时预习和复习。在别人都在低效率学习时，可以利用节省下来的时间去充实自己，做自己想做的事，丰富自己的阅历，提高自己的能力和水平。在大学，影响自己高效自主学习的很大一部分原因是手机，所以，要想做到自主学习，就应该主动放下手机，上课时坚决不带手机或坚决不看手机，能做到这一点，那么自主学习就成功了一大半。另外，还需给自己制订一个计划，每个月、每周、每天要完成什么任务，要做完哪些事，都应该仔细记录并完成。最后，要有远大的理想和目标，并为之努力奋斗。可以制订计划，拿个小本子记录，每做完一件事就打一次勾，看到自己本子上一个个勾就会很有成就感。一定要管住自己的手和脑子，该学习时认真学习，该玩的时候就开心地玩，不要拿着手机写作业，这样不仅效率低，而且会使自己养成不好的习惯，对手机一定要有节制，不能做"低头族"。（陈程　行管16）

　　大学生自主学习能力是十分重要的。大学校园表面上是一个自由的个人空间集合体，但大学的学习是十分关键的，我感觉基本和高中类似，只是学习的知识更专业化、系统化了。步入大学，少了像高中时家长、老师的时时监督，学习的自主性就显得尤为重要。没有人能在放纵自身的同时还能兼顾学习，这一点我个人有着深刻的体会。步入大学时，脑子里还回荡着高中常听到的话"到大学就轻松了"，相比高中，大学自由控制时间多了，看上去轻松了，但实际上大学面临着很多挑战，应对这些挑战就不轻松了，毕竟我们已经踏上了社会竞争的第一步。所以说大学很有必要培养自主学习能力。首先，我觉得应该制订一份详细、合理的学习计划，毕竟有了目标之后人往往会更有冲劲；其次要时刻提醒自己，迷茫时，放纵时，想想这样下去以后的路该怎么走，从而把自己拽回正轨。不要沉迷手机和电脑游戏，这玩意容易麻痹大脑，戒掉最好。适度做做锻炼，身体是革命的本钱，身体好了才能更好地控制自己。我自身就是一个反面例子，前几学期处于低迷阶段，学习落了很远，之后我会立刻改正。（李天　资勘15）

　　个人感觉自主学习能力在大学极其重要，主要包含两个方面内容，一是课本知识的自主学习，二是课外知识的自主学习。以我个人为例，因为要参加"挑战杯"比赛，做的是关于志愿者的社会调查，我们队全是大二的学生，来自不同的学院，参加这个比赛所需要的知识全部需要我们自己去学习，我们必须在图书馆借阅相关的社会调查教程。我的任务是对问卷调查报告的数据进行分析，所以还需要自学 SPSS，卡方检验、Logistic 回归分析弄得人头痛，但这些知识确实需要自主学习，并且一定得学好。暑假因为要和两个机械同级的学生组队参加数学建模比赛，所以像 matlab、论文的撰写等也全部需要我们自己学习，而且必须全力以赴。培养自主学习能力，最关键的是专心和效率。效率必须要提高，因为你必须保证每天完成专业课的学习任务之后，把其余的时间分配给那些你需要完成的学习任务。有段时间要看 SPSS 的视频课程，但因为教学楼没联网，图书馆的网速太慢，被迫呆在宿舍学习，室友打游戏时不时发出的声音，以及室友之间的交谈十分影响自主学习的效率，再加上自己也会管不住自己，碰一下手机，刷一刷网，学习效率更加低下。至于改善方法，我觉得最好的办法就是把手机关机，如果看书看到一半自己的确十分疲劳，稍微闭眼休息一下，但一定一定不要上床休息，这样极可能下不来。在自习的时候一定不要玩手机，最好把手机关机，甚至不带手机。（杨有帅　数学 15）

步入大学，没有了老师、父母的束缚式管教，第一感觉一定会是无比的轻松。但是，这也正是自己掌握命运的时候，有的同学可以很好地把握自己，延续在高中时期的良好的学习习惯，心无旁骛地学习，"两耳不闻窗外事，一心只读圣贤书"。可也有同学开始放纵自己，面对外界的诱惑，不能把握自己的本心，沉溺于网络游戏等与学习无关的事情。可见，大学生自主学习能力的重要性。如果大学生还一味地依靠家长、老师的鞭策，那他是不会取得好成绩的，更何况老师任务繁重，家人不在身旁，我们就只能靠自己来管理自己。至于如何培养自主学习能力，我认为自主学习能力应当从小就培养，自然现在也为时不晚。首先，你要给自己制定目标，目标分为两种，大目标和小目标，大目标为期 4 年（即你毕业后想要的生活），小目标为期一天（即你要细化你每天所要完成的任务）。其次，要努力克制自己玩的欲望，可以适当地放松，但上课玩手机、长时间网聊和打网游是不可取的，可以尝试着在上课期间、晚自习期间不拿手机。我曾经用过的方法是舍友相互保管手机，彼此监督。再次，在学习方面，必须做到课前预习，课上听讲，课后复习，这是最基本的。最后，可以在自己的兴趣爱好方面进一步拓展，适当参加学校社团活动，不仅可以增长见识，也可以结交更多的人，相互学习。我比较喜欢古文，所以经常同一些喜欢古文的朋友来往，不仅增长知识，还学到他人的学习方法，受益匪浅。（李培瑶　信工 16）

进入大学，老师强调最多的便是学生的自主学习能力。上了大学以后，培养学生的自主学习能力是非常重要的。学校平时给我们提供很多的空间和时间让我们去自习，为我们提供足够的学习资源。只有具备足够的自主学习能力，我们才会有更大的发展空间。我是一个大一的新生，刚进入大学时，脑子里想的仍然是高中时自己对大学的幻想。曾经想象着大学会无比的轻松，可事实却并非如此。自己的自控力本来就很差，我觉得自己更应该靠一些因素来约束自己来提高自主学习能力。培养自主学习能力首先要学会自律，要有强大的自制力，只有控制住自己，以后才会有更多的机会和时间来充实和完善自己。自己大一的上半学期觉得完全是荒废了，因为初来乍到，并没有意识到学习的重要性，于是整天沉迷手机而无法自拔。到期末考试时才意识到自己真的做错了。这学期开学初就制定了一些小目标，绝对不会再像上学期那样浑浑噩噩了。（郝文霞　会计 16）

找一个好朋友共同学习

自主学习应该是大学学习生涯中最重要的能力。众所周知，大学课堂相比于中学管得并不严，老师一般不会浪费时间来维持纪律，而课堂上我们是否学习完全取决于自己。同时，大学老师没有太多的时间和精力去一一校核每一个同学的作业是否认真完成。这时，自主完成作业与抄答案、抄同学之间的选择同样是一念之差。因此，在大学学习生涯中，培养良好的自主学习能力与习惯是十分重要的。依照我的经验，养成良好的自主学习习惯的最好方法是找一个好朋友共同学习。人都是有攀比之心的，如果几个人一起学习，当一个人走神的时候，往往会受到认真学习同伴的影响，督促自己集中注意力。如果这个同伴是自己的同班同学，或者室友那将是再好不过的了，因为这样如果有什么疑问和想法，可以随时提出来讨论和交流。大学的课程不再是死板的知识点，每一本书都有一些问题是无法百分百证明与应用的，两个人的想法相互碰撞，或许可以产生一些新的想法与见解，达到事半功倍的效果。当然，好习惯重在保持。坚持一个好习惯，只要没有重大的事情就一定要保持下去。不然，人的惰性是可怕的，花费几个月养成的好习惯，很可能在短短一周内被破坏，那样就前功尽弃了。（贾卓然　材料14）

　　作为一名大学生，一定要拥有自主学习的意识和能力。我是一名化学专业的学生，在学习中会接触各种各样的知识，需要我们自主学习，比如说课后复习，课后晚习，去网上或是图书馆查询所学内容。自主学习是我们自发、自立、自律的学习，是真正理想的学习。当代大学生是未来社会主要的建设者，身负重要责任。作为大学生，只有拥有自主学习能力，我们才能面对新世纪的挑战，才能适应科学技术飞速发展的形势，才能满足职业和知识更新频率加快的要求。每个人都必须终身学习，自主学习。首先要明确学习的目地，就是我为什么要学习，学这个有什么用，然后培养学习的兴趣。最好在老师的指导下学习，或者和朋友、同学一起学习，这样才更有学习动力，才能更好地达到学习目的。我们要有新的学习观念，提高创新型学习能力。最后我们要寻找一种好的方式来检验自己的学习成果，比如说自我测评之类的。（汪帜　化学15）

　　自主学习能力应是每个大学生必备的能力。学习贵在钻研，贵在投入。换言之，如果大学生没有独立学习、自主研究的能力而是依赖中学时期灌输式教育或是依赖答案、依赖他人，那么他就无法掌控自己的未来。在大学没有了家长、老师的督促，学习全靠自觉完成，这对于今后参加工作和个人能力素质的提升都有帮助。一个不会自主学习的人是无法真正走上求学道路的。在我们学校有一些良好的现象，比如，每天早上英语社团的同学都会坚持早读，图书馆自习的学生非常多，下课主动找老师问问题的学生也有一些。我认为提升自主学习能力，要具备以下几点素养和习惯：摆正心态，不论自己喜欢与否，必须做的事就要严格要求自己做好；利用零碎时间，多去预习、复习书本内容，不要为没时间找借口；下课后主动找老师问问题，不要拖延；为自己制订一个明确的短期和长期学习计划。（王勉　化工16）

| 大学生活启示录 |

大学与高中有很大的不同，学习全靠自己，没有班主任和老师监督，所以要转变学习方法，不需要别人监督便能自主学习。培养自主学习的方法很重要：要在学习时间到教学楼或者图书馆，尽量不要带手机，以免打扰自己学习，要加强自控力；给自己规定一个学习目标，比如一小时内必须完成哪些作业，预习哪些内容，这样在有限的时间能完成一个自己能完成的目标，会在很大程度上提高学习效率；有不懂的疑难问题时，要及时向同学求教，自主性地寻求答案，不然上课时不懂的地方还是不懂，老师继续讲下一节的内容，你会因为上节基础未打好而跟不上节奏，进而不能高效学习，课下又要浪费更多的时间去解决老师上课讲的疑难问题，得不偿失。若真的不能够做到自律地学习，可以找一个同班同学来帮助督促或者设置手机闹钟，在规定的时间内千万不能玩手机。另外，尽量在图书馆、教学楼这些学习氛围较好的地方学习，不要在宿舍学习，因为一个良好的学习环境能影响一个人学习的自主性，看到别人都在学习，自己怎么能放纵，因此，选择合适地点也很重要。尽量选择大块较长时间，这样既不会被打断，又能自主高效地学习。所以，自律是自主学习的基础，同学之间的监督也必不可少。
（刘晓洁 电气16）

入学已经一年半了。大一，我在学习上没有自主意识，仅仅是完成老师布置的任务而已，课前无预习，课后无复习，导致学习没有节奏，也失去了对所学知识的兴趣，得到教训就是一年级上学期排名五十余位，甚是令人不爽。总结一下无非是太懒散，脱离了中学"保姆式教学"，无法适应大学的自主学习模式。其实大学作为一个更高、更广的平台，拥有更大广度和更大深度的资源。正因为多，所以一个月结束一本词典厚的课程书是很常见的，老师只能讲重点，更多的内容就得靠自主学习。到了大二，因为我较之前勤奋些了，课内外的内容都认真巩固、预习、复习，并参阅专业课以外的学术书籍，课下与同学讨论不解之处，倒是有了一些进步。说到培养自主学习能力，无非是形成习惯吧，强制自己分配时间到学习上。No phone.No game. 其实我们的空闲时间蛮多的，用于现阶段专业课我想是够用的。除了自身养成良好的习惯，我想我的室友也起了很大作用，作为年级第二名，他取得的成绩给了我很大动力，毕竟读书是一项带有竞争性的事，而朋辈之间的求胜心理也是养成自主学习能力的强大动力。当然，自主学习能力的重要性不用多说，知识的储备本来就要通过自主学习来完成。在现代社

中，面对知识更新，应该自主汲取新知识来充实自己，这对学习和生活都大有裨益。（易辉　土木 15）

上了大学最大的感受就是跳出了牢笼，再没有那么多束缚。高中时期可能因为逆反吧，即使老师管得再严也只是机械地学习，所以谈不上"自主"二字，这也是高考失利的原因之一。我一直提醒自己上大学后不能松懈。过了一个多学期，通过对同学们的观察，我发现很多人都是三分钟热情，对自己的弱势学科干脆破罐子破摔，上课或晚自习玩手机甚至逃课都成了家常便饭。考试前焦头烂额的也是他们，成绩可想而知。我也不敢说自己是那种自制力特别强的人，但是我不会在做作业、上课的时候玩手机，每天六点起床先去给全寝室的室友占座，再去晨读英语，每天晚自习都是班里最后一个走的。尽管总成绩不在第一，但是我不会放弃努力，会朝着心里的目标一直走下去。我的努力也有回报，比如说上学期的无机化学拿了班里第二，这学期的英语竞赛拿了专业第一，都是在自主学习觉得很累的时候激励自己的事情。说到这里，我认为自主学习是需要积极的心理暗示的，长时间重复一件要长时间才看得到效果的事情真的很不容易，所以打鸡血也成了家常便饭。关于培养自主学习能力的方法，拿我自己来说，就是与比自己更优秀的人比较，通过落差来激励自己，目标不用太远，身边的人就行，山外青山楼外楼嘛，总有比自己优秀的人，所以慢慢来，最后一定会培养好的自主学习能力的！（李佳雨　环境 16）

如果说大一是一个迷茫无助不知所措的认识适应过程，那么大二就是一个抓住方向，不在原地打转的求知进取的阶段。而在没有遇到和认识一些朋友之前，我觉得我是一个缓慢踌躇、不知前进的小丫头，等着，看着，摸索着，这个过程可能还需要一些时间，需要一些代价。然而我又幸运地认识了一些朋友，他们在我对大学生活还处于浅知边缘的路上被我遇见，并伸手携助。一个是和我同级的机电学院的，一个是马拉松义跑中认识的大四学长。很巧又神奇，我们是老乡，都是阜阳人，相互认识到后来相互熟知关系好到了亲人一般。或许因为我们来自同一个地方，或许也因为我们恰好都想对对方主动，同级的 A 叫我一起考计算机二级，大四学长 B 辅导我俩，而我是计算机小白类别，后来我们在学习上相互促进和监督。A 成绩专业前五，B 已保研成功，我们的交集越来越多，一起吃饭,一起跑步,谈天说地说梦想,一起参加机器人大赛,一起参加物理竞赛,一起组装"共同财产"自行车。觉得和他们相处,实在是一种快速并快乐的前进过程,没有什么比有个志同道合的朋友更快乐的了。我从他们身上学到许多,我不敢说这些我不懂,我知道他们让我提前懂,我知道我是幸运的,是他们让我学会了自主学习,坚持不懈。还有什么比有几个心地善良并且有头脑的朋友更值得说呢。(王雪丽 力学15)

经历了一学期大学生活后,生活中许多的方面与步入大学校园之前存在很大差异。本以为大学无作业,直至遇到高数、线代,现实无情地惊醒了我。本以为大学生活很悠闲,直至被活动排满了日程表,周末也不得闲。但正是这些差异让我看到了上大学的意义所在——对自我生活的合理安排,对自我约束能力的锻炼。大学的学习不同于高中,不能单纯依赖老师,更重要的是利用课余时间自主学习。

在大一下学期,我希望能够尽可能多地浏览北京的名胜古迹,上学期大多数时间消磨在寝室,这学期打算多出去走走。同时增加读书量,书到用时方恨少,这一点在写作文时体现得淋漓尽致,新学期伊始便选购了《目送》《我们仨》等书目。在学业方面,希望成绩能够有所提高,上学期学习不努力,导致期中高数"亮了红灯",这学期开设了更多的课程,一定要积极应对。学生的本职工作就是学习,这一点没能做好,感到十分羞愧。另外,英语水平急待提高,词汇量太少,阅读量也太少,学了多年哑巴英语,全然是为了应付考试,现在认识到了这些不足,希望用大学时光来弥补。看到许多曾经的骄子,因沉迷于游戏而沦落为大学肄业生,以此为戒。总之,大学四年不会白费,能够真正学有所获,学有所成。(王泽宇 环境15)

利用课余时间预习、复习

我是去年九月才进校的一名大一新生,我认为自主学习是非常重要的,因为大学课堂上的时间非常少,而老师又得在这有限的时间内完成所有的教学任务甚至还要课外拓展，所以留给同学们回顾和预习的时间几乎没有，我们便需要去自主学习，如若不然，在上课时我们就可能跟不上老师的进度，那么这节课就相当于浪费了。为了不让这样的事情发生，我们必须利用课余时间进行预习、回顾，必须培养自主学习的能力。上中学时，我的老师就非常注重同学们自主学习能力的培养，开设了许多自习课，让同学们有充分的时间对老师将要讲解课程进行预习和对已学课程进行复习。在我看来，我们可以通过为自己设立一个个阶段性的目标来督促自己去自主学习，也可以和室友或是同学一起相约去图书馆、自习室自主学习。上学期，有一次我因为英语课没有提前预习而跟不上老师的进度，因为大学英语不比高中，课文长而且生词多，所以若不自主去学习，就会白白浪费上课的时间，毕竟大学老师会在一节课内讲很多的内容。我在初中和高中时就养成了自主学习的习惯，所以在上大学后我还是很适应的。（张雪媛　建筑16）

我认为，在进入大学校园之后，就要向一名合格大学生的目标迈进。因为，上了大学之后，老师不会再追着让我们学习、做题，这容易使我们在这种松弛的学习环境下懈怠了自己，导致学习的新内容和新知识不能及时得到巩固，所以培养自主学习能力是非常重要的。一是可以通过自主学习，找到自己相对薄弱的方面，去尽力修复。二是可以提前预习上课要讲的知识，来适应大学老师不同的授课方式，避免上课时头脑混乱，跟不上老师的节奏。三是可以督促自己及时巩固所学知识，以及学一些自己感兴趣的东西，不必为了考试而专门突击，从而养成良好的学习习惯。培养自主学习能力的方法主要有：上课前及时预习接下来要学习的知识，了解大体内容，找出困惑点，在课上方便抓住老师讲课内容；课堂上认真听讲，上课认真十分钟，下课少花一小时，毕竟老师所讲都是多年总结的经验，我们要汲取其中的精华，方便自己学习；课下要及时完成作业，及时完成及时巩固，发现问题及时去寻找解决的方法。我上高中时，从来没有预习的习惯，可能也因为比较简单，听起来也很轻松，上了大学，我发现老师都讲得很快，基本没有我们反应的时间，感到很吃力，于是，我尝试着在课前花时间预习，找到难懂的地方，这样因为已经熟悉过一遍，所以感到很轻松地跟下来，不会再那么迷惑了。所以，培养自主学习能力是大学生的一门必修课。（李鑫林　采矿16）

真正到了大学，没有了老师填鸭式的教学我竟然不会学习了。刚上大学时，听别人说白天认真听课就够了，可是真正开始上课，我发现大学老师的讲课进度非常快，所有的知识点只讲一遍，上课容不得半点马虎，一走神就跟不上了。在一学期的磨合之后，我初步掌握了一些自主学习的方法。我认为自主学习无非在于课前预习、认真听课和课后复习。首先是课前预习，通常在上课前我会提前把我认为的重点画出来，当然整个浏览一遍也必不可少，在浏览一遍过后，心中便大体有了一个单元的框架，起初我不了解所学的课程，画出来的重点与老师后来课上讲的大相径庭，我一度认为是自己太笨或者课前不该预习，因为总是抓不住重点，不过后来学习了一段时间后，在对所学课程有所了解的情况下，我渐渐地学会了预习，自己画出来的重点与老师上课讲的重点基本一致了。在课上时应该努力听讲，有许多人在老师讲到已学会的内容时便低下头玩手机，殊不知这一摸手机就停不下来，不仅错过了新讲的知识，也荒废了整节课，因此认真听课也是自主学习能力的一方面。最后便是课后复习了，在经过了课前预习和课上听讲后所学的知识掌握得也差不多了，课后要做的便是回忆知识，让自己不至于忘记，起初我仅仅在当天的晚自习上复习，但根本记不了多久，后来设为三天一巩固一周一复习便掌握得牢固多了。（赵桢杰　地理16）

作为一名大一新生，刚从紧张的高中生活中解脱，很容易产生松懈思想，贪图安逸，身后再无老师督促，自主学习能力显得尤为重要。我的大学身处北京市海淀区学院路，附近高校云集，人才济济，为我们自主学习提供了优良环境，加之排课较松，自主管理的时间不少，有利于我们去旁听其他课程，需要我们发挥自身主观能动性，充分利用好身边的优秀资源，不荒废生命，不浪费青春，去度过有意义的四年大学时光。自主学习要讲求方法。首先，便要合理利用好自己的时间，以利于提高效率。学习过程中不为外物所扰，而应专心致志，不能三心二意，一会儿玩手机，一会儿吃零食，避免"学也学不好，玩也玩不痛快"的现象产生；其次，要劳逸结合，不能彻夜苦读以致第二天精神萎靡不振。还有要谨防"三分钟热度"，要有持之以恒的精神，方能在无人督促的情况下完成学业，有舍友同学陪伴乃是上策。学习方法可借鉴学长学姐，经验教训亦是这样。大学学习呈现两极分化，有人勤奋苦读，名列前茅，更有人自甘堕落，门门"红灯"。自主学习说到底是一个循序渐进的过程，需要一定的时间去培养。如果忽视自主学习，在数学、大物等课程上会因较快的授课速度而一知半解，饱尝苦果。大学与高中学习最大的区别便是自主学习。不能靠一周一两节或三四个小时的上课听讲，而要靠自己课下的自主探求。（王汇峰　信息16）

多和老师、同学沟通

现在是一个科技不断进步的社会，手机成了生活中必不可少的工具，它虽然给我们大学生带来了许多方便，但也影响了我们的自主学习。大学主要是靠自己去学习，而许多大学生却把自主学习的时间花在了玩手机、打游戏上。自主学习非常重要，老师只是一个引导作用，剩下的全部要靠自己。我们应该每天给自己定一个目标，督促自己去完成它。应该有计划地安排时间，做一个时间表，让自己变得充实起来，不要懒惰。大一的我，对于学习并没有花多少心思，平时要么出去玩，要么在宿舍睡觉，虽然一年下来没有挂科，但成绩并不好，这更让我暗下决心要自主学习去提高成绩，深深体会到了学习的重要性。除了平时上课时间认真听课，记笔记，下课之后也要多看教材，多预习多复习。没事的时候多去图书馆、自习室，静下心来读书。遇到学习上的困难也要多和老师、同学沟通。培养自主学习能力是一个过程，不是一天两天就可以的，要坚持不懈永不放弃。这一过程虽然会很累，但最后会收获很多。当代大学生很多都缺少自主学习能力，尤其是刚步入大学的大一学生，所以培养自主学习能力至关重要。（于英杰　安全15）

当我们步入大学，我们会拥有比初高中更加自由的学习与生活。没有了老师和家长的监督，自主学习的能力就显得尤为重要。首先，如果我们的自主学习能力比较强，自己遇到问题时就能迅速找到好的解决方法。其次，我认为人的一生也是一个掌控自我的过程，好的自主学习能力会增加自控力，对以后的工作、生活大有裨益。最后，自主学习能力是一个学生必须具备的能力。培养自主学习能力可以采取以下方法：设定一个学习计划，以周为单位或者以月为单位，尽自己的能力去完成它，完成计划过程中出现的问题要及时予以调整，比如爱玩手机就尽量在自习时不带手机，并设置合适的学习时间；在课程学习中遇到问题除了问老师外，也可以选择去图书馆查阅资料，多作比较，归纳整理；要经常与同学交流，探讨学习方法，弥补自己学习方面的不足。培养自主学习能力最重要的是要规避那些诱惑，比如游戏、手机、电脑等，想办法排除这些干扰。（宋林珂　测控15）

　　进入大学，我更加认识到学习的重要性，尤其是自主学习能力的重要性，因为大学老师不会过多地干涉学生的学习过程，更多地需要学生自主独立地完成教学要求。学生自主学习很重要，它可以提高学生的学习效率和学习效果。自主学习是通过学生自己确立学习目标，自我监控，自我克服困难等手段来完成的，其特点是学生要具有较强的求知欲，学习目标明确，能选择适合自己的学习方法，其主要施行手段有课前自主预习，课上认真听讲，积极参与发言，主动解决问题，课后能进行自我总结，能定期进行自我定位与反省并积极改进。在培养自主学习能力过程中，学生应有自己独立的想象与创造空间，并认真从老师那儿获取学习的方法。学生要建立自信，并能够善于表达自己；要多参与科研学术讨论，培养交际能力。要创造良好的学习氛围，激发自我学习兴趣；若对学习失去信心，应及时与任课老师或同学沟通；要坚定明确目标并坚信自己一定可以达成。要善于观察，激发学习兴趣。（袁耀　采矿16）

　　作为一名大二的学生，进入大学已经两年了。的确，我们的自主学习能力是非常重要的，它不仅影响着大学四年的学习与生活，而且对走入社会至关重要。记得大一刚来时，印象最深的便是高数课堂，几百人的大教室，老师不能关注到每一位学生，知识点更是晦涩难懂。还习惯于高中老师督促学习的我有好一段时间没有适应过来。直到大一下学期，才逐渐养成了课前预习、课后钻研的习惯，成绩才有所起色。此外，我还意识到另外一个重要的事——提高学习效率。身边成绩好的同学总是能既学得快又学得扎实，而每每熬夜到12点我成绩并不是那么理想，于是我便向他们请教，发现他们的解题思路异常灵活，并且在自习时全身心投入，绝不做其他娱乐项目。我现在所学的专业并不是我所喜欢和擅长的，一度有过强烈的厌学情绪，但听了身边的同学、老师、家人的劝告，意识到既然无法逃避，那就尽力做好。老师上课时曾提到，即使没有他人聪明，但当付出比别人多的努力时，愚笨会变为聪明，软弱会变为勇敢。我认为寻找合适的自主学习方法非常重要，如在学期之初制订每日学习计划以及坚持自主完成作业后

再翻答案等。（张馨　环境15）

从高中步入大学，自主学习显得尤为重要，没有了老师的督促和家长的陪伴，我们需要掌握和支配自己的一切，明白自己的规划，清楚自己想要什么。作为一名成年人，我们也该一步步走向社会，学着去适应生活，学着去自己探索人生了。在面对陌生的一切时，我们应该去辨别它，并能够迅速地应对它。唯有如此，我们才能在这个社会中生存下来。在我看来，自主学习能力这一萌芽，应该由自己去浇灌，老师、同学无法永久依靠，唯有自己真正地意识到它重要，才能更加自觉、更加高效地投入到学习中去。一旦有了这一萌芽，我们要做的首先是拟定计划，长久的，近期的，并且是有类别的，经过努力能够实现的，并将其具体落实到分分秒秒，不让每一秒浪费在无关紧要的事情上，不虚度时光。其次，我认为无论做什么事，我们都该利用好身边的资源，包括学习成绩优异同学的督促，以及北京这一底蕴深厚的都市，还有博学的老师，我们应该虚心请教，养成踏实、努力、刻苦的人生态度，保持乐观进取的精神。这样我们便能够沉下心，不浮夸，真真正正做到自主学习，在不断前行中进步！（董浩然　采矿16）

上慕课自主学习

在大学生活中，老师往往一节课容量很大并且讲课速度很快，PPT 讲过之后一般什么也记不住，我们上课前必须提前预习。若预习得不够，后面的内容很可能会听不懂。要有计划、有质量地完成课前预习。下课后拷走老师的 PPT 我觉得也十分重要，例如大学物理，上课时速度太快，反应不过来的新概念，可以回去看看 PPT，然后通过课件来动态显示变化过程，进一步回放课堂知识，这对学习有很大帮助。上大学后，我发现上课先听老师讲是不行的，课堂时间不多，而两次课间时间间隔长，如果不多次自己探索和复习，以及及时解答习题，就很容易把课上内容忘干净，所以我认为在大学预习、复习和听课同等重要。我还上慕课官网来自主学习，通过看别人讲解，加上自我理解来达到学深学透的目的。（陈歌　电气16）

自主学习能力是我们上大学必须培养的一种能力。刚上大学的时候，身边的大多数人和我一样，处于一种非常迷茫的状态。脱离了高中严苛的教学环境，度过了一个狂欢的暑假，再来面对书本，觉得无所适从。同一个知识点老师不会再如以前一样反复地讲，几分钟就跳过了好几页PPT内容。不再像以前一样记下满满一本笔记，拿回去反复背诵就好。而课外时间的自由支配，更是带来巨大挑战。不主动去学，也不会有人跟在身后催你去学，甚至更多的知识老师只是一带而过，课后需要查找大量资料来填补知识漏洞。巨大的转变要求我们学会去自主学习，从"要我学"变成"我要学"。万事开头难，自主学习横亘在我们面前的一个难题就是学会合理支配时间。一节晚自习，听了会儿歌，看几章小说，最后真正留给学习的时间着实少之又少，没有人管束，又不能自我约束，纯粹是在浪费时间。或者坚持了一天，第二天又打回原样，学习上毫无效率。一般我上晚自习都尽量不带手机，我制订了计划表，给自己压力，来提高学习效率。自主学习，不仅仅要做时间的管理者，也需要学会利用身边的资源来扩充自己的知识量，利用课余时间去图书馆或百度文库查找学习资料，以补充课堂上未能听懂的知识。作为一名大学生，不能依赖于老师的讲解，甚至也不能仅仅满足课本知识，要广博地学习，从各个方面来提高自我，利用MOOC资源、讲座去学习自己感兴趣的内容，为未来打下基础。（钱璐　信息16）

重视课堂往往事半功倍

高中时总有老师给我们布置随堂作业，一天一收，而且学校有晚自习，作业大多是在老师的监督下完成的。上了大学，作业是一周一收，老师布置的作业也是少之又少，主要目的是让我们了解最近一周都学了什么知识。但仅仅靠老师布置的那些作业，远远达不到掌握知识的目标。除了老师上课强调过的地方外，也应该自己找一些关于该门课程其他版本的教材，这些书在图书馆就可以找到。刚上大学的时候，高数听不懂，即使预习了，上完课还是觉得一头雾水。摸索了大半个学期才慢慢找到感觉。其实老师在上课时讲的PPT很重要，尤其是一些重点的内容老师也会用黄色的字区别出来。但是因为课时很紧，老师根本不能顾及每个学生，上课的进度很快。这就需要我们在课后反复地看这些 PPT 了。其中一些重点例题，说不定就在老师的"一翻修整"下出现在试卷上。另一门想说的就是英语。上学期刚开学的时候一直觉得英语老师讲得不好，动不动就给我们分享她在国外的经历，但大家都 get 不到她的笑点。后来我就想干脆自己学习吧，反正老师讲得也不好，但我发现自学的下场就是"日渐堕落"。因为没有明确的规划，也没有办法经常挤出大量的时间专门学英语，我的单词储备量开始下滑，做阅读题目错误很多。我决定还是跟着老师走，认真地准备每一篇文章，老师闲谈时就背一背短语和单词，既听了课，也积累了单词。（郑宇滢　电气 16）

我是一名大一的学生，在过去的一学期中，曾沉迷于各种社团活动，其间我的内心也非常矛盾，觉得自己完全不受控制。当然期末考试成绩也不尽理想。但是，在这一学期里，我总结了经验与教训，端正了学习态度，也深刻地意识到了自主学习能力的重要性。相比于高中，大学的生活自由了很多，似乎学习也"轻松"了很多。但是，我认为自主学习是十分重要的。自主学习不仅要结合自己的实际情况、学校的实际情况以及时间的实际情况，还要发自内心地想要去改变，去成功。自主学习首先要课前预习，不断总结规律，同时形成自己的思维，才能在听课时跟上老师的节奏，课堂上把会的巩固一遍，不会的也融会贯通，这就要上课认真听讲。认真听讲是十分重要的，因为老师会把重点、难点点出来，引导你去思考，课上 10 分钟，顶得上课下认真学习两小时。当然复习也很重要，圣人说"温故而知新"一点也不假。复习的时候可以更加深入地思考，从而发现一些新的知识。对于考出好成绩，最重要的就是端正考试态度，不畏惧考试，不过度焦虑考试，但同时要保持适当的压力，保持正常作息习惯和学习习惯。自主学习应是在没有任何人监督和督促下，自愿而又高效地完成学习任务。自主学习能力是大学生必须要学会的一项能力。（朱青青　化工 16）

关于培养大学生自主学习能力的方法，我通过这半年的学习总结，归纳为课前、课上、课下三个阶段的方法。课前预习看起来不是必要的，但对于课堂内容较深较难的课程来说，课前预习可以大大提高听课的效率，促进对课堂知识的吸收。课上学习在经过课前预习后其重要性常常被忽视，但其实课上老师所给出的思考方法以及查漏补缺的内容，都是非常珍贵的。为了保证良好的听课质量，还需要我们合理安排时间，遵循作息规律，保持身体健康。课后学习，包括习题的补充，需要大量的时间，也需要我们合理地规划及利用资源，认真地分析课上学到的内容，不懂的问题可以通过许多方法和平台获取解答。在上学期的学习生活里，我也有一些教训，比如，作息不规律导致上课精力不集中，忘记老师下发的任务等。这些问题，使我在成绩上受到了不小的影响。但同时我也有一些经验：我学会了规划日程，对不会的问题能够通过询问老师或借助教学平台来求解，认真对待每一个任务。我相信有了这些经验和教训，我可以在这学期的学习生活中获得较好的成绩，更加轻松有序地享受美好的大学时光。（刘璐　信工16）

学习和社团活动必须平衡好

　　记得在上大学之前我信心满满地觉得自己在上大学的时候会认真学习，做到每天看点书，每天记点单词，每天认真听课，每天认真完成作业。可是上了大学之后发现，大学生活真的比自己想的要有趣、自由得多。同时，也发现自己学习上的自控能力也不过如此。进入大学之后，我加入了女篮和田径队，还进入了学生会，认识了很多人，每天都特别忙。忙着学生会的事，忙着各种训练，仿佛学习变成了副业，甚至认为各种活动才是大学的主业。每天上课老师讲得很快，课程很难，再加上自己很疲惫，听课效率极差。经常忙完各种社团活动就特别累，根本没心思再学习，加上刚进校后各种人际交往活动，到处玩把心玩散了。结果在高数期中考试中不及格，内心特别难受和懊悔。在下半学期，自己渐渐地就能够把社团活动和学习处理好，也懂得劳逸结合，心静下来了。在学习的时候就认真学习，在做事的时候就认真做事，不一心二用，成绩一点点上来了，心也没有那么散了。在大学里是需要全面发展自我的，但最主要的还是学习，而且还需要有更加高效的自主学习方法。为了更好自主学习，我们最需要管好的东西就是手机和电脑。在大学里少了父母的管束，我们的生活有些自由散漫，每天认真地写出当天计划很有必要，如果没有写出来，也要在脑袋里想好自己当天要干些啥。在写作业或者学习的时候就应该把手机放在一边。在平时上课的时候能不带手机就不带，要专心听讲，以积极的态度来对待每天的学习。心中有目标，自然就有

动力。(康嘉霓 环工16)

入学半年以来,我参加了各种各样的社团,而且还加入了学生会,可以说忙得不可开交。我参加过可以学习武术的社团,参加过可以学习PS等办公软件的社团,也加入了可以早读的社团,可以玩魔方的社团,等等。但慢慢地我发现虽然玩到了,学到了,但玩得不好,学得不精,没有一样可以做到比较好的。所以我想了又想,决定退出一部分社团,专注精力来学习。我认为参加太多社团,虽然玩与学都可以兼顾,但很难做到玩得好,学得专。俗话说得好,鱼和熊掌不可得兼,玩与学只能兼顾一种,而学也不能太随意,学太多种,还会导致学不好的问题。所以我觉得每年只参加一种长期社团和学生会,在这一年内把这一门技术学好、学专,能得到别人的认可,才算参加得有意义。还有一点,参加过多社团和学生会,由于事情会太多导致学习跟不上,最终成绩下降,这样的例子比比皆是。总而言之,对参加社团和学生会,我的观点是,少参加,在参加过程中找到学习的乐趣,将一门技术学好、学精,这样才能体现出参加社团的意义。(杨海舰 遥感16)

进入大学后是另一个精彩的世界,我参加了学生会的招新,成为一名小小的干事,并加入了心仪的社团。学期刚刚开始的时候,由于刚走出高中枯燥的生活,大家的心情既兴奋又紧张。我们的一切都可以由我们自己安排,我们斗志满满,并坚信明天会更好。可一段时间后,发现似乎大学也并不如我们想象中那样轻松惬意,不是毫不费力就可以摘下的胜利果实。课堂上老师讲得很快,很多内容并不能完全听懂,幸好课后仍能补上,而学生会的工作正逐渐步入正轨,社团也开始组织活动,我越来越手忙脚乱,常常顾此失彼,学习、工作、活动常有冲突,最终不得不放弃一些活动,转而将更多的精力放在学习上。我一次次尝试,在失败中总结经验,规划时间,还要学习自控,提高效率。经过了一个学期的调整,在无数次熬夜奋战、早起学习后,我明白了或许努力不一定有收获,但不努力必定没有结果。我渐渐能够有更多的空闲时间去做自己感兴趣的事,也懂得了放弃自己不能胜任的工作。这学期的开始,我还不能很好地投入学习,但经过几个礼拜的调整后,我也能静下心来,投入学习和工作了。目前,我正在准备计算机二级和英语四级考试。每天晚上腾出一个小时抄错题,在睡前再回顾当天所学知识，形成一个知识框架去查缺补漏，我非常充实。除此之外，我也在工作中渐渐学习如何与人有效沟通，我懂得了守时和负责任的重要性，在犯错时学会不逃避，而是尽力补救。或许我仍做得不够好，在学习和工作上我还需要寻找合适的方法，提高效率，在未来的几年，我会在学习上多留出时间，在上新课前预习，课后及时总结。在其他方面，我希望能参加更多的活动和学科竞赛，课余时丰富自己的知识储备，提高自己的执行力。有句话说：努力过，就没白活。我希望自己度过充实的大学生活。（钱璐　信工 16）

在我大一的时候，因为巨大的高考压力与初入新环境的新鲜感的释放，让我不知道自己应该选择哪一件事来做。加入了许多的学生团体，把自己弄得手忙脚乱，毫无头绪，甚至因此忽略了学习成绩。

大一担任团支书时的辛苦和彷徨我至今难忘，在经历了几个月的磨合与彷徨之后，终于对所有事都得心应手了。经过慎重考虑，我对自己加入的学生会组织和学生社团进行了梳理，决定以团支书任务为主，辅助以一个学生组织和一个学生社团。同时进行学习习惯上的调整，逐渐习惯自主学习，端正心态，找到方法。

渐渐地在后来的学习生活中，我成功地平衡了工作与学习之间的关系，学习生活变得游刃有余，丰富多彩。（徐李曼子　行管 15）

这一个学期我到学工处勤工俭学，也留在了学生会，有时候真的忙到怀疑人生，但还是期望能经历多点事来磨砺自己，锻炼能力，咬牙一直坚持着，但最近经历了两三场考试之后，因为平时没怎么学习，分心过多，成绩应该不会太理想，所以我想我可能不太适合分心工作，但一想到第一个学期不忙的时候，自己除了强制晚自习去一下，其他时间真的无所事事，又不想推掉工作了，也想逼自己一把激发一下潜能，但一忙起来真的累，加上学生会时不时要去沙河，时间实在耽误太多。如果成绩退步了，我想学工处我会退出，在里面或许有时可以积累人脉，锻炼自己处理公文的能力，但大多时间是打杂，我觉得或许没有必要为了那一点工资把自己弄成这样，学习还是最重要的。

周围的同学，很多无心学习，更多的是沉迷游戏，不知道他们的打算和人生规划，但看到他们如此闲适，有时我也有些动摇，只希望自己的努力没有白费，能有所回报与收获，也为未来打下一定的基础。

最迷茫的怕就是工作和对未来的规划，我不知道我未来能干什么，从事什么工作，我想一步一步慢慢来吧，先把书读好，多涉猎知识，再选择未来的路。（李懿南　环境16）

我现在是班级团支书，还是学院新闻中心部长，我正在踏实认真地度过属于我的大学每一天。进入大学之前我就憧憬着度过一个充实而丰富的大学生活，所以努力去尝试我以前没有接触过的新鲜事情，我享受这样"尝鲜"的过程。于是大一时我加入了院新闻中心、校外联、校及院辩论队、校乐器团等许多组织，自身能力得到了极大锻炼。但大一下学期就明显感觉有些力不从心，虽然自己课余生活丰富多彩，但大一期末的成绩却没有达到理想水平，于是放弃了一些组织。

现在是大二下学期，虽然生活还是很忙碌，但我坚持选择参加我认为能有所收获的团体，或者单纯只是为了一份责任。困惑可能还是有的，比如，不善长物理、化学科目的我这学期的课程却基本都与这两门有关，学习中会遇到一定阻力；时间分配与调整还是不太有条理，有的时候会措手不及；可以和同学之间友好相处，却很难交心；对专业未来前景不明确，而且在行业不景气的大背景下，难免有些担心毕业后的发展。目标规划就是努力把学习成绩提高，这学期争取拿一等奖学金，还有就是漂亮完成学生工作，完成自己喜欢的采访工作。最后，希望自己能学会列计划表，规划好时间。（李晓曦　安全14）

第 2 章　大学课堂　亮点纷呈

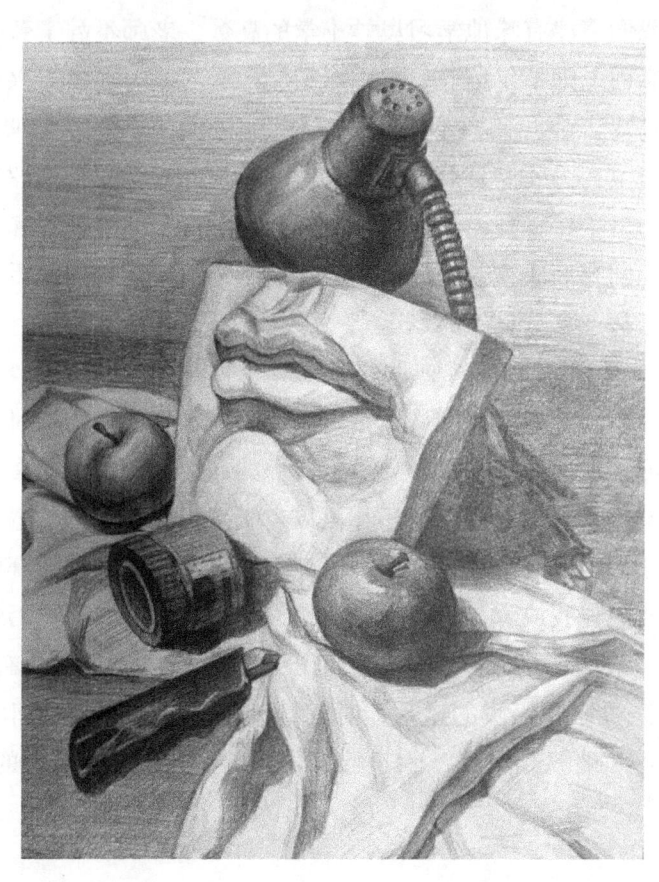

| 大学生活启示录 |

高数的魅力与乐趣

进入大学之后，给我印象最深刻的一位老师是我们大一的高数老师——吴楠。大一开学时天气还很热，一节高数课才上到一半，老师的衣服就已经全湿了，紧紧地贴着身子，但他还是非常用心地给我们讲课，讲得十分细致，语言又诙谐幽默，让我们津津有味地学习奥妙难学的高数，老师不辞辛劳的认真教学真让我们感动。高数老师不仅培养了我们对数学的学习能力、学习兴趣，更给了我们一种自信的态度，让我们有不服输的精神，以及不怕困难、敢闯敢做的品质。他还时常到自习室，为我们答疑解惑，会对玩手机的同学进行批评教育，感觉好像遇到了高中的班主任。我比较懒惰，没有认真学习，他就把我和其他同学一起叫到办公室，询问我们成绩差的原因，给我们制订学习计划。不得不说，在大学遇到这样一位老师，真是自己的幸运。（曹文杰　资勘14）

大一时，我们高数老师特别认真负责，他一次次督促我们按时上课，一次次不计回报地补习，在他的帮助和教导下，我们的高数结课考试非常圆满。由于我本身对数学比较感兴趣，高数成绩还算可以。于是，我被老师"选上"参加高数的竞赛培训。起初，我因参加这个培训而感到自豪，一心想把竞赛内容学好。但最后由于时间冲突，我放弃了最后阶段的培训。当时，我有一点后悔，自己已经努力了那么多，最后还是放弃了，什么也没有获得。机会是留给有准备的人的，我从这件事中懂得一些粗浅的道理：时间管理很重要。因为时间的冲突，最后我不得不"明智"地放弃竞赛，倘若时间充裕，我一定参加最后的竞赛。（罗晓祥　资勘14）

我印象最深刻的一节课是高数课。还记得刚上大一的时候，吴楠老师是我们的数学老师。他通过一首诗激励我们要勤奋学习，坚持学习，这首诗总共有四句，到现在我还依稀记得其中的两句："莫言下岭便无难，赚得行人空喜欢。正入万山圈子里，一山放过一山拦。"吴老师通过这样的一首诗，教我们如何学习高数，如何学好高数。他将一个个的知识点比作一座座山，告诉我们学会这个知识点后不代表你会了，后面还有更多更难的知识点等着你，只有持续不断地努力，持续不断地学习才能学好，取得成功。在接下来的学习中，吴老师给我们放了一段温家宝总理的视频，从视频中我们知道了温总理毕业于中国地质大学（北京），而且也是学地质的，这使我们感到倍加荣幸。接下来，我们知道了温总理在大学期间学习很刻苦，很用心，36门课程中有35门达到优秀，这使我们感到非常惊讶。温家宝总理在视频中说："晚上当别人睡觉了，我还在学习，早上别人还没起床，我已经开始学习了。"吴老师通过这段视频激励我们奋发向上，做一个对社会有贡献的人。吴老师告诉我们，大学培养三种人：一是治国之才，二是行业精英，三是学术大师。我得益于吴楠老师的帮助，高数取得了优异的成绩。我也很庆幸自己能在开学之初就遇到这么好的一位老师，让我懂得了如何学习，如何过好大学生活！（王治程　资勘14）

相比于文科，绝大多数男生更喜欢理科，我也不例外，尤其是数学，所以我提前从网上查找高数老师的相关信息，查到后心里有了一个很厚实的底，我们高数老师是清华数学系毕业的，来教我们这门基础课想必大材小用了。理科生在穿着方面一般不怎么讲究，我们高数老师也不例外，经常性地顶着一头乱糟糟的头发就冲进教室了，最喜欢的搭配是白衬衫和运动裤，手里一惯拎着一个白色塑料袋。站在讲台前的第一件事就是拿出一个被茶水泡了多少年了的银色杯子，如果正好看见第一排坐着人，正好又是熟悉的人，就一定会让你去帮他打水。我没有这幸运，因为我自始至终不敢坐在第一排，或者说我自始至终不敢让老师认识。如果不巧没有学生，那就先放会儿，总会有学生嘛。老师上课前总会提前两分钟，下课也总要拖几分钟。总算下课了，会有另一个奇怪的现象，老师急急忙忙地跑出去打水，这倒不用前排的同学了，学生倒小声议论起来，嘿，老师又大汗淋漓了……怪不得急着去喝水。（刘鹏宇　测绘14）

那是高等数学方法的第一堂课，也是我选上这门课第一次被楠哥教。楠哥在我们大一的时候几乎就是男神级别的人物，上课有激情，讲课幽默风趣。他第一节课讲了许多高等数学竞赛的历史，当然最震撼的还是他拿出他高等数学竞赛特等奖的照片，当时我们都惊呆了。后来在高等数学群里，有人说楠神讲错了，楠神立马就问同学哪儿讲错了，纠错非常有责任心，而且楠神偏爱板书，我甚至觉得数学系的人都应该喜欢板书，粉笔黑板，还有公式。我觉得这是最好的组合，也是最头疼的组合。（倪卓炎　矿加14）

通过大一上学期的努力，我在下学期有幸进入了吴楠老师的高等数学学习方法选修课堂，在听了一学期枯燥无味的高数课后，第一次上这个选修课时，我感到十分有趣。在吴楠老师的讲解下，高数课不再是难懂的了，他用他的"大嗓门"唤走了一些同学的瞌睡虫，在有理科属性的高数课上，他还别开生面地念起了古诗。不仅如此，在了解一些概念时，他也会用一些生活中的例子来帮助我们去理解，融会贯通。在课堂上，他会时不时地冒出一个冷笑话来，让我们捧腹大笑，给我们的课堂带来许多欢乐。在快乐的环境中学习，当然效率更高。（张淑美　遥感15）

上个学期初，我选修了高等数学方法这门课，当时想机会来之不易，而且选修这门课必定对高数的学习有所帮助。这个课是周六上午的课，从八点到十二点，有64个学时，刚开始两周还不以为然，觉得没什么，不就是周六早起一会儿，总比躺在寝室睡懒觉强吧，时间长了才发现理想和现实真的有差距，每次都计划周五晚上要早睡，第二天能有个好的精神状态去学习，结果每次周五临睡觉前闭上眼睛，脑袋里都是满满的懊悔，然后第二天强忍着睡意起来去上课，虽然能保证课上认真听老师讲，但周六下午却基本要在睡觉中度过，大好的周末时光就这样消磨了一半。后来，我不断反思，最后下了狠心，把周五晚上睡觉时间强行提到了十一点。这门课由吴楠老师讲授，吴老师是个很有责任心和能力的老师，他的课堂从不缺乏幽默的语言，同时又能保证讲课的质量。这门课开设的一个重要目的是为北京市高数竞赛做准备，临近学期末，学校先进行了校内竞赛，当时犹豫再三我还是报了名，也做了相应的准备，但这个选修的内容多是繁杂的推理证明，我也只能抱着试试看的心态去参加了。令我意外的是，在初步的校内竞赛中我居然得了二等奖。后来因我暑假未能来校参加北京市竞赛的培训，失去了参加北京市竞赛的资格，实在遗憾。我通过选这门课和参加学校竞赛也明白了一些事情，有的时候，有些事情我们不是不能做，而是没下决心，没下狠心，而机会往往是留给有准备的人，能不能抓住要看我们的决心有多大，付出有多少。

当然，也考验我们如何把客观影响因素降到最低。（魏志超　信息15）

大学英语及应用实践

　　大学期间，英语课的课前演讲让我们印象深刻。我准备的演讲主题是"My Hero"，内容是介绍著名足球运动员梅西，包括对他的人品、事例、情感、经历等多个方面进行描述。美中不足的是，我本以为可以当堂为大家放送一部他的精彩进球视频，可惜事先不知教室电脑没网，我一脸懵，只能在风中飘零。还好，我们可爱而美丽的英语老师问了几个问题，就让我飘过去了。事后，老师和同学们也给了我中肯而有益的评价，尤其是老师的鼓励和建议，让我认识到了今后如何使用PPT更好地展示自己。对我个人而言，此次活动不仅是对我个人英语能力的考验，更是与同学们交流融合，互学互补的过程。所以，对此次活动我深感受益匪浅，我也非常感谢英语老师给我这次展现自我的机会。（荆宇恒　矿加15）

　　大学这一年多以来，一直离不开我学习生活的就是英语。因为从小我就比较擅长英语，而且上大学以来一直在准备出国。但我一直觉得这些都只是自己生活的一部分，学习英语的苦与乐也无人能分享。我平时太懒，自我满足感很低，时常处于不愉快状态。直到今天发生了一件事，才让我感受到我的英语水平能够带动一个小组的优秀表现，也能让更多人一起欢乐，这让我很有成就感。英语课上我们有给电影配音的课前演讲，而快班英语课到了大二就成为选修，很多人上课积极性并不高。对这方面很感兴趣的我准备认真对待这次演讲，并不是为了学分，只是对英文感兴趣。我和同组一位同学为下载到很新、很有趣的美国电影费了很大劲，终于得到有双语字幕的整部电影。为了其中知识点的讲解，同组的同学也费了很大劲查字典，找例句。为了使我们的发音更贴切纯正美音，我们花了很多时间练习。这次演讲让老师和同学们都耳目一新，大家目不转睛盯着屏幕，被电影情节和我们流利的发音所吸引。老师很高兴地表扬了我们，几位同学也表示他们非常愿意与我们交流，拷走我下载的来之不易的电影回去欣赏。今天整个课堂气氛都活跃了许多，同时我们一组人在相互配合的这一段时间也增进了友情。我从未有过这样的成就感。从前觉得英语是学给自己的，也因为学英语少了很多和同学一起玩的时间。今天发现通过自己的英语优势在学习英语过程中与同学增进了感情，为这么多人带来欢乐的气氛，事情虽然小，却让我感动，我也终于找到了成就感。（王子萌　环境15）

上学期，我听过一个关于英语的分享会，在理化楼教室听一位英语老师分享说好英语的经验。老师本科在东北一所大学就读。大学期间，几年如一日坚持每日晨读，最终练得非常流利的英语。这位老师可以说是我们听过的说英语最地道的一位，他甚至可以模仿N位牛人的声音和语气说英文，比如马丁·路德·金、克林顿、奥巴马等，而且说得非常到位。他甚至可以脱稿背出很多的英语名篇名段，可以背很多的总统演讲……老师关于说英语的分享对我触动非常大，我也坚定信心要在平常生活中多说英语，多练习。其实，英语学习就是一个熟能生巧的过程，没有人平白无故可以成功。老师简单的分享背后是艰苦不懈的练习，我也要坚持晨读，早日说出一口流利的英语！（高淑伟　信工15）

大学的英语学了三个学期，在第三个学期刚开始的时候，我们班换了一位新的英语老师，她年轻漂亮，整个人都透出一种朝气蓬勃的感觉。最近的一节英语课，她的嗓子哑了，果然如我想的那般，她应该是一位新老师，如果教过学生的话，嗓子不至于哑，也正是因为这种困难，让我看到了老师别样的风采。那节课，她全程基本上使用word文档打字和我们交流，虽然她打字很快，但那节课讲的内容还是比往常少了许多。看着老师的神情，依旧是朝气蓬勃的，我的内心仿佛被什么触动了一样，曾经的一幕幕开始浮现——讲哲学的她，讲留学生活的她，讲风土人情的她，讲趣闻的她。是啊，这才是真正的为人师表。曾经，我也憧憬过成为一名教师来教书育人，现在，我的梦在哪里呢？（付家辉　电气15）

大学期间，最让我记忆深刻的课程，就是我们大一、大二时的英语课了，古明老师是个帅小伙儿，年龄与我们相近，所以和他谈话聊天没有丝毫的压力。他是北京师范大学的研究生，毕业后教我们英语，教龄也才4年，所以从开始他的自我介绍起，我就挺佩服他的。大学英语老师真的不太好当，能教好的永远只是那些愿意听读英语的学生，但他从带我们的第一节课起，总是在变着花样地"收买"我们，让所有人都不得不注意他的一言一行，似乎在期待他的下一个惊喜是什么，这可能也是为什么他能在我们这里留下最深刻记忆的原因吧。英语课教学到大二年级就结束了，记得在结课的早上，古明老师把我们活生生地从"愉快世界"拖到了陪他一起在那个秋天的"悲伤教室"。现在想起来，我们那个教室感谢老师的掌声是最小的，甚至最后像是古明老师一个人在鼓掌。（邓朝义　地质14）

这学期令我印象深刻的课是一节英语课。大二刚开始，换了一位英语老师，她要求我们课前对课文进行预习，然后将知识点整理在 PPT 上，每个人都要制作一段课文的讲解。在制作的过程中，我体会到了老师的良苦用心。大一时，英语课就是老师在上面讲，同学在下面听（或记笔记）。这样一年过去了，我感觉课上效率一般。这位新老师让我们制作 PPT，实际上是为了加深我们对课文的理解，并培养我们的自学能力。课堂展示时，我观看了其他同学的 PPT，学到了很多不同的学习方式。我以往理解课文只是一字一句地理解，但我看到有同学将课文提炼为一系列关键词，再通过关键词展开，这样效果很好。总之，这节课我收获颇丰，之后我渐渐养成了对英语的自学能力。（叶天翔　矿加15）

现在还是忘不了那时的激动、开心、兴奋，忘不了同学的掌声、老师的肯定。那是大一的英语课，老师是一位英语特别强的漂亮女生，大概二十五六岁的样子。老师布置给我们的课堂展示作业是每个小组自己准备一个话剧，用英语表演，可以有各种助演，也可以借助 PPT。想到话剧，我兴奋得不得了，因为我热爱表演，热爱幽默。可是事与愿违，我们组员却是一群对话剧不感冒的人，我心有余而力不足，叫他们帮忙也不理我，我只好一个人默默地写剧本，改剧本，一个人一天没吃饭做 PPT，到了最后一天，才让他们和我排练了一下。终于功夫不负有心人，我的话剧取得了好成绩。整个过程虽然只有短短十分钟，可是全程同学老师都在笑，我感觉真的很棒。我相信，只要肯努力，谁都会成功，不管做什么，都会有结果。总之，我会永远努力。（范鹏飞　机械14）

大学期间我印象中最生动的一节课是大二圣诞节时，英语老师古明课上给我们全班放英语电影，还给我们每个人发圣诞帽。在我大学刚入学的第一节英语课上，古明老师和蔼的笑容、幽默的讲课方式便使我爱上了大学英语。古明老师伴随我们二年，这二年中，我真正感受到英语不同于高中时背短语、背单词、做阅读，真正体会到英语的美。现在我大三了，我还是爱着英语，爱着以前教我们英语的古老师。古老师不仅激发了我们对英语的兴趣，同时也与我们构建了深厚的友谊。（边润泽　化学14）

　　大学授课方式和高中大有不同，学的东西也差别很大。没有了高中时每天朝夕相处的同学和老师，更没有了高中时亢奋的学习状态，大学时的很多课便听的不那么认真，甚至一学期下来，都不知道老师全名是什么，但是有一门课程，我的印象极其深刻，可以说这一门课，是我上大学以来听得最认真的，以至于我上这门课都不玩手机（虽然这并不是什么值得炫耀的事情……），或许别人会猜可能是高数或是大物，但其实只是一门英语选修课。很幸运，我在这学期为了准备四级而报了这位老师的课，从一开始上课，老师就给我们讲了很多课堂守则，以及她对于我们学习的要求。当时她就说："你们跟着我认真地上每一节课，你们的四级考试应该是不成问题的。"听到这样有底气的话，我也顿时信心十足，高中时那种跟着老师努力学习的感觉又回来了。中间有一次课，讲着讲着老师便给我们分享起了她与她丈夫相识相知相恋最后结婚的故事。大概就是老师当年念完研究生不想读博士了，但是因为一位老人的劝说而继续考取了另一所大学读博。而老师现在的丈夫和老师是高中同学，也在老师读博的大学上学，这样一来二去，因为是旧相识又是校友，更亲切一些，聊着聊着就在一起了。后来才知道，那位老人就是老师丈夫的父亲。当时听完全班都哄堂大笑。我从小便喜欢爱给我们讲故事讲道理的老师，至此对老师的好感更多了。更重要的是，后来老师还语重心长地和我们说，"都说大学没谈一两次恋爱就不叫上大学，但是你们不能为了谈恋爱而谈恋爱，缘分这种事说不清的，你永远不知道什么时候它会降临到你头上，所以在这之前不要浪费时间和精力，该来的总会来，挡也挡不住，慢慢等就好"。这些看似很普通的话，加上老师的经历讲出来，再看着老师说起这些时满脸的幸福，听完便觉得甚是感动。老师的每一节课都十分用心，她的所有内容都是自己多年学习和授课积累的经验所得，更让我崇拜的是，老师竟然押中了四级的翻译题。不知道大学还会不会遇到这样让我喜欢和崇拜的老师，虽然是选

修，相处时间那么短，但依然觉得足够幸运，十分感谢老师。（李昕沿 采矿16）

思政课及其实践

大学生活千姿百态，学习的努力学习，喜欢交际的则加入很多的组织锻炼自己的人际交往能力，可谓各有所长。就拿昨晚的思政实践课来说吧，我认为非常有锻炼意义。这次思政实践课的课下作业是自由成组，自编剧本，自导自演，拍摄一部微电影。要求内容积极向上，完成后几个班的作品逐个播放。微电影展示给我留下了很深的印象，虽然我们都还只是学生，但是在微电影的剧情编排和后期制作上水平非常高。有的内容丰富，道尽校园百态；有的演绎人生真理，道尽人间真情；有的同学极具表演天赋，演得活泼生动；有的将视频制作得和大片没有什么区别。课堂上还现场选出了9个评委，为作品打分排名。我认为这种课堂很有必要多开设，因为它发散了同学们的思维，提高了同学们的表演能力、语商和电脑操作能力，可以让每位参与其中的同学得到不同程度的锻炼。（尚亚龙 土木15）

上半年班级分为3个小组，分别对大学生使用搜索引擎的频率范围以及对思考的影响、大学生恋爱观、大学生是否应该做兼职进行社会调查，主要调查范围在大学校园内。刚开学，混班上课大家彼此不熟悉，我们按照老师的分组脱离自然班进入了自己的小分队，抽取了主题："大学生使用搜索引擎对思考是否有影响。"我们首先了解小队中每一位成员，然后有条理地分配了任务，大家也都积极完成，在此过程中，我作为采访者，先是采访约好的同学，后来又走出了熟人的范围，面向更多陌生面孔，细心地询问。有的人会拒绝我们，有的人会认真回答。通过这次采访，我了解了我的小分队，也对那些在街上采访的人有了一些了解，收获最大的是我完成了自己的任务并对小组有所帮助。这团结合作的力量有多大呀！（黄秋雨 会计16）

目前为止，我记起的印象比较深的是大一上学期思修课的实践作业。当时全班被分成三个小组,每个小组有具体的分工,我十分荣幸地和其他两个同学负责整个工作的核心部分:发放调查问卷,回收调查问卷。调查的地点主要是街头以及周边高校。在调查过程中,也有很多问题存在。其中一个主要问题就是人员配合的问题。高校内调查问卷填写比较顺利,因为都是大学生,所以能够互相理解。但是在大街上的时候大家很不配合,会以各种理由拒绝填写,这个时候我们觉得很尴尬。经过这次的实践活动,突然间就很理解平常在街头上遇到的做调查问卷的人,其实真的是蛮辛苦的。希望我们大家以后遇到这些发问卷的同学,态度不再那么强硬。(程舒曼 化学 15)

前一段思政课上,老师布置了自己组队拍微电影的任务,我们以宿舍为单位,开展了这个活动。剧本是我一个字一个字想出来并打上去的,制作期间,我多次凌晨1点才睡觉。初入大学的我们,还什么都不懂,制作这个微电影其实特别费劲。首先你需要协调大家的时间来一起拍摄,其次后期剪辑需要十分小心。记得那天所有都拍完后,我和室友两个人从中午1点一直剪辑到下午7点10分。当时已经上课了,而我们这里又出了些问题——文件打不开,我们着急地赶紧查问题,功夫不负有心人,最后终于完成了,我俩拿着U盘慌乱地跑到教室。还好,最终我们的微电影获得大家的好评。第一次自己拍摄,第一次自己剪辑,这一次经历,我终生难忘!(晁鑫 采矿 16)

这学期的课程中只有两节思政课,在完成了第一节课的电影观后感后,老师布置了分组拍摄微电影的作业。第二节课播放微电影给我留下了生动又深刻的印象。在拍摄微电影期间,我们费很多时间构思和修改剧本,花很长时间拍摄和剪辑,看到完成的电影真的很欣慰。印象最深的微电影有几个,有一个电影拍摄的是一个有着拍电影梦想的学生屡次碰壁终于成功的经历,拍摄过程轻松活泼,幽默诙谐。有一个女生寝室拍摄记录了一次吵架的过程,后来所有人都反思自己,终于和好如初,非常让我们感动。这堂课真的给我很大影响,让我深有感触。(姜璐坪 化学 15)

半月之前的一个阳光明媚的午后,我们10个小伙伴聚集在学校门口,准备拍摄思政实践课题——微电影。在开拍之前,我们组队,讨论拍摄内容、主题、分工，选择拍摄时间。在拍摄过程中，由于我们缺乏专业知识，许多场景并没有拍摄出预期的效果。在马路旁录制时由于路人的闯入，拍摄也是一次又一次地中止。导演喊到嗓子沙哑，演员也被烈日晒得筋疲力尽。经历了一下午，克服重重困难终于完成了拍摄工作。但影片的制作尚未完成。后期工作人员剪辑后又开始了配音工作。后来由工作人员为影片选音乐，奋战到凌晨，终于完成了影片的全部制作工作。这次拍摄微电影的经历让我们体会到了电影行业的辛苦，并且锻炼了我们的能力，为我们的大学生活画上了浓墨重彩的一笔。（王泽宇　环工 15）

现在回忆起来，给我印象最深刻的社会工作应该就是大一上学期的思修实践作业了。当时老师给定的主题是：网络与生活。规定 10 人左右为一组，自行选定实践角度，出一份实践报告，还要制作 PPT，在最后一节课上当堂汇报展示。我们小组一共 12 个人，拟定以"网络暴力"为主要内容展开调查。第一步，我们先制作了一个有关网络暴力的问卷，发到各个群里来统计大家对其了解情况；第二步，其中几位成员到街头进行了采访，并制作成视频作为素材；第三步，我们集中分析和讨论了网络暴力与人们生活的关系，并且在 PPT 中强调了作为网民，我们应有净化网络空间的义务，倡导大家拒绝网络暴力、文明上网。很荣幸，我作为汇报人到讲台上展示我们小组的实践成果，锻炼了自己的心理素质。通过这次社会实践，我深刻地感受到了团队合作的重要性，每个人的分工要非常明确，应尽心尽力地完成自己的部分，这样把大家的工作整合起来，就是相当完美的杰作。另外一点，是要掌握与人沟通的技巧，比如在采访的时候如何来设计自己的问题才能让被采访者更积极地配合自己，在和小组其他成员讨论时用怎样的方式才能让别人更容易接受自己的想法，等等。每一次实践活动，都会有很多不一样的收获与感悟，这也是课本上学不到的知识！（刘傲　安全 16）

大学里我遇到了一些热情、友好的舍友还有同学，我们洋溢着青春的气息，一起做了一些有意义的事情。令我印象最深的是思政课实践，我和我的同学们组成了一个小组。在这次实践中，我们有许许多多的不懂与茫然，但在我们的努力下都一一克服了。我们各司其职，将自己应做的都做好。我们先是做了一份调查问卷，然后通过自己的朋友圈、QQ 空间，还有一些微信群去让别人做调查问卷；做完之后便开始着手分析。实践中还有访谈环节，我们从身旁的大学生还有一些附近的居民入手展开了采访，实地了解人们的想法；最后便是小组汇总，包括小组成员对这次实践的想法及建议；等等。这次社会实践让我认识到团队协作的重要性，还有每个成员和环节的不可替代性。每个人都不要对自己所担任的小角色而感到不屑，也许正因为此，才导致小组的失败与不足。尽自己所能做自己该做的事，不要偷懒，这是成功的基础。（马兰　化工16）

大一上学期思修老师盖逸馨让我印象很深刻，我们至今仍然保持着很频繁的联系。盖老师的授课方式很特殊。不像传统填鸭式教学，她会通过各种实际生活中的例子（很多是刚刚发生的）来阐述课堂内容，并通过极富逻辑性的用语将知识串起来。她会让学生去"自主学习分享"，同时她会全程记录学生分享过程中的闪光与不足，帮助学生提高与进步。盖老师在生活中也很有亲和力，我们生活中遇到困惑与问题，她都尽其所能解疑答惑。在思想引领方面，也延伸到课外，而不仅仅局限于课堂。她的时时关心，处处关怀使我们做学生的非常感动。（宋沁颖　工业15）

大家可能对大学课堂的印象是沉闷、枯燥乏味，繁难的推导公式，极快的教学进度，让人一听就想打瞌睡的课……然而并不是所有的课都是这样的，印象最深的是大一上学期的一节政治课。初入大学，上课形式与以前大不相同，内容让人完全无从下手，全要自己下课后去慢慢钻研领悟。有一次去上政治课，老师改变了授课方式，改为老师将话筒交给同学，让同学来发言，刚开始同学们还有点紧张，气氛有点沉闷，但老师用言语激励学生，慢慢地大家的思路被打开，后续同学们都踊跃发言，课堂气氛很好。对我来说，我是一个在很多人面前说话会脸红的人，一般老师要同学们自告奋勇回答问题时，我都不会去回答，但是经历过那次课后，我对我的性格进行了认真的思考，或许敢于在别人面前表达自己的看法才是正确之路。于是我开始慢慢改变自己面对发言的态度，慢慢锻炼自己的胆量，现在已经可以在课堂上和老师互动，不再胆怯，这也促进了我的成绩的提升，我想这就是这节课对我的影响，我将终身受用。（任永杰　电气15）

我印象最深刻，也是最喜欢的课——马哲课。马哲老师的激情讲解结合他自身经历以及一些例子把本该催人睡觉的马哲课变成了一周中我最期待的课。教我们马哲的老师叫彭红胜,可能是福建那边的人,普通话发音有些奇怪,嘴型也很奇怪,说一句话仿佛要费很大的劲。刚开始我还带着嘲笑的意味听课,但当我看到他那饱含激情的眼神之后,感觉整个人都不一样了,那种眼神让我这辈子都难以忘怀,那是对一项事业有着执着的投入与追求才会有的眼神。从那以后我渐渐发现他的课是那么的精彩,指引我前行。(李亦蒙 消防15)

我想提到的老师是马克思主义基本原理这门课的授课老师。说到马克思主义课,我想大部分人想到的应该都是枯燥、无味、无聊等类似词汇。但是老师的课让我改变了对马克思主义课程的看法。我们老师成功地让他的课程变得有趣,变得极具吸引力。老师的教授方法与众不同,他不拘泥于课本,例如第一课介绍马克思,虽然依旧旨在突出他的伟大,但是起始自英国报中与其他伟大的科学家和人物作对比,让我意识到马克思的伟大在某些程度上比爱因斯坦、牛顿更令人震惊,终其一生编著《资本论》等等一系列的事迹令马克思这位思想家在我心中的形象日渐丰满。在平时的授课中,老师言辞幽默,举例生动形象,上课所联系的事例均出自我们的日常生活,他以一种喜闻乐见的形式引领我们走近马克思主义。感谢老师给予我对马哲思想不同一般的引导与启发。(张硕 环境16)

专业导论提升专业自信

大学期间,我印象最深的一堂课是电气系王聪教授的专业导论课。王教授用流利的英语讲述了我校的电气工程专业,介绍了我校电气工程的历史,以及电气工程下的二级学科,介绍了我校国家重点学科电力电子及电力传动,还讲述了电气的就业前景,等等。这堂课让我开阔了视野,更好地了解了自己的专业,学习方向越来越明确。王聪教授和蔼可亲,总是面带笑容,带给学生亲切感,课堂气氛也十分活跃,引导学生不拘谨,大胆发言。王聪教授还介绍了前几年与美国北卡州立大学 K.&Bose 教授的交流,了解了美国在电气电子这一领域的先进技术,还有这一领域里的许多大牛教授。总而言之,王聪教授的专业导论课是我在大学期间听过的最生动的课。(唐翔宁 电气15)

我的专业是资源勘查工程，也就是传统所说的地质。我们上学期开设了"科研导论"，给我们授课的是我最敬佩的老师邵老师，他是长江学者，国际著名期刊的主编，能在大一聆听他的课，我倍感骄傲。在课堂上他留给我们的作业是"翻译一篇他提供的论文，制作 PPT，讲给大家听"。我们组的论文有 9 页，纯英文，从接到论文的那一刻起，我就在心里暗暗告诉自己，必须完成，必须优秀，必须让同学们听懂。我用了大约三天的时间，逐词把英文翻译成中文，然后对着中文反复推敲意思，又用两天时间制作 PPT，对着 PPT 又练习了无数遍。我走上讲台的那一刻是信心百倍的。我十分流利清晰地讲述整篇论文，没有半点停顿，我注意到同学的眼睛都在盯着我，我更加兴奋了。中途邵老师举起了手中的相机，给我拍了一张照片，那是他在这一节课拍的唯一照片。我至今深深地记着被自己最敬佩的人赞许的时刻，这让我信心倍增。（兰春元　资勘15）

担任力学专业导论授课任务的是李世海教授，他是中科院力学研究院研究员、国家 973 项目"重大工程地质灾害的预测及数值分析"课题首席科学家。李世海教授首先向我们介绍了地质灾害演变的力学建模和基于 GPU 的高性能仿真分析等方面的科研情况，特别是他把力学与计算机联系起来，运用计算机的高速运算能力研究地质灾害可能产生破坏的方法令我耳目一新。在此之前，我一直认为力学就是一门专业学科，无法与其他学科产生交集，然而以人的计算速度很难实现对大型复杂的模型进行快速精准运算，而计算机却可以帮人类轻易计算，人们只需要用已经掌握的力学知识建模，然后编成计算机程序，就可以轻松进行解算。其次，李世海教授在讨论固体应力分析时的弹簧质点模型也是让我深深佩服的，这一新模型极大简化了分析难度与运算难度，让我对固体应力分析有了更深层次的认识。（孙博识　力学15）

刘升贵老师是我们专业导论课程的老师。虽然专业导论课的课时不多，但他的每一节课都十分有趣，也会引人思考。课上刘教授会给我们播放一些视频，来让我们大致了解大型工程的开发过程，以及力学在其中的应用。刘教授的课让我们知道了力学不只是实验室中的学科，它能够应用到工程当中，并在工程建设中起主要作用。他让我们明白了力学的重要性与实用性，也让我有了学好力学的坚定信念和决心。除此之外，刘老师在课上也会教我们一些做人、做事的方法和原则。他让我明白了现实生活和工作中残酷的事实：有一点做得不好，就有可能丢掉自己的工作。这一点也成为督促我努力学习，不断完善自身，争取做到完美的动力。（石博康　力学 15）

大一上学期测控导论课有一节课是由赵建伟老师讲授有关机器人的知识。赵建伟老师讲课风趣幽默，引用了很多他本人和他的学生的真实案例。课上赵老师多次与我们互动。当问及我有关角度传感器等知识时，因为我对于这些了解很多，老师又让我多做了一些解释。赵老师的课不同于其他老师，少了枯燥的概念讲解，多了许多生动的实例。赵老师的课让我对双足机器人领域的知识更加感兴趣。（郑丁丁　测控 15）

心理沙龙，破冰之旅

要说印象最深的，应该就是心理沙龙了。这是全班三十个人一起做游戏，从而增进感情与合作的一次活动。在这个活动中我们猜字谜，玩游戏，做道具，在轻松快乐中学习了竞争意识，动手能力也得到了一定的提升。要说印象最深的游戏，应该就是保护鸡蛋大赛了。我们用报纸、胶带保护好鸡蛋。运用物理学知识分析，做出保护装置。当我们从二楼将装置扔下，内心异常焦虑，但当将装置打开后看到取出的完好无损的鸡蛋时，我们不约而同地大声欢呼了起来。经过我们的合作与努力，我们成功了！从那以后，我觉得我开始重视团队合作了，即使做不了领导人，我也要做好自己，尽力而为，为了团队的未来而尽自己那一份力，最后分享团队的成功，这真的是一件让人开心的事情。（王子炎　环境 15）

来到大学的日子快两年了。在这两年里，我经历了许多的事，这些事让我欢笑，让我悲伤，让我成长。现在我就讲述一下我觉得比较有意义的一次活动吧。那是大一的时候，当时我们来到大学还没有多长时间，心理课组织了一次心理沙盘活动，我记得那是一个周六的下午，当我们到活动地点的时候学长也刚到，学长和我们每一个人简单地交流了一下，了解了一些我们的基本信息，然后开始进入正题。我们需要按顺序对沙盘进行改变——加减东西或拨动沙子来改换东西的位置,其间不能进行沟通,最后我们摆出了一个和谐的沙盘小世界,学长对我们的行为做了一些点评,然后拍照留念。说真的,这次短暂的活动我收获很多,在这个活动中我充分了解了我们宿舍其他人的一些情况,加深了我们之间的感情,激起了我对学校的热爱和对学习的热情。(潘乐 电气14)

作为一名心理协会成员,在心理课所举办的"定向超野"活动中,我扮演的是"定向越野"工作人员。在之前任务分析中,我被分配到的任务是作为"爱的抱抱"这一活动的见证者来监督大家的完成情况。活动开始,我在这个环节中用相机对参与者与路人拥抱的场景进行拍照。活动进行了许久我的任务才完成。在回去的路上我翻开了照片,里面一张张同学们与路人相拥后十分灿烂的笑脸让我心中涌起莫名的感动与欣喜,虽然我不是这个活动的参与者,无法体会这个环节所能感受到的乐趣,但是我却体会到了另外一种更加深刻的快乐,这或许是奉献的欣喜之情吧。经过这次活动,我明白了奉献会得到更多的快乐!(彭德龙 电气15)

进入大学已经接近两年了,但那次心理沙盘活动还是让我久久不能忘怀。在那一个半小时的活动里,我向组内的每个人反映了真实的自我,那个几乎谁也捉摸不透的自己,那个不爱说话,喜欢旅行,喜欢红色的自己!刚开始大家还稍显拘谨,随着反复的自我介绍,大家建立起对他人的印象,于是开始放开自己,打开了自己的心扉,不知不觉中有一种幸福感油然而生。大家一起谈心,放松心情。随后,我们进行了沙盘游戏,游戏虽然看似简单,但在一个无声的环境下,每个人选择了自己心中想象的那个模板的一小分子来填充整个沙盘。起初我充满了疑惑,大家的方向似乎不在同一条直线上。但接下来的几轮里,大家开始有意跟着相似的节奏走了起来,毫不相干的一些东西变得那么协调,反而有种互相衬托的美,自然的美。这次活动让人意犹未尽,非常开心,是那种完全放松自我,理解并展现自我的开心。(何元浦 环工14)

刚上大学的时候我们有一堂心理课,是6人一组参加,我们宿舍自然而然成了一组。当我们走进那间教室的时候,没有看到讲桌黑板,看到的是一个沙盘和满满两个书架的卡通小坑堆。我们很好奇地猜测这是要做什么。很快,我们就被各种各样的玩偶所吸引……主讲那节课的是一位学长。首先,他引导我们做了一个游戏,规则是每人轮流移动一次沙盘或者往沙盘里放置一个玩偶,我们不明白用意,只是当作一个游戏来玩,而当游戏结束时,我们被叫住,学长问我们,当看到其他人放置第一个玩偶时你能领会他的用意吗?我们都不知道其他人的想法,于是学长让我们说出自己的想法。之后,我们分别评价了我们中的某一个人,当评论别人与被别人评论的时候,我们有种截然不同的紧张感,以我们相处一个月的认识来评价一个人,有的或许会有偏差,但大多却异常真实,能让我们更好地认识自己,认识他人。从这一节课中,我学到了很多。(任俊虎 建筑14)

忘不了大一上学期那堂让我记忆犹新的心理活动课。那次也算是班级第一次的有组织活动吧!很有意思的一堂心理课,也让不太熟悉的我们更加了解彼此,除去了陌生人相聚一堂的尴尬。这得归功于那堂课的老师,也得归功于那课堂玩开了的我们。老师先给出了一个热身活动,把本来无言的我们带入了一个即将相识的氛围,一下便吊高了我们的兴致。紧接着重头戏上场,以团队合作形式传递信息,传递一个要想尽办法但不违背规则的信息。瞬间,头脑风暴出现,原本以为性格内向的同学都纷纷出谋划策,奇招层出,我们想出了连心理老师都大吃一惊的办法。整个过程伴随着我们的欢声笑语,也有些许为了名次而斗争的呐喊,但是因不同的声音才让大家越来越熟悉,越来越接受对方,从而走进对方的世界,成为彼此的朋友。(刘家鼎 安全15)

大一上学期,我们进行了一次心理活动实践课,这堂课对于一向内向的我来说意义非凡。其中一项活动令我至今难忘。当时老师让我们假想自己正处于一架失事的飞机上,飞机还有五分钟坠落,我们每个人都要写一封给父母的信作为自己的"遗书"。长这么大,一直都是索取,却从未回报,总想着长大以后再回报,可是现在却要"死了",顿时一阵心酸,想想父母已经年近半百,若没有我,他们将如何度过余生,而我长这么大,连几句感激之语都未曾说过,我很用心地写了一封信。随后老师让每个同学读自己的信,尽管我有点难为情,但还是放声朗读了一遍。这次活动让我有了感恩的勇气。(车开源 矿加15)

大一时,我们班被叫到了一个小教室里面做活动,听说那是一学期一次的心理活动课,所以我们有点兴奋。我们全班的人各自怀着来到校园的青涩,围坐成一个圈。刚开始氛围并不是很好,没有多少人发言,偶尔会有几个吐槽的。为了缓合气氛,组织者让我们每个人介绍一下自己,并用一句话总结下自己,场上开始变得热烈,我也渐渐融入其中。后来,我们被分成了三个组,每组一个人看词然后用动作描绘出来。我记得那次我们是狡兔三窟,在传到中间时完全乱了套,不知所云,以至于最后台下观众都知道我们的答案了,我们还茫然无所知,现在想起来还挺好玩的。最后,我们被要求每个队都要有队长、队号及队的POSS,我们想出了非常好玩的名字,想到了CS,奥特曼,LOL的各种POSS拼接到一块,华丽地表现在大家面前……那堂课,令我至今难忘。(李康文　力学15)

大一刚入学时,同班同学之间一时还没有熟悉起来,一起出去吃饭也狂犯尴尬症,搞了一次团日活动还乌龙百出,是那堂心理课让我们真正熟悉起来。一个班的同学都呆在一个小教室里面,围成一个圈的感觉超级赞。有一个活动是给大家工具,然后每组(全班同学分为3组)一个鸡蛋,用那些工具(真的很寒酸的工具)保护它从二楼落地时不会破。我们组有一位从小爱探索科学的学霸,在别的组用胶带乱缠一气的时候,他用十分科学有效的办法解决了这个问题,最后只有我们组的鸡蛋没有破。我们还玩了里里外外游戏,就是用人翻转内外而要保证吸管不落下的活动,从来没有交流过的同学有了交流,很有趣。最后组织人员让每人分享一下心得,大家都表示这种活动应该常办,大家多在一起活动,可以增加班级凝聚力。(李馨予　环境15)

金工实习趣味多多

我记忆最深刻的课恐怕就是金工实习中的钳工了。在钳工实习时,老师要求我们每个人都以铁块为原材料,使用各种工具,制作一把小锤子。在铁块上画好线后,我们就开始锯铁块,我只顾着使劲锯铁块,一不小心就锯歪了,还好我及时反应了过来,我的铁块还有弥补的余地。我用锯重新找了一条路径开始锯了起来。因为之前锯的口子有点深度，重新开始锯的时候，锯条总是会跑到原来的锯痕那去，我只好不断重新调整锯条位置。好不容易锯好了，但一个新的困难又向我袭来，因为刚才没锯好的缘故，铁块的锯面上出现了一个特别明显的一个大凹痕。为了使锯面变得平滑，我只能用锉刀使劲打磨，这相当耗时，而且特别费劲，我不得不多次变换打磨的姿势，但还是无法避免第二天的手指酸软。等第二次金工课时，我们又开始了打磨的漫漫长路，因为我们还要使小锤的四周保持光滑，又是一阵打磨，我用小锤在我的铁块上打了个眼儿，但因为力气不大，而且我有点莫名讨厌巨大的响声，打的眼儿有点小，但还好可以用。我准备打孔了。对准了眼儿，我用力压机器手柄，一旁看着的老师不停地让我使劲，告诉我不用那么温柔，有时老师实在看不下去，还会直接上手教我，可是我真的使劲了啊！经老师的不断催促，孔很快就打好了。接着我在铁块的孔里和铁棍上套了螺纹，将铁块和铁棍一组合，我的小锤子就做好了。这个过程虽然很累，但当我亲手做好一把小锤子的时候，自豪感油然而生。（刘美杉　安全16）

　　大二新学期开始，我进行了为期15周的金工实习，在这15周里我学到了很多的东西。不仅仅是金属材料加工、钳工、车工、切削、浇筑等专业技能，还有很多东西是实习中遇到的问题，以及对于工作的各种体验。在金工实习中，我把各个工种基本都尝试了一遍。我们动手去感受了平时看似很简单的东西。例如电焊，看着是多么简单，但是动起手来就知道这是一项特别不简单的工作。没有经验的工人是难以做出精美的焊缝来的。而且在这个实习车间我也感受到了一个工人的辛苦，以及他们的敬业。在车间中除学习到了一定的金属加工技能外，也感受到了工人的创造力和适应力。作为一个工科类大学生，这次实习使我再一次意识到劳动是光荣的，通过实践我感受到劳动的乐趣。总的来说，这次金工实习使我收获不少。实践是学习的一个捷径，通过实践可以很好地加深对理论知识的理解，为以后走出校园有更好的适应能力打下坚实的基础。（吴景铜　土木16）

　　转眼之间大学生活已经过去了一年。我们专业课程很多，而且大部分都是理论课程，但其中有一门课程是不同的——金工实习。金工实习不同于平时的课程只学理论知识，它是动手实践的课程。以前我们总是听到"实践与理论相结合很重要"，但至于重要到什么程度并没有体会，"金工实习"给我带来了全新的感受。以前遇到困难，我总是感到很大的挫败感，对自己缺乏信心，解决的方法总是局限的。面对突发状况和自己所不熟悉的事物因为缺乏自信而感到挫败。但经过"金工实习"，我对自己有了较多的了解，在动手能力方面也许很弱，在未知事物面前可能会深感无力，但这些都不是屈服于困难的借口。对于所面临的困难，重点不在于它是否可解，而在于你对它的态度。积极去寻求解决的方法，总结一些经验是正确的选择。在实习过程中，我们遇到的问题总是很多，比如对理论知识的掌握不全而导致失误，或是对机器的操作不当而无法完成任务等。但我并没有因此而气馁；相反，我更欣喜于能及时发现自己存在的问题，并努力去思考寻求解决问题的方法，每每完成一项任务，或是看着自己亲手做出的作品时，我总是备受鼓舞，心中更是多了自信，也深深明白了在浩瀚的世界里自己还有更多需要学习的知识。（符启燕　化工16）

　　大二学期我们开设了金工实习这门课程。之前，我一直是一个思维不够活跃，对自己的大学生活不抱有信心的人，但金工实习课程改变了我的这种想法。我们每周五上的金工实习课程要在清华大学李兆基实验大楼上，我们提前按班级划分好了小组，而且每次实习小组内都随机分配人员。记得我之前的几次实习，在操作过程中总是手忙脚乱，不能好好完成实习任务。直到有一次我们的加工任务是做一个小铁锤，当时我心里还有一点紧张和心虚，害怕自己不能按时完成。拿到原材料和工具站在自己的工作台前，我拿着锉刀按照老师讲的要点和操作方法一步一步地开始慢慢磨光平面，虽然对自己不自信，但我还是磨出了老师所说的光滑平面，接着我拿着锯子锯凹槽，将多余的部分锯掉，当时我感觉自己很用心，很认真，其他同学喊累去旁边房间休息的时候我还在锯，锯好后我没有停息，接着拿平锉锉出一个光滑的平面，用圆弧锉刀锉出了一个光滑的弧面，等其他同学休息回来后，看见我差不多快做完锉头了都很吃惊，他们也都赶紧马不停蹄地做，我完成任务时内心瞬间就有了一丝小小的成就感，看见旁边的女生操作不熟练，我还特意过去指导她们，几个女生还夸我心灵手巧，反正我是对自己越来越有信心了！金工实习使我对自己有了全新的认识。（尹健权　土木16）

　　那是大一上学期的一个周六，我参加了金工实习。胖胖的和蔼的女老师耐心地为我们讲解机器的操作流程，带着眼镜的老师傅为我们介绍编程的基础知识，然后和学姐们一起对着图纸讨论程序应该如何写。当程序模拟成功时，我们简直要乐翻了。看着一个个普通的金属块被慢慢打磨成自己想要的形状，我们的成就感爆棚。提前完成任务的我们还和老师傅交谈甚久，从机器的电脑中我们还看到了老师傅自己闲暇时间编好的各种卡通图案的程序，虽然很简单，但我们就像捡到宝一样。（黄佳阳　材料15）

　　大学期间印象最深的就是金工实习。通过一个学期的金工实习，我学到了很多，也收获了很多，体会到了"实践是检验真理的唯一标准""纸上得来终觉浅，绝知此事要躬行"的道理。虽然不能保证实习的每一个工种我都学会了，但是我认真学习，认真思考，有不会的、不懂的就去寻求老师、同学的帮助。老师们很耐心地给我们讲解每一个工种的基本原理，给我们讲解适用范围，然后还给我们演示，让我们对每个工种不仅能知其然，还能知其所以然。第一个工种是铸造，我们接触到了砂型铸造和消失模铸造，砂型铸造中我们学习的是手工造型，用泥沙做模型，这是一种很讲究细心的事情，和小孩子玩泥沙是完全不同的。因为砂很容易变形，所以做的时候一定要小心仔细。消失模铸造就是用泡沫把模型做好，刷涂耐火涂料并烘干后，埋在干石英砂中振动造型，在变压下浇灌，使模型完成。然后就是车工和数控车。车工微小的差距能够决定一个零件的好坏。而数控车是根据设计好的程序来自动操作的，程序设计对了，这个零件也就没有问题了。接着就是钳工了，钳工极大地考验了我们的动手能力，考核内容就是用工具做出一把锤子，关键是如何做得既好又快。我做锤子的时候手都磨出水泡来了，最终顺利完成了这个作品。这个学期的金工实习，我们不仅收获了知识，还开阔了眼界，锻炼和培养了劳动观点、经验观念，提高了我们整体综合素质。感谢学校为我们提供这样的机会，更要感谢我们的老师，从他们的言传身教中我们受益匪浅。（方显轮　土木16）

| 大学生活启示录 |

专业实习与实践

大二下学期我们开设了古生物课程，任课老师马施民老师上课的时候非常有趣，说话也非常幽默，而且在我们看来，他是一个什么都不在意又特别怕麻烦的人。其实，我最喜欢他的原因还是因为他长得帅，虽然他现在年纪大了，但还是可以看出以前一定是个帅小伙！我们的古生物课是双语教学，上课用的PPT是一页中文，一页英文，不过说是双语，其实有时候还会讲拉丁语、希腊语什么的，当时就觉得他非常的厉害！对他印象最深的还是在我们今年的秦皇岛实习，虽然马老师不是我们组的带队老师，但是他的事迹我们当时去实习的所有人都知道。每天他带的小组的成员都会跟我们形容一下他的作为，他小组的同学都说他们出野外的唯一任务就是跟上马老师。马老师每次出野外的时候都两手插兜，一马当先，一个不注意就会发现找不到马老师了。而且马老师挺喜欢走那种不大好走的路，还经常爬到树上去休息。在其中一条路线上的一棵树上，他休息的照片不知道被谁发了出来，从那之后我们经过那里时总有人想要爬上去试试。而且我们在秦皇岛的时候不知道哪里传出来，说马老师主业是调酒师，副业才是教书，搞得我们一直很想尝一下他调的酒，感觉一定很不错。很喜欢他的帅气、他的潇洒和他的活力。（林斯妍　资勘15）

大一学年结束，学校组织土木专业的学生实践7天。在那7天里，我们基本上都是八点出发，在工地顶着烈日参观实践。我看到我们这个专业的人是非常不容易的。参观底层地基、地铁隧道、盾构机如何运作、工人如何分配等等，这一切虽然在平时也能看见，但是我们并没有认真仔细地去思考这一切是如何运作的。在工地上我们的带队老师和工人师傅给我们仔细讲解，我们也常常驻足思考并提出疑问，老师们都耐心地现场解答。虽然实习的几天都是烈日炎炎，我们汗流浃背，但重要的是我们有喜悦的收获。在7天的实践里，我深深地感到大学生社会实践是引导我们走出校门，走向社会，接触社会，了解社会，投身社会的良好形式，是促使大学生投身改革开放，向人民群众学习，锻炼才干的大好机会。社会实践拉近我与社会的距离，让我在实践中开阔了视野，增长了才干，也让我学会了沟通。（马润东　土木15）

大学期间最让我难忘的一次学习经历当属我们班的暑期实习活动。当时，我们班34名同学，每个人都背着行囊，一路来到安徽的查济古镇。虽然我们十分疲惫，但刚来到查济时，还是被那的风景震撼了。查济古镇是安徽宣城市泾县桃花潭镇的一个小村庄，是中国传统的古村落。每年都有很多的美术生、艺术生背上自己的画夹，摄像爱好者带上相机，来这个世外桃源一般的古镇写生、拍摄作品。我们实习是在七月初，除去我们刚来查济那天的倾盆大雨，后面的几天都是艳阳高照，天气十分炎热。我和两三个同学，为了躲避正午的太阳，在天刚蒙蒙亮的时候便背起画板，去古镇景区里的大杨树下，选好了角度，便拿起画笔画了起来。记得当地当时还是个未开发的山区，习惯城市生活的我们总有些不适应当地的生活环境，自己手洗衣服，洗澡没有淋浴，连睡觉的地方都是满满当当的十二人间。不过，除去这些，查济带给我们更多的是美好的回忆。清晨打鸣的公鸡，早餐店里飘来的桂花米糕香，一帘幽梦小桥下清澈的泉水，这些令人流连忘返的查济印象深深地留在了每一个同学的心里。经历这次实习，我从中学习到了怎样适应新环境，在困难来临时，采取积极的态度来面对它，品味生活，学会感受生活中的美好，让心灵和眼睛一起在旅行中获得美的洗礼。（易雯婧　建筑15）

刚放暑假，我们在老师的带领下前往清西陵开始进行为期二十天的测绘实习。清西陵地处河北山区，虽然海拔不高，但我们所在之地人烟稀少，手机信号时断时续，特别在刚入山几天，阳光毒辣，而我们准备不足，不少同学有轻微晒伤，每天7:00上山，11:30下山，下午3:00上山，5:30下山，在山上与同学相处的时间，比上学的时间都长。因为基地电力不通，宿舍又不通风，整个宿舍里面非常闷热，晚上无风无电，只能在外乘凉，和同学们的感情更进了一步。在经历几天炎热天气之后，暴雨来袭，直接导致停电停水，本来还能在晚上冲个凉水澡，这下也成为奢望。不过暴雨同时也驱散了酷热，上山不再是受苦的代名词了。在几天的实习锻炼之后，我们仪器操作得越来越熟练了，配合也越来越默契了。虽然在测量过程中和队友有一些矛盾，但解决后我们相处得更加愉快，并且一项一项任务都圆满完成。感谢假期的测量实习。（张一坤　测绘16）

大二下学期结束后，学校组织整个班级去河北太行山写生。于是，在美术老师王丛的带领下，我们班踏上了写生的道路。到了那里之后，我们每天都是早上吃完饭去村里各地寻找漂亮风景开始写生，然后回来吃饭休息，下午依旧，晚上为自由活动时间。每一天都很充实，每一天都十分快乐。我们领略了太行山的壮阔，饱览了山间的翠绿，体验朴实的乡土人情。在那里的一周，我们学会了许多绘画技巧，也愉悦了心情，促进了师生、同学的友谊。整个班级更有凝聚力了，师生之间互动也更加频繁了。转眼是最后一学年了，大家就要各奔东西，可当初在一起画画的场面依然历历在目。怀念的终究只是过去，迎接的才会是未来，真的希望大家毕业之后都能成为各自想成为的那个人，加油！（王坤　建筑15）

2016年暑假学校组织我们到河北易县实习。尽管之前三天的校内实习已经累得不成样子，但是我们对于一场将要坐长途客车的旅行依旧充满期待。到达易县的当天，我们就开始实习，我真正体会到了什么叫作汗流浃背。这样一天又一天，最后几天天公作美，终于下起了暴雨，上山实习的计划停止，然而又有一件事情绕上心头——下了这么大的暴雨，我们还能回去吗？总之，在易县的日子里，辛苦着，快乐着，有播种，有收获。我没去其他景点，只去了皇后陵，却因为维修而不得入内。最辛苦的是每天不管多热都要捂得严严实实，拎着十几斤重的仪器上山；最幸福的是劳作一天后，有丰盛的晚餐。最自豪的是写了一篇一万多字的报告。（李春波　遥感15）

现在是大二上学期，回顾进入大学将近一年半的时间，最生动的课堂应该是去年夏天京西地质实习吧。八月份的北京，每天早上出门前恨不得抹城墙厚的防晒霜，戴草帽，背地质包，装着罗盘和野簿、铅笔，自备的午饭，男生们还要背地质锤，然后最为不可或缺的是花露水，实习十天下来，平均每人用掉两瓶，那个时候再热也必须穿长袖长裤，就算这样都会被咬得惨不忍睹，很多地方没有路，草快长得和人一样高，再柔软的叶片划到裸露的皮肤上都会有红印子，加上汗水，奇痒无比。由于很多岩石剖面因为修路才暴露出来，所以我们便总是沿着国道步行。站在路边的时候，身后呼啸而过的货车简直是贴着头皮过去的。站在村口马路边，老师拿着放大镜告诉我们，这里有一片灰岩，美国有个地方叫巴拿马，海滩上也有这样的沉积，他指着远处的山峰说，那是多么漂亮的米兰科维奇旋回，是由于地球和太阳的公转形成的，每一层代表着不同的气候，老师们趴在岩体上给我们讲成因，说你们面前这泥土一样的岩石，来自最初的华北平原。那些岩石来自亿万年前，封存着地球上最为古老的生命，京西以此成为一代又一代地质工作者的摇篮。我站在那些看似普通的岩石面前，感觉到难以言说的神奇，其实那些石头放在别人眼里根本不会愿意多看一眼，然而它们却是地球最为古老的见证者，无声地诉说着漫长的历史。在那遥远的时代，是怎样的温暖，有着怎样丰沛的植物，又有着怎样的陆地和海洋。看着那些岩石，我感受到了作为一个地质专业的学生的自豪。朝而往，暮而归，每天晚上整理野簿，清洗岩石标本，最后写成一万三千字的实习报告，字字心血。那些日子可以说比我大一整年学到的东西都要多。地质本身就是一门要在实践之中不断探索的学科，地质人原本就是要到户外去的，到田野间，去山间，去没有人去过的地方，得见常人看不到的盛景。（李丹枫　地质 16）

作为测绘专业的学生，暑假曾到易县实习，共实习十天，每天都有不同的任务，实习结束我们要完成一份地形图。大一首先通过书本学习了测绘知识，然后去山上实习。测出每一个点都很有成就感。记得第一天的时候，我们小组从早上测到晚上 6 点多，然后测完了当天的任务，下山回到住处的时候每个人都很骄傲。那些天，尤其男生会比较辛苦，但我们也都早上很早就上山，晚上也是天快黑了，看不清点了才回去。实习结束，最后一天上交了一份电脑绘制的地形图给老师的时候，真的很有成就感，每个点都是我们的心血。通过这次实习，我发现自己也可以做成很多事，重要的是实习后我变得更加努力学习，努力工作。（韩佳沂　数学 15）

在大学里，让我感受最深的一堂课，是我们老院长曹代勇教授在大一期间，带我们去西山实习。在掌握了一定的岩石、地层等方面基础知识的基础上，曹教授生动诙谐的讲授，使我们第一次感觉到了地质的乐趣。曹教授在野外工作多年，走起路来竟然比我们这些大学生还快，还要稳健。一路上，曹教授不但给我们讲了许多专业知识，更是将野外工作中应该如何保护自己的这些经验一一传授给我们，让我们知道了许多书本上没有的知识。曹教授还给我们讲了他年轻时候的许多事，让我知道了老一辈地质工作者的艰难与困苦，更是被他们的坚持和敬业精神所打动。西山实习让我爱上了地质这个虽然艰苦，但伟大的事业。（李盛　地质 13）

大学生活启示录

我是测绘专业的，曾在大一暑假前往清西陵实习十天，当时是几个人一小组带着各种仪器去野外山上测量，不得不提的就是当时野外环境真的很艰苦，从山上回来，尤其是男生都黑了很多。但这次实习真的让我学到了很多。首先，学到了知识，课本看再多遍也没有亲手实践收获大。其次，同学之间都亲近起来，互相在山上呼喊"×××给我带个馒头"等。最后，师生之间也变得亲近许多，每天都会看见几个老师，打招呼，老师也会问："吃早饭了？……"这些都是很美好的回忆，我也变得能吃苦了。（韩佳沂　数学15）

让我收获最多的一次实践是上学期期末的认识实习，是学校组织土木专业大一新生了解认识本行业的工作内容及发展前景的一次实习。这次实习持续了一周的时间，每天我们都会到一个不同的地方，或是工作现场，或是景点公园。但我感觉这其中对我们帮助最大的还是真实的工作现场，从楼房到隧道到桥梁，几天的实习让我对土木行业有了一个大体了解，也对自己未来工作内容有了一定的认识，大致明确了未来的方向。这次实习不仅让我们开阔了视野，也让我们磨炼了自己的意志品质。那时正值一年中最热的时候，工地上骄阳似火，每天来回都要坐两个小时的大巴，有时还要走很远的路，同学们身体上虽然有不舒服，但都没有抱怨，也没有放弃，而是坚持了下来，并且每天都认真听工地负责人的讲解。虽说有些专业知识自己当时不懂，但可以记下来回来再查阅资料或者请教他人，也算是从实习中学到了一定的知识。十分感谢学校能给我们这样一个机会去外面的世界看一看，接触一下行业的真实情况。当然，在以后的学习生活中，我也会多留意这种机会，积极参与，锻炼自己，为以后的工作打下基础。（王璇　土木16）

让我印象深刻的一堂课是大学生人际交往团体训练课，它的上课形式和上课内容非常有趣。一开始我以为它和平时的课一样，学生坐台下听课，老师在台上讲课，传统却显无趣。然而，它给了我惊喜，它是一个开放式的课堂，课上同学们围坐成一个大圈，老师亦在其中，一开始我们会做热身游戏，这使学生和老师迅速熟悉起来。而它的上课内容也是十分新奇，比如说，情景模拟训练，假设你与几位队员一同迷失于一个原始森林，给你一系列物品，你可以从中选取几种，你将会选哪几种物品，并说出为什么。这种上课的模式让我们学会思考，也让我们学会选择。当然，其中最突出的是我们所有的内容都是在分组情况下进行的，并且每一节课都会重新分组，团体中组员合作完成模拟训练。这实际上训练了我们的人际交往能力。另一个值得分享的是老师与学生的融洽度，老师与同学是一起进行模拟训练的，老师会随机进入某个团体与学生共同进行思考，这门课让我感到了大学开放式课堂的魅力。（钟诗晴　安全 16）

大一下学期伊始，我们选择了刘海娟老师的大学生人际交往团体训练课。这门课吸引我的是它有很强的实用性，确实在人际交往中给予我必要的一些指导。刘海娟老师是一位优秀的心理学老师，之前我并不认识她，她的言谈给了我很大启迪。每个人都有不同的生活经历，因此每个人的性格都是不同的，我需要理解他人，包容这种不同，没有人会因你而改变什么，但是你可以变得更好，变成你自己喜欢的样子。有的人在团体中可能适合当领导者，她们总是积极表达自己，发表观点，而有的人可能不爱说话，但是他们善于思考，出谋划策。一个群体中的成员，大致可以分为诉说者、倾听者和观察者，因此，想要成为你想成为的人就要清晰地认识自己，观察别人，慢慢改变。是的，我希望自己有些改变，让自己变得更好！我相信我可以做到，因为我用了十年的时间形成这样的自己，我也同样愿意花些时间让自己变得更加优秀。（周佩柱　电气 15）

实验课

在大学中让我记忆犹新的一堂课是化学实验课。高中虽然学化学，但几乎不怎么进实验室做实验。大学的第一次实验课，让我这个化学专业的学生充满好奇。整节实验课我很激动，整个实验过程我都处于兴奋状态，越做越有趣，尤其是不同溶液混在一起发生反应所产生的现象，感觉真的好神奇，虽然书上有，也学过，但亲自做实验，亲自看反应现象却是第一次。尽管做的过程中偶尔会犯错，得重新来过，但还是好激动，好开心。在做实验的过程中不停地忙活着，仔细地观察着，感觉像是科学家在做研究，心里很是自豪，每做成一个实验，就兴奋无比，感觉自己太棒了，很适合学化学，做研究。即使实验失败了，也没关系，分析失败的原因也是一种学习，目的是达到更好的实验效果，让自己也明

白，做实验一定要仔细又仔细。（赵慧　化工 15）

前不久我们学院组织了参观实验室活动，在去之前，我们还在抱怨这占据周末大好时光的参观，回来后，大家的内心却很满足。放电、全息等有趣的物理现象让我们这群本来对枯燥的物理厌烦至极的小姑娘们内心的好奇抑制不住地跑出来。我们东看看西瞧瞧，半懂半不懂地听着老师的讲解。给我们讲解的是位女老师。当时我内心就觉得一个女老师，对物理这么了如指掌，讲解起来那么顺畅，真是太令人佩服了！我决心要好好学物理。（李悦　安全 15）

在前不久的工程力学实验课上，我们做了一个关于薄壁弯曲变形的实验，由于平时的材料力学课我听完并没有及时回顾复习，导致那次实验做得很机械，只是记了该记的数据，实验原理和数据处理都不明白。到了该写实验报告时，我有点蒙了，只有 24 个数据，但处理起来非常麻烦，更何况这个实验原理我不明白，真的不知所措。问了其他同学也不明白，于是，我上网搜索了类似的实验报告，看了别人的数据分析处理方法，结果还是一头雾水。我是一个不习惯问问题的人，喜欢自己钻研，但这一次我实在是学不懂了，就问了实验老师，跟他讲了我的疑惑点，他一一为我解答，让我豁然开朗起来。我趁着兴致问了他网上实验报告的数据为何那样处理，他的解答让我的思路一下子清晰了，后来我们又聊了些现在学生上实验课的现状，老师也赞扬了我的这种询问精神，我很开心。问完老师后我立刻就自己的问题把报告完善了一下，同时也提高了自己对实验课的兴趣。（宋林珂　测控 15）

专业课程

上大学我最喜欢上的就是金属工艺学这门专业课，任课教师是张增志教授。张老师授课不是照着书本原模原样地复述，他会举很多生动形象的例子，使我们更加容易理解课堂知识。张老师讲课非常仔细，渗透到每一个点，但课堂却不乏味，而是充满了乐趣与笑声。张老师幽默风趣的讲课方式能够更好地帮助我们记忆和学习，而且在讲到重点知识时，他还会联系实际举例子，联系现在工厂中的使用加工情况及未来的发展趋势，让我们更好地学以致用。这门课对我的启发非常大。（李佳鑫　材料14）

大学物理课上，老师为了向我们说明"进动"的概念，亲自用一个自行车轮轴向我们做了展示。当老师把直径有半米的轮轴从讲台下面拿出来的时候，我们整个班级都惊呆了。老师首先简单地展示了转轴的转动，随后又将一根绳子拴在上面，向我们演示了真正的"进动"。本来对这个概念有些疑惑的我们能更好地理解"进动"了，并且因为这个例子就如此近距离地发生在眼前，生动形象，使人难以忘却。在老师做完演示后，教室中响起了长时间的掌声。不仅是为这次精彩的演示，更是为老师的敬业精神。（韩宇彤　安全15）

在大学这一年多时间里，我上过数不清的课，给我印象最深的是张增志老师讲的金属工艺学这门课。第一次上张老师的课，他给我的第一印象是一位和蔼谦逊而博才多学的老师，他先介绍自己，并表示很高兴看到我们选择了材料专业，因为他说材料专业是最有前景的专业，是最容易自立门户并大有所为的专业。从他的介绍中，我看出了他对材料专业的深深热爱以及他对我们以后前途的看好。张老师每次给我们上课总显得不紧不慢，但是一堂课下来你就会发现其实我们学到了很多东西。老师上课有条不紊，思路清晰且通俗易懂，每次讲到抽象的概念时，他总会把它与自己丰富的人生阅历联系在一起，经常会逗得我们哈哈大笑。张增志教授在材料学方面有所建树，我很佩服他，我要向他看齐！（方灿　材料15）

大学期间最生动的一节课要数社会心理学的从众心理这堂课了。从众心理本是一个很普遍的心理现象。但是通过这堂课却让我们从欢乐中体会到了它背后的深刻意义。课上我们观看了老师播放的视频，视频中的测试者为四人，在一家餐厅做实验。第五人为参与测试的不知情路人，前四人分别做出匪夷所思的行为，例如，穿雨衣进食，头戴帽子，饭后吟诗、成语或数字接龙等。出人意料的是，这些与吃饭毫不相关的举动由于有了其他人的带动而变得合理化，不断有人参与效仿。从简单的活动中我们明白了从众心理的特点，也做了反思，收获了欢乐。

| 大学生活启示录 |

(李蕙菊　矿加15)

  大学期间我印象最深的一节课是我给同学讲的一节高数课。在大一上学期的期末考试中，我取得了高数满分。寒假末我收到辅导员的信息，让我帮忙给高数不及格同学进行补考前辅导。这可是我第一次给这么多人讲课。刚接到这个消息时，我是有点慌的，由于寒假没有学习，考过的知识忘了许多，于是我开始重新复习、做题。为了更好地讲解，我尝试着找出每道题的所有解法。最终辅导课很成功，很多同学通过了考试。通过这次讲课经历，我锻炼了自己，认识了更多朋友，同时也复习了知识，收获很多，非常难忘。(陈固固　工商14)

  一次，有一位清华大学老教授来到我们学校讲课，因为有着许多次听所谓讲座的经历，我们都认为这次又会枯燥乏味，而且对于我们来说一点用都没有，但实际却和我们想的大不一样。上课开始时，老教授那响亮的嗓音、饱满的精神让我们为之一振。他并没有给我们讲那些枯燥的理论知识，而是一上来就让我们坚定一个信念，就是人人都可以研究科学，并且都要有这样的信念。他给我们举了几个他学生的例子，他的学生在很早时候就开始做科研了，并且还出了一定的成果。他又给我们讲了一些做科研必备的素质。这堂课让我们印象深刻，它坚定了我们刻苦学习的信心，让我们明白了学习的意义。(卿少帅　力学15)

  大一下学期我们迎来了大学生职业生涯规划课。老师在课上给了四幅画，分别有四个岛屿，一个是关于智慧的，一个是关于财富的，一个是关于现代化的，还有一个是关于宇宙的。老师请大家根据自己的喜好选择自己中意的岛屿，并把喜欢相同岛屿的同学分到一组，让大家讨论自己队员中哪一个是"假的"，是以随大流或者别的原因进入这个小组的。记得当时很巧的是我所在的与宇宙有关的岛屿的小组全都是和我一个班的同学，大家开始热烈讨论起来。紧接着，老师分发给每个小组一张白纸，让每组同学畅想自己岛屿上应该有什么，我们讨论之后，在白纸上画上了星系、宇航员、航天飞机以及望远镜，还有月球上的空间站旁插上的中国国旗。在大家的展示中，我们仿佛看见了现代化岛屿中飞舞的乐符，听到了其中夹杂的汽笛声，仿佛看见了科学家头顶闪烁智慧的火花与城市未来科技化的空中道路，仿佛看见了富豪的上流社会生活以及彬彬有礼的舞会。在汇报人精彩的讲述过程中,我自己仿佛也被带入其中。这节课让我们深刻地了解到一个职业应有的正确定位,以及这个职业与它所要求的能力是息息相关的。(王艺　环境16)

大二时有一门课叫作"社会学",授课老师活泼生动的教学方式吸引了我们。她给我们留的作业是以小组为单位进行话剧展示,反映社会现象以及能引人深思的地方。小话剧这种形式我们还是第一次接触,没有经验但满脑热血,有很多的灵感。主题没有严格的限制,你可以说任何一个你想说的事情,你需要用社会人的视角来看待平常发生在你身边的很普通的社会现象或社会问题。重点是要挖掘深层次内容,从小事件去看待大社会,以引发对整个社会的思考。我们以寝室为小组进行展示,在晚上入睡之前,关上灯,所有人激烈地讨论社会热点问题以及自己的灵感与想法,在一起生活了一年的室友们最了解彼此的性格特点,知道谁最适合什么样的工作,谁能演好哪一个角色,很快定下了剧本编剧组、PPT及后期准备组、演员道具组,每个人在剧本及话剧的制作过程中都要参与,每个人也都是话剧中的演员,所有人都在努力,没有"搭便车"的人。我们讲述的是一个最平凡的故事,公交车上身体不舒服的年轻女孩被身体健康的老人要求让座,众人的指责、舆论不分事情真假的大篇报道,使得女孩跳楼自杀,除了女孩的家人痛心悲伤之外,那个老人、公交车上的其他乘客、媒体撰稿人、网络这些直接或间接害死女孩的人,生活依旧,没有因为女孩的死难过一秒钟,没有停下手中正在输出的恶毒。事不关己的话语,道德绑架,舆论导向,这些都是目前存在的巨大的社会"问题"。(王彤羽　行管15)

大一无机化学课老师为人和蔼,每节课与同学积极交流,在同学有想法时充分鼓励学生,善于将课程内容与现实事物或历史相联系。在最后一堂课上,同学们用掌声表达对老师的尊敬。记得每次的无机化学作业,老师都会亲自批改并且打分,不厌其烦地为每一个同学订正关键步骤。由于老师的尽心尽职,学生都会非常用心地完成无机作业。老师善于用板书和实例让同学充分理解,有时甚至还可以联系到祖国的历史和英雄人物。记得一次去补交化学作业,入门便看见老师正批改着厚厚的作业,虽面露疲惫却依旧兢兢业业。她是我上大学以来最尊敬的老师,她给了我努力学习取得良好成绩的动力。我一定不辜负老师,努力完成每

一个阶段的学习计划。（林智凡　化工 16）

第一个想到的老师便是误差老师——戴华阳。记叙戴老师最好的方法，是再现老师的经典语录。语录 1："我们测绘人员就是这么不拘小节，所以这个符号戴不戴帽子都是可以的。"停顿 5 秒，"但是我们测绘人员还是很严谨的，所以还是加上这个帽子吧。"语录 2："别看我平时比较温和，我生气起来，可以喷一吨石油的火。"这是戴老师在提醒我们认真听讲，当时把大家都逗乐了。我个人还是很喜欢戴老师的，他严谨、幽默、平易近人，对大家都很好。希望戴老师可以健康、快乐。（姜颜笑　测绘 14）

要说我印象最深的一堂课，要数解老师的煤化学课了。课堂上老师分享了他的实验经历，提到马弗炉，为了让我们印象更加深刻，老师竟用烤红薯举例。本来是早上一、二节课，大家有些困意，但是老师这么一举例，我们便立刻来了精神。当然还不止这一个例子，老师还用泡面、泡面伴侣举例，让我们集中注意力后再给我们讲解知识。多亏了老师这种方法，课上打盹的现象少了，听课质量也更高了。感谢老师的辛苦付出，我们会认真学习，不辜负老师的期望。（武林　化加 14）

曾经选修过一门叫作"电子商务"的课，老师讲得不算太精彩，但总能把话题讲得特别透彻，总会很好地把握问题的关键，并细致从容地讲出来。老师这样说过："一次我从学生宿舍学八楼后面过，我看到工人师傅在学八楼西边空闲的台子上施工，刚开始我并没有太多想法，后面才看到原来是近邻宝在那里设立了一个服务站点，那么问题来了，大家网上买东西现在是不是都在近邻宝取？有没有发现现在的快递三轮车少了好多？"她总会问一连串的问题，然后给大家看相关资料，然后从容地打开课件，并把原来的话题穿插到课中，详细地解答学生们课上的所有疑问和迷惑。单纯从话题引入并不新奇，可是从身边找话题切入就会让人感到特别新奇，这也许就是那位老师讲课吸引人的原因之一吧。（赵嘉诚　建筑 14）

课上过不少，枯燥的有，逗乐的有，生动的也不少。有那么一堂课，本是知识的传授，公式、定律满黑板，然而我们的老师愣是把这堂课变成了随堂发挥的单口相声，从学术研究牵引到国家新闻，讲到世界形势，他的旁征博引我极少从其他人身上看到，这位老师的阅历之广令我啧啧称赞。他去过很多国家，有时去做学术研究，有时是学校请他去做讲座。他把渊博知识带到课堂上，再通过适当的课堂氛围传授给学生。从他的课上，我们不仅学到了专业知识，也增长了更多课外见识。（杨万儒　采矿14）

军训之红蜻蜓

早晨操场是一片绿色的迷彩。阳光并不热烈，但我的腿很重，腰很酸，汗水淌过我的鼻梁，浑身使不上力气，脖子上的皮肤被晒得发红发烫。脚很痛，腿也很痛，连肩膀和手臂也是又酸又痛，站军姿的每一秒都是煎熬，我感觉我已到了崩溃的边缘，大概只要一个结束的口令，我就会立即倒下。注意力已经难以集中，忍不住去看一只红蜻蜓低低飞过。

"红色的蜻蜓，我小时候的小小英雄，多希望有一天能和它一起飞……"

此时真想做只红蜻蜓，身体轻盈，自由自在，不用忍受全身酸痛，更不用再站军姿。

次日，又是站军姿，唯一不同的是时间从15分钟变为20分钟。汗水滴到眼睛里，模糊了我的视线，胳膊腿脚全身上下都已经感觉不到酸胀，四肢百骸似乎都麻木到丧失痛感。脖颈上早已晒伤，弄不清手臂上的颜色是红得发黑还是黑得发红。

几天军训下来，站军姿一直是我最不喜欢的内容，这种一动不动的姿势能把人累到绝望。结束的口令终于下达，我以为我会立刻倒下，但并没有。也许我远比想象中的自己坚强。

我用力瞪着前方，眼前匆匆掠过一只红蜻蜓。

"红色的蜻蜓，我小时候的小小英雄，多希望有一天能和它一起飞……"

我多想成为一只红蜻蜓，做自己的小小英雄，永远坚强勇敢地走下去，像个真正的军人一样无畏又坚持，再不可笑地自以为脆弱不堪。十天的军训已到了第四天，擒敌十六动是这一天的主要学习内容，当然还有站军姿，不过我却渐渐习惯。

云层很厚，却依旧挡不住灼人的阳光。我的耳朵通红脸颊发烫，衣领上方晒伤的地方又开始隐隐作痛，但全身血液却沸腾起来冲击心脏，胸腔里承载着来自大脑皮层的剧烈兴奋，燃烧着的灵魂在不断战栗。

15分钟的军姿竟比想象中还早结束，但手表上的时间却显示并未提早。

云层渐散，太阳却依旧灼人，阳光下红蜻蜓的薄翅流光溢彩，而向我的脚底涌来的是从被炙烤的塑胶跑道传来的热度，一种来自多少亿光年之外的能量，一种跳跃着无穷成长可能性的生命力，就仿佛灵魂都在熊熊燃烧后拼命发光，感谢这几天的训练，我想大声笑出来，我想用力唱出来，来迎接这莫名的快意，和那闪闪发光般新的自己！

"红色的蜻蜓，我小时候的小小英雄，多希望有一天能和它一起飞……我们都已经长大，好多梦还要飞，就象现在心目中红色的蜻蜓。"（吴梦瑶　2016年8连）

第3章　第二课堂　丰富多彩

| 大学生活启示录 |

社会实践

　　大一暑期我参与了一次暑期社会实践活动。团队共10人，实践主题是对北京十大胡同的研究和提出胡同保护的可行办法。组员们分工明确，我负责拍照记录和后期数据处理得出结论。团队一共耗时约一周，研究了北京的许多胡同。在实践活动中，我们不仅欣赏到了胡同的特色风情和文化气息，同时了解到胡同乃至北京城、北京人的发展和历史。见证了王朝更迭和兴衰的胡同，让我们十分向往。社会实践中有个环节是走访调查，需要分发调查问卷。个人觉得这个环节难度最大，脱离了校园的社交圈子和陌生人打交道的确不是一件易事，也遇到过遭人恶言相向草草打发的经历，当然配合工作的哥哥姐姐、叔叔阿姨还是比较多的。在走访胡同当地居民过程中，我们有了更多的交流经验，不仅得到了我们所需要的数据与资料，也锻炼了人际交往能力。在实践后期，小组成员一起总结分析收集到的信息，我负责得出结论并撰写报告。全组人都兢兢业业，一丝不苟，充分展现了团队合作的精神，这种集体精神也让我获益匪浅。最后在大家努力下，我们实践小组的实践结果获得了不错的奖项……（易辉　土木15）

　　去年暑假，我和学长、学姐们组队进行了一次暑期社会实践。此次实践的主题是煤矿安全。我们去了三个矿井进行实践。首站去了阳泉的新景煤矿，这个矿是三个矿中最大的一个。我们抽出3个人进行井下体验，我是其中一员。在换上了厚厚的工作服，穿着大靴子，戴好安全帽后，我们乘坐电梯下到了矿井工作面。工作面深度是地下200米左右，下来之后发现，井下实在是太大了。我们先是乘"小火车"来到了采煤工作面进行参观。下车后还要走一段距离，地下路很不平，到处都是坑坑洼洼的，还有积水。走了半小时左右我们到了工作面看到了实际采煤的场景，我了解到工作人员每天大概5点钟起床，7点多来到地下开始工作，一直工作到下午4点多，而且是在穿着这么厚的衣服的情况下干活。我们才在井下呆了4个小时就出了一身的汗，可以想象他们工作的艰辛。这次下井我们对煤矿采煤工作面的状况有了基本的了解，觉得还是很有意义的。

（李鑫　消防15）

在大一的暑期社会实践活动中，我带领团队来到了江苏省苏州市。7月的苏州天气十分炎热，而且是南方特有的湿热，出门一会儿，衣服基本就被汗水浸湿了。南方的雨水也是说来就来的，这对于多数来自北方的成员来说，这样的天气简直就是恶梦。然而就是在这种天气条件下，我们按计划进行着社会实践。这次实践的任务就是学习苏州园林、古镇以及生态园中各种设施的建设，学习如何处理景区的垃圾来实现景区内的清洁工作，并设计出一个可供游览、休闲且能量可以循环利用的生态园。在苏州一周的时间，我们去的地方挺多，既被巨大的规模所震撼，又被精致的细节美所吸引。来游玩的游客络绎不绝，然而景区内却很少见脏乱的垃圾，这其中既有游客素质的体现，更离不开景区工作人员的辛勤和处理方法的巧妙。一周时间，团队成员互相鼓励、互相配合，一起吃，一起睡，一起完成任务。这一段时间，我们既学到了知识，又学会了团队协作，这样的经历成为我们人生中的一份财富。（柴硕　环工15）

2016年暑假，我们去了曲阜进行暑期社会实践活动。短短的几天匆匆过去，却在我们的记忆里留下了浓重的一笔，丰富了我们的人生阅历。早上，我们出发去了曲阜孔庙，进行参观以及问卷调查。抚摸着厚重的古墙，冥冥中好像听到了历史的回响。红墙黄瓦，雕梁画栋，一切都向我们这些后来人展现着一个时代的恢宏。那是一个多么灿烂的时代啊，百家争鸣，百花齐放。现如今，历史的长河冲走了过往繁华，而那些绽放生辉的思想与精神，却无畏岁月流逝，历久弥香。儒家思想作为中国古代传统文化的主流，它早已成了我们文化的一个重要象征，儒家思想的"仁义"二字，哪个能丢？提及教育，又有哪个人能忘了孔圣人的"有教无类"？不可否认，或浅或深，儒家思想都早已融入了我们每一位国人的血液。在发放问卷过程中，我们尝到了被人拒绝的滋味，但是它磨炼了我们的心智，锻炼了我们与人交流的能力，培养了我们与人沟通的技巧，也极大地充实了我们的暑假生活。（颜悦　英语15）

大一暑假，我与班级其他10位同学一起进行社会实践，实践内容是去中国石化洛阳分公司进行石油生产减排的调研学习。一行人从暑期社会实践通知下达前就开始着手准备，我并不是团队的队长，但是我在团队中也发挥着重要的作用。实践过程中，我主要负责协商时间，拍摄记录，编辑微信公众号推文，剪辑视频，协助队长安排事务等。在大家的共同努力下，我们的实践报告获得学校优秀报告评选第一名。经过此次实践，我从同学身上学到了很多优点，队长十分擅长统筹，可以做到一心多用，而且在凝聚团队方面十分有智慧，他做事十分认真严谨，会把自己的事情做到完美。一位同学十分擅长安排与计划，把团队行程安排得十分详细周到，照顾到行动中的各个方面与细节。一位同学十分擅长后勤，将队员的生活考虑得很细致。一位同学性格十分沉稳，面对事情不焦躁，总能冷静应对，而且口才好，答辩极佳。这些优点都值得我学习。整个过程中，我也认识到我对技术的学习很快，擅长决策与协助，是队长的好帮手，不足是缺少领导力，我想这是我需要学习锻炼的方面。实践是一个很棒的过程，是对他人和自己内心深入了解的过程，欣赏他人，看清并完善自己，这就是实践中我的深切体会之一。（李柠茵　化学15）

2017年暑假，在校团委的组织下，我们参加了暑期社会实践。我作为其中一支队伍的队长，对本次活动深有感触。在最初的组建团队阶段，我由于没有丰富经验，导致在报名时段后期勉强组织好队伍，成员各自应有的技能对团队的贡献度可想而知。意外的是，队伍竟因为一点小事被他们解散了。我只能自己拉起团队，组织实践活动，我真正体会到"凡事预则立，不预则废"的重要，临时紧急处理很多事都会不尽如人意。准备阶段做得还算可以，但原本七天的实践却因队员嫌天气炎热而提前终止。由此看来，做一件事，坚持下去且不能怕困难才能取得更好的效果。总之，不能因为某个人废了团队的总计划，团队同心协力，齐心协作，互相配合真的非常重要。实践外出阶段结束，实践报告成了队长一个人的事。有时候作为队长协调活动确实很难。由于按计划分配的宣传、记录等各项任务并没有具体落实，到头来团队在总结时遇到很多麻烦。作为团体中的一员，我们有责任做好应该做的事，以大局为重，互相沟通交流，而不是指望别人，自己划水。实践活动总算说得过去，实践总结及报告也勉强完成。作为队长，我也尽了自己的职责，这些经历让我学到很多东西。我们要在相信自己的同时做好沟通协调，保证每个团队成员共同为目标尽力。在领导团队方面，自身学到了很多，我相信今后只要不断学习并用于实践，我会做得更好。（孙伟伟　化工16）

一直很庆幸自己做了社会实践团队"Try-can"的队长，遇见了这么一群有趣的队友。在那短短的几天，我们收获了巨大的幸福，也真正体会到了学校让我们实践的目的。对照我们的策划，真正的实践过程出了很多意外。比如我们分为两队人，其中一队人遇到了抛锚，而我们另一队人则迷了路。在江苏沭阳这个陌生的城市，我们只能靠手机地图或者问路来寻找地点，在40摄氏度的户外高温下，这是一个不小的挑战。一直处于象牙塔的我们，其实很少有机会只身来到一座陌生的城市。当地的民众习惯了方言，很少说普通话。在南方这样一个十里不同音的地方，交流成了我们那时候最大的问题。在和沭阳县政府公务员交谈时，我们深刻了解到留守儿童即使在南方的发达城市也是一个需要大家关注的问题。很多人说到留守儿童，总是说：那你们应该去西部调研啊！其实不然，留守儿童分布在世界的各个角落。西部的留守儿童形势固然严峻，我们也不能忘了身旁的孤独的小候鸟。在这次社会实践活动中，我学到了如何组织领导，学到了如何处理棘手的问题，学会了随机应变，学会了如何礼貌地与他人沟通，等等，这些都让我获益匪浅。我们应该好好珍惜社会实践的机会，提升自己各方面的能力素养。（楼琳瑾　化工16）

大学生涯将近一年半，说长不长说短不短的这段时光里，有很多人，很多事，教会了我成长，让我学到了书本以外的做人做事的态度与方法。印象最深刻的一次活动，就是在大一期末至大二开学的一段历时几个月的社会实践活动的组织工作，这是一段非常辛苦也很有意义的记忆和活动。大一下学期末，每位同学都迎来了暑期社会实践的准备与筹划，而我，在加入小伙伴实践团队的同时，也开启了自己忙碌的全院社会实践组织工作。选择留在院学生会，那么作为学术实践部副部长，就要尽到自己的工作职责，包括收集实践策划书，联系各团队相关人员，落实信息，收集各种纸质版、电子版材料……要知道，化环学院可是有七十多支实践队伍的大院，熬夜一一核对每一份材料，清点每一张A4纸，直到完全符合格式、字体、篇幅，完全正确才能盖章。这些才是实践活动的序幕。没有什么比在暑假期间还要占用时间的工作更让人头疼和心烦的了。好不容易睡了几天懒觉，刚起床打开手机，就收到统计一份数据马上交的通知，在一一通知落实到各个队长之后，又要陷入漫长的催促、等待，或者等了也等不到了的结局。人员太多，工作数据的汇总难度更大，其间还要好言好语，不过也算是完成得比较好了。大二开学了,就是实践队伍工作总结了。开会,频繁开会,审核,没日没夜审核,报告书退回重改,反复整改;很多人都在为最后的收尾工作而忙碌,我也是其中一员。记不清到了10月份的哪一天,最终评审结果终于出来了,化环学院果然第十一年拿下标兵学院,各种奖项也揽获最多。很开心,这样一次意义非凡的活动给我的大学生活添上了浓墨重彩的一笔。以后我还会继续加油,继续坚持下去!(郭慧雅 矿加16)

2017年的暑假,十个来自同一学院,不同专业、不同年级的年轻人,组成了一支"赴藏寻安"团队,参与暑期社会实践活动。一开始是选择目的地,其实西藏这个地方在我们的候选名单中排名是比较靠后的,因为它的海拔比较高,考虑到可能有些同学会产生高原反应,身体不适,事实证明也确实如此。但我们最终还是选择了西藏,因为我们觉得年轻就是要拼一拼,去一些自己没有去过的地方,可能有些人一辈子都没有去过西藏,但我们这10个人,这个团队却在2017年暑假踏上了去往西藏的列车,并且在那里进行了为期10天的暑期社会实践活动。西藏是很多人都想去的地方,没有去过西藏的人会说这辈子一定要去一次西藏,而去过西藏的人也会说想要再去一次西藏,再次感受那片神圣的净土。在西藏,我们参观了工地,并和那里的工地负责人交流了施工安全情况,他说西藏大多数工地上的安全员专业训练少,他们很希望我们安全专业的学生毕业后去西藏工作。我们还采访了在西藏工作的校友梅星学长,他说现在大学生在西藏工作的福利很好,国家越来越鼓励支持大学生在西藏就业创业,来西藏就业创业的大学生越来越多。这应该是我20年之中最值得炫耀的事情吧。我去了西藏,可能有的人一辈子都去不到的地方。西藏真是我去过的离家最远、海拔最高的地方了。这段经历可能我一辈子都不会忘记,也会时不时地拿出来回味一下。(张依雪 安全16)

我和几位同学组成了"乾坤蝶变"暑期实践队,前往雄安新区进行暑期社会实践。选择雄安新区作为我们此行的目的地,是因为我们想在它快速发展起来之前记住它的样子,并且了解当地的发展现状。我们乘坐高铁到达保定市,又转坐公共汽车到我们目的地的第一站——雄安新区的容城县。刚来到这个地方,我们还是很惊讶的。县城里主要有两条街道,一些公共基础设施也比较落后,不禁让人期待以后这里会变成什么样子。我们先与县团委取得联系,在县团委帮助下,参观了当地的污水处理厂。第二天我们又去参观了当地的支柱产业代表之一——大发造纸厂。在工厂里,我们看到了大量残钞旧币,它们会被统一处理,制造成质高价廉的新闻纸。工厂在环保方面也是倾注心血,前后共投资数百万元。下午我们走上街头,发放问卷,调查当地市民对设立雄安新区的展望。之后我们前往安新县,参观了当地的环境监测站、水厂。有色金属产业是安新县的特色产业,于是我们前往调查,探究有色金属产业发展对白洋淀的环境产生的影响。最后一天,我们前往白洋淀景区,欣赏了美景之后返回北京。在整个实践过程中,团队合作的力量让我体会到其重要性,5天里大大小小的事情都是大家通力完成的,衣食住行,联系地方团委……我们的住宿条件十分艰苦,但也是这种艰苦让我懂得,要想做成一件事,吃苦是不可避免的。希望在今后我都能吃苦耐劳,并且学会与别人团结合作,积极奉献自己的力量。(唐维彤 消防16)

在大一、大二的时候,我曾加入过两年的爱心100社团工作,这个社团的主要任务是在周末的时候走上街头,向过往的行人募集爱心款项,上交社团,由社团统一筹划,将善款捐献给有需要的地方和需要帮助的人。我印象中最深的一次是在一个夏天的周六,我与其他人几位同学在朝阳区的街上顶着太阳,向来往的人募款。可能由于天气很炎热,大家心情都有些烦躁,几次向人募捐的过程都不太顺利,还有几位行人的语气非常不好,仿佛我们是传销组织的骗子。然而在下午,我们准备集合回校的时候,驶来了一辆豪华的轿车,车上下来一个小朋友,大约五六岁的样子,手上拿着一个小信封,跑到我们中的一位女同学的身边,郑重地将信封交到那位女同学手上,然后说了声,"姐姐,这是我爸爸妈妈要我送给你们的。"然后咯咯笑着跑回车上,车窗降了下来,一位女士对我们招了招手,脸上带着温暖的笑容,我们一时没反应过来,便也对她招了招手,之后车便离开了。信封中装了多少钱我早已记不清楚了,但我印象很深刻的是那位小朋友一家的爱心,以及男孩父母对孩子的教育方式。(张鹏 测绘14)

进入大学已经第二个学期了,我从不谙世事的高中生逐渐变成了略有社会经验的大学生,其间必不可少的有一些社会工作的经历。其中最让我受益的莫过于去年的善行100志愿者活动。我是自强社的成员,是主动报名参加这个志愿活动的,起初并不认为有多难,只是说服几个路人,让他们捐钱而已,不过当我真正走上街头时,一股陌生的无力感便涌上心头。在第一次的活动中,社会便给了我这个新人当头一棒,遇到第一位路人我便上前请他捐款并说出了培训会上练了很多遍的套话,可那位先生似乎并不感冒,头也不回地从我面前走过,弄得我一阵尴尬,不过我并没有放弃,向第二、第三,乃至更多的路人募捐,不过他们无一不是无视我而过,这使我的自信心大为受挫,我反思自己是否有些做得不足的地方。在我接连失败之时,同组的女生却已经成功地获得了两名路人的捐款,我在惊讶之余心中感叹她们一定有什么我没有的魅力,随即我便仔细观察了她们的募捐,她们无一不是见到路人时先寒暄几句,对着路人夸上几句,然后才开口谈募捐的事,我随即也学她们的方式,果然有几次成功了。我发现在人与人之间的交往中,赞美与问候往往能使对方对你产生良好的第一印象,随后你提出要求被拒绝的概率也会小很多。(赵桢杰 地物16)

进入大学后,参加的社会实践活动有很多,定向越野、地铁志愿服务等等,但印象最深刻的还是那次支教活动。近期自己一直在参加学院组织的爱心支教活动,第一次去支教时,我便被简陋破旧的环境震惊了,小小的学校,几间破旧的教室,桌椅也是破旧不堪,但看到孩子们脸上的笑容,我的心中有说不出的滋味。与三年级(2)班的同学们从陌生到熟悉再到依赖,这情感一点点地累积,一点点地触动了我的心。每次离开时,他们都会问"姐姐,下周你还会来对不对",那一个个不舍的眼神一次次在我脑海中回荡。当初参加这个支教活动,也仅是希望通过自己的努力可以给孩子们带去知识,带去快乐,却没想到我在教他们的同时,他们也教会了我许多,那份简单纯净的情感,那颗坚强的心,那灿烂的笑容,都是他们给予我的。支教活动也仅剩下一周时间,不曾想过分别是一个怎样的场面,但我深知这次支教活动对自己而言是极具意义与价值的,它让我渐渐学会知足,渐渐懂得珍惜,与孩子们一起成长。我不会忘记那些可爱的孩子们,会常常去看望他们,因为他们给我人生的画册添上了美丽的色彩。(张梦凡 建筑16)

我的第一次社会实践是和同学们去养老院。由于涉及"空巢老人"这一社会问题,我们很关注这次实践活动。这次实践活动给我留下了很深的印象。难以想象老人孤身一人呆在空房子里好几年的情形,这一感觉能够触动人心底的那处柔软。我们带着水果和准备好的活动计划来到养老院。进入院内,老人们坐在庭院里晒太阳。老旧的房子,繁密的树荫,这样祥和的景象可以说是很美好的。但是对于这些老人们却是有些无可奈何。或许是我们的到来,给这迟暮安详的环境注入了些许活力。我们向老人们致以亲切友好的问候,就像是在家里那样。一切似乎出乎他们的意料,他们的脸上有了笑容,那是一种祥和、促人心安的笑容。有人说,孩子的笑是世界上最纯洁的笑,那么我想说,这些爷爷奶奶的笑却更能给人一种力量,给人一种释然和心安理得。随后,我们分组,陪爷爷们下棋,打牌,打太极,和奶奶们聊家长里短,择菜,听着他们那个年代的故事。可能是我们还太年轻,还不能真正理解他们的话,但就只是那么静静地听着,都觉得获益良多。这次实践规模不大,但是我们每一个人都或多或少有些收获。它让我懂得人生就像一个圆,从开始到结束,便是轮回,请善待自己,也善待他人。(任晓莩 化工16)

大学期间印象最深的社会实践经历是大二暑假的洛阳之行,因为那次是我第一次带着小组10名成员去一个完全陌生的地方进行实践,虽然只有短短3天,但其中的欢笑与泪水仍历历在目。实践之前最大的考验便是整个社会实践的规划问题,要照顾好大家的饮食起居,订好合适的交通工具和宾馆,以及路线的计划和人员的安排。不幸的是,在去洛阳的火车上,我们遭遇了百年难遇的大洪水,所以在火车上整整被困了两天,我们的计划不得不临时改变,团队的士气也要重新振作和鼓舞。在实践的过程中遇到的最大问题是团队成员在路线上产生了分歧,因为我们调研的地方位于远郊,没有公共交通工具,有女同学因为怕人烟稀少不安全且交通不便而打了退堂鼓,好在我们及时与负责人刘经理取得了联系,他亲自安排了大巴车来接我们,使大家都顺利地完成了现场调研。而暑期社会实践后最大的挑战便是对此社会实践进行总结升华,有一个满意且完整的实践报告。我们接下来补充了必要的调查问卷,制作和完善相关图表,进行了更多的定量分析,最终完成了一份较为完善的调查报告。功夫不负有心人。最后我们的暑期社会实践不仅得了院第一名,校二等奖,调查报告也获得了2017年大学生"挑战杯"三等奖,而这一切都和所有成员们的辛劳付出是分不开的。在这个过程中,我们收获了友谊,更收获了坚持和团结。(刘颖 会计14)

这个学期我报名参加了志愿支教活动,经过面试我很开心地成为其中一名志愿者。我的支教点是一所名叫"经纬"的学校,这所学校不大却包含了从幼儿园到初中三年级。这个学校的班级教学条件的确有些艰苦。当我第一次来到这个学校,来到我所支教的班级,见到我要教的一年级小朋友们时,我的心情很复杂,一方面我十分期待我的支教活动,另一方面又有些担心和害怕——我该怎么做才能当好一个老师,这是我面临的问题。但是令人感动的是,其他更有经验的志愿者热情主动地告诉我第一节课通常做些什么,如何与小朋友们交流接触等等,给了我莫大的帮助。第一节课,我们介绍了自己,孩子们对我们感到很好奇,问我们的家乡、专业,许多许多的问题充斥在我们的耳边,真是一群可爱的小朋友。然而,事情往往没有那么简单,正是因为他们年龄太小,他们对课堂纪律没有深刻的认识,更谈不上严格遵守,上课随意插嘴、下座位、趴在桌子上、玩自己玩具,等等,都成了我们上课时的大难题,我想这也是支教其中一个意义吧,我得教会他们守纪律,我要学会与他们沟通——他们在成长的同时我也在成长。同时,我在毫无保留地把爱给他们时,他们也给我他们特别的爱,也许是再一次去支教时,孩子抱住我说"我想你了老师",也许是上课间一个小朋友塞在我手心里的一颗糖果,也许是上折纸课时他们送给我的小风车……这所有的一切都令我感动。我也更深地感受到了支教的意义以及人与人之间真诚无私的爱。(张瑷 英语16)

进入大学的第二个学期,我和同学一起报名了支教活动,每周二的下午到有38人的班级教思想品德。刚见到小朋友们时,他们十分兴奋和激动,我当时真的希望可以尽自己的努力去帮助他们。那是我第一次以老师的身份站上讲台,没有了高中时期站上讲台的胆怯,不会因为紧张而说错话,感觉到了自己身上的使命感,很开心遇见这一群天真可爱的孩子们,在我们教会他们东西的同时,他们也给了我们很多的东西,我在他们的身上发现,无论多大保持童真都是应该的,还要充满爱心,用善良的眼光去看待世界和周围的人,那么世界必将报你以善良。之后的时间里通过学校的老师,我了解到这个学校的学生都是外来务工人员的孩子,他们的父母平时都十分忙碌,根本没时间来照顾他们,孩子的内心都很敏感脆弱,每次和他们相处我都希望能关心到每个小朋友,给他们尽可能多的呵护,同时也让他们知道自己和别的小朋友一样受到了关注。支教活动真的让我改变很多,平时爱睡懒觉的我,也会为了去见他们而早早地起床,乘坐地铁到那个离学校很远的地方，因为我知道这样做十分值得，我希望他们能因为有了我们的陪伴而感受到更多的温暖，变得更加阳光快乐，每一天都是新的开始，每一天都能遇见更好的自己。（刘宇昕　会计 16）

大一的暑假悄然而至，我们小组的暑假社会实践是赴昌平某打工子弟学校进行为期 1 个月的支教活动。我负责的是一年级的数学和二年级的古典文化。身为文科生的我，即使数学再不济，也足以应对小学数学教学，但是知识储备充足不代表能有序地把握好整个课堂进度。一会儿一个学生不好好坐在座位上四处乱走，一会儿两个学生在课上拌嘴吵架。被打乱的纪律和思路刚刚"整理"清楚，再次被莫名的情形打扰。一堂课下来，脑子不咋累，反而是心更累一些。或许，在面对这些有点调皮又十分可爱的学生时，更需要有一个既和蔼又严厉的老师来带着他们在玩中学。没有空调，两扇"呼呼"摇头的电风扇成为我们午休的驱热器。趴在课桌上午睡了 8 天，对宿舍铁板床的小憩格外留恋。倘若说我们在这种环境下无法承受，那对这些比我们还小还应当受到保护的娃娃们何尝不更是"挑战"与"煎熬"？8 天的支教工作结束后，我拖着一副疲惫的身躯回了家。自己的知识虽然可以应对教学内容却无法维持教学秩序，自己的体力原来更是"弱小"得可怜。社会工作需要所有有心人来奉献爱心，但更需要对工作了解并对自身了解的人。（王越洋　行管 15）

大一学年的暑假，我参加了去广西柳州侗族自治县燕茶村的支教活动。这次实践改变了我对一些事的看法。

第一，关于贫穷。我去往的地方，虽然在山里，去往外界要经过几十公里的山路，但这里的生活在我看来并不是我想象中那样凄惨，那里的人们依旧是开心的，当然也有难过的生活，和在北京的一样，只是吃不到一些东西，住的环境不是很好，但在精神上，和大多数的普通人是一样的。可见，贫穷只是物质的缺乏，并不代表着精神的贫乏。

第二，关于教育。我们在那里教的是一到六年级，还有一些初一的孩子。当我走上讲台上课时才发现，要得到学生的尊重和理解，需要自身具有充足的准备和强大的知识库，要有对知识真正的了解，而不是随随便便开口就讲，那只能误人子弟。

第三，关于关心。当我站在讲台上，才体会到了作为老师，对学生的关心是多么重要。老师有自己的事，有自己的情绪，可是作为一个老师时，就要负起关心学生的责任。真正做到用心，不发火，很难。

第四，关于学习。那里的孩子就和大学的我一样，对于老师布置的任务都是能混过去就混过去，批改这些作业时，你会从中看到学生的不认真。我也想过要怎么准备，才能做到一堂课上让他们学有收获，让他们能真正地了解一些东西。可是在这个过程中，我发现了自己更像是那些学生写的作业，也能被别人看出来不用心。（马美娟　计算机16）

大学生创新训练与学科竞赛

大二上学期的工程训练大赛对我提升不少，我感触良多。因为感觉大学生活无聊并且无方向，为了找到努力的感觉，于是我鼓起勇气参加了工程训练大赛。本来就对比赛一无所知，这一下更感觉到专业知识真的少得可怜，幸亏有不少热心的学长一直帮我解决各种麻烦，为了不辜负他们，我鼓起勇气坚持了下去。在参赛过程中，我虚心向别人请教专业上的问题，自己查阅资料，自学专业知识，一有时间就往农大工程训练中心跑，用了一个月，终于完成了一个自行设计、购买材料、加工、组装调试的小车。我们的小车是我们整个大二年级唯一能跑的车，报名参加比赛的一半多队伍在比赛过程中都先后放弃了。这个比赛对于我是心灵上的鼓舞，它让我认识了很多厉害的人，见识到了不少厉害的事，同时也证明，我有能力完成一个复杂的东西，也有能力将复杂的东西整合，我对自身有了信心，学习干事更有效率。任重道远，我会继续加油。（栾博语　机械15）

大学生创新训练计划是让我们每个人得到课题研究训练。我们小组所做的是风动小车的设计与研究。在研究初期，我们导师同小组成员进行了多次的研讨，从小车的整体构思到具体操作方式再到具体的理论设计制作，引导我们通过查阅资料，了解实验原理，总结探讨缺点不足，再通过一次又一次的实践与计算，一步一步地去设计制作风动小车。在整个过程中，我们学会了如何去思考问题，解决问题，如何去利用现有资源来解决各种复杂问题，可以说这次创新训练使我对科学研究有了深层了解，学会了如何将所学知识应用于实践。同时，这次科研也离不开组员间的团结合作，正是通过我们的无间合作，才能解决各种问题。它使我们懂得一个科研项目的成功不是一个人的，而是一个团队共同努力的结果，让我深刻意识到团队的重要性。这次创新训练将为我今后从事科研工作打下坚实的基础，将来的我，会更努力地提升自己。（邵志鑫　力学14）

上了大学以后，感觉自己的生活方式被一一打破，以前的好多东西都不适用，就连老师的讲课风格都发生了翻天覆地的变化，学生完全是自主管理，没有任何的约束，我曾一度怀疑自己的能力，我的学习状态大不如前，学习效率也是非常的低，我的自信心受到了很严重的打击。但是一次偶然的机会，我参加了学校举行的纸桥大赛，当看到微信推送的时候，一句话吸引了我——"你对纸的力量一无所知"，我便怀着试试看的心理参加了。在接下来的几天里，我疯狂地查找各种关于纸桥的资料，收集大二学长的比赛作品，然后拿来研究改进，吸取他们的优点。由于当时处于冬天，而纸桥要用胶水粘在一起，所以有时一天才能够粘上一两个结构，但是我没有放弃，一直尽自己的努力将纸桥做得满意。最后，我又不断地加固，在质量允许的范围内增加纸桥的强度，最后我获得了三等奖的好成绩，这件事深深地影响了我，使我在接下来的生活学习中有了信心和勇气。（魏旭腾　电气16）

大学生创新训练是我们进入大学以后开展的学术活动，从大一开始，我们便像那些研究生一样，有了自己的导师，跟着导师研究课题。大学生创新训练对我们的帮助是非常大的，我们从大学生创新训练中学会了多思考、多实践，将课本上的理论知识运用到自己的实际生活中，导师对我们的学习也有很大的帮助。由于课题的很多东西我们并没有相关知识（毕竟当时很多课程都没有学习），我们就通过平时多阅读课外书以弥补这方面的缺憾，久而久之，我们的知识也丰富起来了。当然，知识量的扩大只是创新训练带给我的一个好处，创新训练影响我最深的就是平时多注意生活，多思考多实践，生活中的很多细节小事往往包含着一个新的思路，创新并不是无中生有，而是立足于实践，生活中很多小事都值得我们注意。任何事情都要立足于实际，那些不起眼的事情也可能有令人惊讶的地

方。所谓创新，便是培养发现的意识。（宋俊　力学14）

　　正值8月酷暑，大部分同学还惬意地在家里吹着空调，吃着冰镇西瓜；或是朋友三四约好去某地游玩一番，我却要和小伙伴早早坐上返校的火车，回到只有一架风扇的学生宿舍。不为其他，只因当时一时兴起报名参加了数学竞赛。每天下午两点到五点，当然这只是书面通知时间，实际上老师真是"加量不加价"，几乎每次都意犹未尽地多讲半个小时。数学题当然是耗费精力的，我们辛苦，老师更辛苦。黑压压一群人挤在一个中型教室中，卖命的空调仍缓解不了教室内的闷热。"楠神"在讲台上声嘶力竭，只为我们能理解起来更容易。正如楠神所说，先抛开其他，这种训练更重要的是过程，特别是对思维的训练。我想肯定也少不了精神上的强化吧，与之相比，比赛结果似乎并不是太重要的了。（李炎峰　采矿15）

　　"竞赛"是一个提高自己学术能力的过程，大多数人在竞赛中都能更加牢固地掌握一门知识技能或与队友志同道合而变成亲密无间的伙伴，然而我的大学生活第一次竞赛却让我更清楚地认识了社会，懂得了人与人之间并不都是我曾经认为的那么单纯、友好。刚入大学，周围的一切都是那么新鲜，周围的学长学姐都非常热情，提供给我各个方面的帮助；丢了饭卡有人帮忙送回来，箱子太重有人帮忙拎上楼，办手机卡不知道联通好还是移动好，学长学姐们都会耐心细致地给我讲述各种卡的优点和不足……真的是感觉生活充满了善意，都说大学生活就是一个小社会，我的大学生活刚开始让我体会到了社会的单纯和美好。我和舍友参加了由科协举办的"机器人大赛"，我们几个同学组成一队，没有任何经验，甚至没有任何编程能力。想靠着这次比赛对编程有个了解，还能逼着自己掌握一门技能，每一步是要让小车轮子转起来。在我们查阅了各种资料，对着51单片机或发动机鼓捣半天后，发动机就是不带动轮子转，这让我们非常懊恼，问了几个熟悉的学长学姐他们都无能为力时，我们就想找一找有些经验的研究生学长学姐，看看他们能不能帮助我们。因为我们觉得我们这些菜鸟级别的东西他们一定一眼就能看出来问题在哪儿。我们鼓足勇气，敲开了一个研究生学长实验室的门，我们的做法可能有些突兀了，学长好像并不愿帮助我们。可当时第一次遇到这种情况，从实验室出来眼泪就止不住地往下流，我也都不太清楚为什么哭得这么伤心，可能第一次发现这个世界不像我想的那么单纯，并不是所有的事都能如我所愿，被拒绝，甚至被不公平地对待才能成长！知世故而不世故是最善良的成熟，我有足够的自信可以变得更成熟，我也要保留本心，拥有最善良的成熟！
（贾一凡　测控15）

大一时，由于高数考试成绩还行，我被挑选参加高数选修课，心里有那么一丝高兴，经过32学时的学习，每次都得接受老师传授的大量高数题。对于历年高数竞赛真题，听着老师详细的讲解，感觉那些题并没有那么难。之后顺利通过选修课考试，老师说想参加大学生高数竞赛的同学需要提前来到学校进行辅导。我也参加了课程辅导。在整个过程中感受到的就是，如果课上不认真听讲，课下不认真回顾，真心会被别人落下很大距离。老师为了让我们有所提高，准备了大量的讲义和许多训练，可是我却没有耐心坚持下去，最终没有获得好成绩。虽然这是一次失败的学科竞赛，但我还是收获了许多。不努力，是不会获得好收获的。（袁永康　消防14）

在大一下学期里，我参加了各类英语竞赛，包括北京市大学生英语演讲比赛，全国大学生英语竞赛等。每参加完一次比赛，我都有很多感受，说说演讲比赛吧。在报名之前，我内心还有一些畏惧，一是因为初来乍到，有点底气不足，而且之前也未曾练习过演讲。二是因为这个比赛不限专业和年级，也就意味着我要与学校各年级包括英语专业的同学进行较量。作为非英语专业的我，心里有一丝害怕，而最后之所以还是参加了，没什么特别的原因，就是有一种不试一试会后悔的心理促使我去竞争。初赛，顺利通过。复赛则有一点小波澜。因为负责组织的工作人员的失误，我未能收到进入复赛的通知，比赛快结束了才有人告诉我入围，差一点错过。没有任何准备的我上台开始了这次定题演讲。当时心里竟然是轻松的，也许这就是好的心态带给人的力量吧。我幸运地进了决赛。有时候，就是那一份自信，让人收获成功。最后在决赛中我因为紧张没能说好，只得到三等奖。带着这一点小遗憾，我来到了大二，迎来了新一届比赛。这一次，我信心十足，因为之前的比赛让我了解了自己的实力。顺利进入决赛那一刻，我感慨万分，同样的情景，又一次机会，我不能再错过。怀着对胜利的渴望，我用所有的激情完成了演讲。一等奖，我得到了，那一刻，无比幸福。梦是要追的，而且要

| 大学生活启示录 |

勇敢地追！（周子懿　矿加15）

  大一下学期，我报名参加校内高数竞赛，准备得很不充分，成绩自己都不满意，考过之后，开始准备高数期末考试。认认真真复习了一段时间，期末成绩还不错，想想自己两次高数期末成绩都不错，认为再努力学一下，有希望在全国大学生高数竞赛中拼一下，于是又报名参加了全国竞赛。暑假，学校组织培训，带着期待早早来到学校参加培训，可在酷暑中，一天天下来，渐渐又失去了兴趣与信心，看着一道道经典习题，满黑板的式子、计算，我开始放弃了，不像开始一样看题、做题、听课、记笔记，后来看着自己记的几本笔记，和日渐临近的考试，我彻底放弃，虽然依旧去参加了考试，其结果可想而知。此次竞赛是一次尝试，一次体验，一次发现。我认识到，没有坚强的毅力，不努力行动，懒惰，这样肯定做不成事。事情不简单，事情也不是极难，做事人的行为直接影响结果。当意志坚定以后，当肯付出汗水精力以后，也许会有收获。有句话说努力过了，不成功也不后悔。可是连努力都没有，连后悔的前提都没有，决定做了，就要尽力去做，不要留下遗憾。（刘晓萌　机械15）

  已经上大学有一年多时间，在机器人大赛之前除了暑期实践之外再没有参与过其他深有感触亦有意义的活动。得知大赛信息是团支书随手发的一张公众号消息截图，得知一个小组缺人我主动加入，组队几分钟，想队名几分钟，截至报名还有2小时，就这样匆匆地报名参赛了。一路走来还蛮不容易的。初赛之前只要有时间就装车，一装一下午，吃个饭，大家又在一起奋战到宿舍关门时间。虽然有点累，有点迷茫，但一点点地还是成功了，程序也编得很完美，当车能开始启动，巡线跑的时候，真是开心得要上天了。决赛之前，车不听话了，传感器一个劲地不听使唤，主板也差点烧掉，那样连续了两个晚上，每天都为它焦头烂额，拆了装，装了又拆，几乎连梦里都是小车的情形，真是又恨又爱。或许是上天眷顾我们，我们的不懈努力最终还是有回报的，车子能跑了，比之前更溜，我们在决赛中拿了第三名，当时真的是难以置信，我们的小车那么争气。说到我们的团队，队长很有责任心，所有的队员都有强烈团队精神，不抛弃、不放弃，才有我们的成绩。每个人都足够棒，能够处一辈子好朋友。我们相约下一届比赛还要参加，以后有什么团队合作的比赛也要再继续一起迎难而上，不懈努力。大学能认

识这样一群人是我的荣幸。（孔锐倩　安全16）

　　说实话，我的大一一年的生活平淡无奇。到了大二我发现有很多机会去参加一些大型的竞赛。说实话，刚到大学我也只是想混混，到后来发现大家都很努力，我也就跟着一起努力。去打听各种竞赛的方式，获奖难易程度。我先后尝试了大学生英语竞赛、高等数学竞赛、大学生物理竞赛，都没有拿到什么奖项，主要是没有兴趣，也没有付出相应的努力，于是到了大二学期，我把竞赛的方向转向到了我感兴趣的方向。今年我先后参加北京市工程表达大赛，北京市工程排练大赛，并有了不少收获。印象最深刻的莫过于今年12月份参加的工程训练大赛，其比赛内容为自己制造一辆靠重力驱动的无碳小车。我和队友先后去了河北省廊坊市学习经验，终于在校内赛上以优异的成绩取得冠军并参加了北京市的比赛。天有不测风云，就在北京市比赛的第一天，我的小车拿到了两次零分的成绩，这与我们的真实水平相差甚远。十分沮丧的我和队员直接回到了学校。第二天，我和队友求稳，跑出了好成绩，但因为前一天失误只拿下了第二名。通过这次比赛我明白了一些道理。第一，不要急功近利，一味追求奖励等级，稳字当头才重要。如果我们第一次像第二次一样追求稳稳地跑，就会获得最后的成功了。第二，心态一定要好，在北京市比赛的大环境下，真的非常紧张，两次机会白白浪费，在第一次失败时并没有想到好的解决方法。参加一次比赛收获的不仅仅是一个奖项，收获更多的是一次人生经历，从有到无的落差，也许会经常遇到，一定要挺住，相信明天会更好。做人做事要稳当，不要急功近利。这就是我的一次刻骨铭心的比赛经历。（任建伊　机械16）

　　大学期间我印象深刻的一次活动就是前些日子科协举办的机器人比赛，这是我们上大学后第一次知道还有这种类型的比赛，抱着试一试的态度，我联系了班上的几个同学一起报名了这次机器人比赛。因为我们都是大二资源学院的，虽然大一学过C语言，但是经过一个暑假，大家的编程知识基本都所剩无几，而我们之前也未参加过这样的比赛，所以我们可以说是六个人零基础参加这次比赛。在报完名之后，我们6个人先进行了初步的分工，决定3人编程，3人装车。由于所用到的编程软件为之前未接触过的Arduino平台，所以在刚报完名小车还未发下来时，我们几人几乎只要有空就在一起讨论小车编程中的问题。小车发下来后，我们发现小车的拼接与我们想的完全不同，单片机与驱动、马达之间的连接十分复杂，同时由于零件较为脆弱，导致小车的组装十分缓慢。于是我们紧急决定由3-3组合变为2-4组合。由于之前程序的大体结构基本已编好，所以分出一人去装车。经过两天紧锣密鼓的装车之后，小车的整体部分基本装好，导入程序之后不断进行微调与改装，在经历了两三个夜晚的调试之后，小车基本能够按照所写的程序进行巡线。又经过了一系列的微调，我们以第十名的成绩进入复赛。然而，在复赛的前三天调试时，因为我们做出的一些改进，小车的传感器与单片机之间接触不良，导致小车甚至无法正常走动，我们只好将小车拆开，重新装组，总算在决赛的前一天匆匆完成调试。虽然只获得了三等奖，但这对于我们这个完全没有经验的团队来说，已是最好的奖赏。（杨子卓　安全16）

　　时光如梭，转瞬之间大二上学期也进入了尾声。想起自己大学第一年的种种经历就仿佛仍在昨日，想到刚入学见到舍友的新鲜与喜悦，想到早起帮人占座的感受，导师的督促，思乡的感觉……在经历的许多事中，难以忘却的是一次留有遗憾的百科知识竞赛。提及参加此次比赛，完全是无心插柳，我们宿舍的胡虎同学不知怎么对参加这次比赛格外上心，遂拉上全宿舍一同参加。本以为是一个宿舍为一组，未承想竟是要每个人参与考试，最后只有我幸运地通过第一轮进入下一轮。在组队环节，我与当时一位大二管理学院的学姐、与我同专业的一个同学组队，又一轮笔试后，靠着对题库的突击，我们进入决赛。当然，我自幼便对历史与地理（人文地理）颇具兴趣，虽作为理科生却情迷于神秘的历史之中，自然担当起团队在历史方面的智库。决赛那天我们一路过关斩将，顺利进入总决赛。场上仅有三支队伍，但最后由于抢答器并不准，没有在机器规定的时间按下抢答键，致使我们屈居亚军。当然，遗憾总是伴着不甘，但同时也伴着美好，我们并不在意这一比赛之胜负，重要的是通过这次比赛我们结识了更多的博学之人，学到了很多有用的知识。（刘正　环境16）

　　大一暑假期间参加的数学竞赛辅导我至今难忘。暑假期间宿舍空荡荡的，我一个人生活学习，孤独是肯定的，每天上午准时醒来在静默的宿舍刷一刷手机，爬下床复习昨天讲解的各种例题，进一步加深记忆。下午顶着烈日跑到教学楼B105在空调下看着老师不停地写满一块块黑板又不断地一次次擦去。傍晚趁着天气凉爽一些，去操场走十圈，来驱赶整天在空调屋子里呆出来的凉气。可是有时候膝盖还是疼，每天在操场走时间久了脚也疼起来，又不知什么原因，嗓子肿得说不出话。就更加想家，也怀疑自己参加培训没有什么意义。但辅导老师的敬业精神总是会把我拉回课堂。可以想象吴楠老师每天要讲连续三个半小时的激情数学课，肯定比我们更累。我虽然上一个半小时就饿了，两个小时脑袋就彻底死机了，剩下一个半小时干脆就是本能地拿笔记笔记了，但在老师的感染下我仍是会安安静静地听，仔仔细细地记，期待真正将其弄懂。暑假过后，看着密密麻麻的三个笔记本以及成绩下来以后自己的名次，我还是觉得值！我想我永远不会忘记大一暑假时间在凉爽和滚烫之间不断切换的夏日里，我独自沉默地一笔笔写下的知识和回忆。我觉得那段时间是迄今为止我最踏实好学的一段日子了！（孟柴静　安全16）

　　大学期间带给我成就感的一件事应该是去年下半年参加的工程训练大赛了，那次比赛让我重新认识了自己，重新认识了自己所学的专业，重新认识了自己对未来的规划。从一开始什么都不懂的小白，到查阅论文，搜索往届比赛资料，一点点摸索，一点点学习，不断地提升自我。虽然是一名机械专业的学生，但是因为刚上大二，并没有学过机械原理与机械设计，工程制图也只是会看一些简单的图，所以知识十分有限。在这个时候，自学就是很重要的事了，Solid works，机械结构，摩擦学等，很多之前听都没有听过的东西从头开始学习。因为学院下发通知比较晚，所以留给我们准备的时间其实也不多，那段时间经常熬夜看论文。去年一年觉得最有价值的一件事就是学会了检索论文和看论文，这不仅对于我在本科阶段的学习，对以后学习也是十分重要的。在通过大量的准备工作后，我们开始进行结构设计和整车制作。那段时间改图改得是真累，一个结构设计失误，就会导致整个设计全部重新更改，很多生产工艺上要注意的问题，也因为自己之前并没有经验而犯下错误。总之，整个过程是复杂艰辛的，但是也让我铭记在心。由于在大一时自己对学习不很上心，所以成绩也只是在学院排中等，本以为自己做不出什么东西，在最后自己亲手将车做出来，并且拿了校一等奖后，才发现，努力，什么时候都不晚。通过比赛去学点东西是我每次参加竞赛的理由。拿奖都是次要的，说平时自己能学一些什么可能是假的，通过比赛的压力来推动你学习，是再好不过的了。另外，通过这个比赛，了解到团队的重要性，了解到机械这一行的广博，得到了导师的帮助与支持……这些都是人生中的财富。我想，如果再给我参加一次的机会，我一定能做得更好。现在的自己更加有兴趣去参加一些比赛，不仅可以开拓视野，结交大牛，还可以锻炼自己。新的一年，希望自己可以做得更好。（胡文渊　机械16）

说起大学生学科竞赛，我第一个想到的就是第七届全国大学生高等数学竞赛。当时我刚拿了校内高数竞赛一等奖，获得了由学校组织的培训资格。可随后得到的消息是暑假时得花一半暑假时间在校接受培训。当时又正好搞完暑期实践，这样一来暑假在家的时间也不会超过两个星期，身边的队友们纷纷打起了退堂鼓。可天性爱玩的我却紧紧抓住这个机会提前20天到校，全身心投入到吴楠老师组织的培训中。不得不说，那短短20天我接受到的解题思路之丰富，逻辑思维之巧妙，远远超过了之前两个学期所接触的。暑假三伏天，大家得在一间空调坏了的屋子里认真探讨解题方法，热得汗流浃背，都是段段宝贵回忆。最终，我还是在全国高数竞赛中获得了三等奖，交上了一份令人满意的答卷，也给那暑假的20天画上了一个圆满的句号。（沈鸿波　化学14）

参加上学期学校举办的机器人循迹竞赛是我在大学里颇有成就感的一次尝试。本来我就是一个典型的理工男，喜欢机械，喜欢编程，喜欢物理，更喜欢机器人。当时得知有这个比赛的消息，我没有考虑自己水平是否有所欠缺，也没有考虑自己能否在比赛中获得名次，直接报名了。虽然我对代码有着强烈的热爱，但我在高中时并没有时间来做我想做的事情，再加上我这个专业大一第一学期不开设C语言课程，我实际是并不适合报名参赛的，但是我却有着这样的想法：为了自己喜欢的东西，何惜一搏？这样我凭着进入大学之后自学的一点编程知识，在网络上和大神们讨教经验，自己搜索相关信息，从代码到单片机，从原地打转到顺利循迹各种曲线，我在那几天里疯狂地尝试各种算法，进行各种调试，除了去上课，其他时间几乎都花在机器人上面。说真的，挺累，但也是非常令人高兴的，我至今仍清晰地记得第一次看到自己的机器人顺利巡线一圈时的巨大快乐。我们顺利进入了决赛，但终究实力不足，没能在决赛中拿到名次，但这仍然是一次极好的体验。为了更好地做自己想做的事情，我更加深刻了解到现在学知识的重要性，我会努力打好基础，接近自己的梦想！（赵家宝　材料15）

大学里我记忆深刻的一次活动，就是大一下学期学生会快换届的时候，我当干事的学生会部门举办了一场"中英文演讲大赛"。这次大赛任务艰巨。部长在部门选择了4个负责人，主要负责活动举办和宣传。作为干事的我被选中了。一个活动的举办，无论前期准备，举办过程还是后期收尾，都是一个考验思维、锻炼能力的过程。在比赛初赛前，我们给每个学院学生会部门发送通知，征询比赛注意事项与建议，同时与宣传部联系，自己编写宣传稿，进行各学院、各年级的推送。虽然，宣传过程中有些细节处理不到位，但很庆幸，初赛报名人数大大超出预期。再到复赛、决赛、邀请嘉宾，一个个联系参赛员也是细活。包括比赛场地的布置，活动结束的奖品准备，主持稿的拟写，都是我第一次做，并且完成得还不错，也得到了部长们的认可。我想无论别人多么成功那都是别人的，只要我们亲自去做，其实成功离我们很近。无论竞争有多大，只要敢于尝试，没有什么可怕的。（蒋益巧　计算机14）

我的大学生活中印象最深的就是参加全国大学生化工设计大赛，这是由化工协会、浙江大学等举办的面向全国优秀化工学子的一场竞赛，首先由学校内部选拔，随后参加华北赛区比赛，华北赛区的特等奖获得国家竞赛的入场券，进而与全国的选手进行比赛。今年要求设计烟气深度脱硫装置，我是团队组长，是团队的坚强领导核心，题目一下来就安排队员查询文献，确定工艺路线，获得相关化学反应数据，进而为下一步的过程模拟打下基础。团队在过程模拟中遇到了很大的问题，但经过两个多月日日夜夜的努力终于解决了问题，得到了物料表与相关数据。随后，进行数据分析，使用PFD、PID绘制图形等工作都按部就班展开。队员们很努力，随后是通过答辩，决出两组参与华北赛区比赛，我们认真做PPT，写文字稿，最后代表学校参与华北赛区比赛。在华北赛区中，因成绩优异，获得入围全国大赛的资格，在浙江大学参加全国赛的精英选手很多，为我们队伍提供了广阔的交流空间，也认识到了我们自己的不足，以及与其余学校之间的差距，经过两天紧张的比赛，我们队无缘十强，这也是一个遗憾吧。这次参赛经历让我感触最深的就是，只有走出去，才能结识新的伙伴，才能认识自己的不足，看到与别人的差距，进而找到努力的方向，促使自己不断进步。（贾单泰　化学14）

转眼就大二了，我们班级里好多同学都参加了各种各样的竞赛，我也报名参加了2016年的北京市电子设计大赛。大赛就是大赛，非常严格，本来我们学校报名的一共有70组，一组2人，但是经历过2轮淘汰后就剩26组。考核的题目很难，我们得自学焊板子，搭建仿真电路，学习滤波器、放大器、RC正弦波发生器等等很多还没学过的东西，这段时间真的学到了很多，也幸亏和队友配合得好才能艰难地挺过淘汰赛。我写这段话的时候，还没有去参赛，但是已经经历了两轮考核。大赛我们不知道最后会不会获奖，但是我们能从中学到点什么，就已经很欣慰了。在课余时间，别人都在宿舍睡觉，看电视剧，打游戏，你在学习，这种成就感只有体会过的人才明白。学习最终才是你的归属，活到老，学到老。（高一鸣 电气14）

文体活动

上大学以来，对我影响最深的校内活动是新生运动会。在运动会上，我代表班级和年级参加了团队方阵训练。在开幕式上，当我们从主席台前经过，当我们声音高亢地喊出我们的口号，自豪感从心底油然而生，这是我的骄傲，也是整个集体的荣誉，在这个整齐统一的方队中，我是集体的一员，这让我找到了团体的荣誉感，让我认识到了我是团体的一部分，我要为这个集体贡献自己的力量，让我们的集体更强大、更团结。在后来的比赛项目中，尤其是在3000米的比赛中，虽是有人欢喜有人愁，但每个人都完成了比赛，没有中途放弃的，更没有怯场的，有的同学缺乏经验，导致在后面无法发挥出自己的优势，他们体力也消耗很多，但他们咬牙坚持，深深地触动了我的内心，让我明白了我们遇到困难是肯定的，但只要坚持不懈，一定能到达终点。（张龙 电气15）

我总是有心无意地翻找出那段5分钟的视频。尽管现在看来剧情十分老套，片段衔接也不很自然，特效更谈不上，但这个小视频来自我亲自拍的一千多段素材，来自我近一个月的起早贪黑甚至彻夜不眠。当时只是学生会的任务，却勾起我搁置了很久的梦想。不仅仅是从我得到第一台单反相机时开始，在我更小的时候，我就想拍一部电影。微电影也好，MV 也好，反正我想去拍。学生会部长分配给我任务的时候，我有一些激动。从那一刻起，我的脑子里就满是剧情、场景……学生会给我安排了搭档，很有技术的搭档，但不幸的是我越来越狂热，一心只想按照自己的想法拍，和搭档配合的并不怎么好。开始行动后，我每天清晨六点起床迎接太阳，夜里十点归寝。电脑前一坐，回过神已过凌晨两点，不说累，嘴角偷偷上扬。最终在毕业晚会上放映的暖场视频，是真正属于我自己的。当视频落幕场内爆发出掌声和欢呼的时候，当主席部长看见效果理想而松了口气的时候，有个刚接到拍摄记录晚会照片任务的干事在舞台下方已经热泪盈眶。（胡昕杨　地质 16）

我跟几个校友参加了"乐舞校园"总决赛。这是一个街舞比赛，参赛的是来自全国各地的大学生。大家以校为单位参加比赛，我的很多同学那天去现场帮我们加油了。初赛时，我们投的视频是之前一个舞风比较甜美的韩舞。在拉票的时候我们比较吃亏，很多同学会说别的视频都是帅帅的，酷酷的，我们的视频显得有点不专业。然而我们却无法跟别人一一解释我们的舞风不同。比赛要视频要得急，所以我们也没有出新舞。为了迎合观众喜好，我们在决赛的时候选择的都是 jazz 加上更多 hip pop 元素的舞。我们甚至多练了一段帅气的开场，为我们小队正名。我们的开场舞是比较有名的一首欧美歌——bitch better have my money。然而比赛前我们才考完英语，就开始正式练舞。4 天的时间，我们要出两支舞并且 hip pop 元素居多，还是以 jazz 为主的，困难可想而知。当时只想着豁出去了，必须要在几天内练会并上台。作为队长和领舞，我清楚地意识到自己肩上的担子。我们拼命练舞，腰酸背痛，膝盖上都是伤。然而我们都坚持了下来。那段时间不仅练舞辛苦，还伴随着决赛要到来的焦虑。特别担心只练了 4 天的我们会在舞台上失误，甚至担心小伙伴会因为中途失误而放弃后面的舞蹈表演。最后决赛台上时，当音乐响起时，我们的身体自然随之舞蹈。最终，我们在台上都有些许失误。老师点评我们爆发力跟控制力都很好，但欠缺表现力。我觉得老师对于我们的夸赞我已经很高兴了。在挑战过以后才明白 hip pop 也能跳好。虽然没能拿奖，但是我们也知道了以后努力的方向在哪里。当然，舞蹈表现力或许跟我们准备时间过短也有关。这次参加比赛的经历给了我自信，以后我们会参加更多的比赛，在舞台上展现不一样的我们。（刘粤　化工 16）

| 大学生活启示录 |

　　大学有许多活动,我从小就喜欢打篮球,虽说球技称不上精湛,但起码可以在场上打打,与高手们过过招。记得刚开学时,班里掀起了篮球热。学校举办的篮球比赛招人,我毫不犹豫地报了名。不过可惜的是在大赛之前,班里并没有参加过几次合练,加上大赛将至,于是我们班便匆匆上场了。由于大家对自己的队友不是很熟悉,所以进攻打得不是很流畅,不过大家防守很卖命,凭着一腔热血,加之对手实力不是很强大,第一场我们大胜。我仍记得我拿下了我们班的第一次得分。不过第二天,迎战我们的对手实力强劲了,我们只凭单打,配合较少的缺点一览无余,我们输了,止步第二场,而我也在半场后被换下场,再也未登过场,成为我的一个遗憾。现在回想起来,如果我们当时加强配合,做足赛前的交流,充分了解对方的话,我们团队可能会走得更远。——想要team赢,就要以team的方式准备! team精神至上!!(宋洁尘　矿加15)

　　大学期间促使我重新认识自己,给我带来成就感和自信心的经历,要数大一时在几次学院晚会上的表演了。记得第一次是校迎新晚会,当时剧组选角色,出于好奇心,我想参加节目,可是又怕太累太辛苦或自己能力不够,就没有参选主角,而是参选了一个男二号的配角。在之后一个月的排练中,记得导演最经常说的一句话就是"时间紧,任务重"。我们基本上每天晚自习后都会抽出一个小时来排练节目,直到关门时间才回去。我的角色虽贵为男二号,可其实戏份并不是特别多,仅有的几段台词,仍是被导演再三纠正,不断改进语气、情感,每天都把台词挂在嘴边,反复地加以练习,其实当时从内心深处而言,对于导演所言的自己的问题,并不是完全赞同的,总有些小小的不服气,可是出于对身为学长的导演的尊重,以及"试试看吧,按他说的来,看看效果怎么样"的尝试心理,还是坚持了下来。最后,上台演出的日子在我们紧张的排练之后终于到来了,意料之中的,我们的演出十分成功。可以想象在台上表演时,全场观众被你的表演调动起了情绪,他们为你喜而喜,因你悲而悲,我到现在仍然清楚地记得当时那种全身毛孔都打开的畅快感觉,那种成就感与舒爽感是无与伦比的美妙,让人沉醉其中。自那之后,原本渴望变得更加开朗活泼,在众人之前谈笑自若的我真的实现了自己的目标,我居然真的可以在数百人面前镇定自若地完成一件事,这在以前是不可想象的。(张晓昆　矿加16)

2016年，我作为学生会干事接触到了迎新晚会，了解到一场晚会需要很多人的付出，需要很多部门的合作，比如灯光、幕后、促场等等，了解到身为一个幕后工作者的辛苦。但是当看到最后闪光灯下演员们的精彩表现，又十分感动，那是无数遍的督促与排练才成就的。2017年，我作为部长参与到迎新晚会筹划中，隔三岔五地前往沙河校区落实各项任务。结束曲目为《骄傲的少年》，所有部长、主席一起参与合唱，大家都很忙，可最后一起排练的时候，都十分认真，十分感人。还记得化环学院迎新晚会举办那天，早晨6点，我们就坐着校车扛着设备奔向沙河了，我当时抱着一箱化妆品。彩排、化妆、再彩排、灯光，一遍又一遍，大家没有怨言。后台化妆时候，干事们人手不够，其他会化妆的也一起来帮忙。一切准备工作就绪，礼仪队的成员们穿着薄薄的旗袍在那里迎宾，当时大家都穿着厚厚的羽绒服。晚上7:00，晚会准时开始，为17级的小鲜肉们呈现了一场视听盛宴。最后大合唱结束时，我和另一个伙伴抱在一起，流下了激动的泪水，真的太不容易了。两校区办学，部长们、主席们、干事们都特别辛苦！但是我不曾后悔加入化环学生会这个组织，收获感触太多了！收获了一群可爱的小干事，一群志同道合的朋友、和蔼可亲的主席们！最后，用歌曲《骄傲的少年》作为结尾——奔跑吧，骄傲的少年，年轻的心里面是坚定的信念；燃烧吧，骄傲的热血，胜利的歌我要再唱一遍。（王梦琪 环境16）

我要讲述的是我在大学里的一次比赛——校园歌手赛。从高中起我就特别羡慕那些能在大家面前唱歌表演展现自己的人，但是一直没有勇气去参加比赛。到了大学，又有一次这样的机会，在校文艺部的朋友想让我和他组队参加比赛，但到了比赛当天他却说让我一个人去，他唱不了了，当时的我内心是胆怯而且犹豫的，我当时想还是算了不去了，但是万万没有想到的是我的5个室友特别支持我参赛，比我还激动的感觉。于是在她们的陪伴之下，我硬着头皮来到民族楼407。当发现唱歌好的人太多的时候，我又动了退缩的念头，但一想到她们，我硬着头皮唱了一首"I Love You"，没想到我进了复赛。复赛比初赛更紧张了，选歌选了特别久。到了比赛当天，室友们又是比我激动，问我要不要化妆，叮嘱我记得喝温水，我练歌的时候她们也陪着我。我上台之前特别紧张，给我伴奏的小哥特别用心地安慰我，告诉我不用怕。我上台时，我台下的朋友们用手机打开了闪光灯，随着音乐摇摆，用灯光告诉我"不用怕，至少还有我们"，特别感动也特别感激,但是还是缓解不了我的紧张,所以我忘记歌词还跑了调,之后就是各种安慰的话语和拥抱。我哭了,不仅仅是因为我觉得在那么多人面前丢脸了,更是因为觉得对不起她们的期待,也是对她们陪伴的感动。过了一天,我被告知没有进入决赛,心中有一块石头落下了。这次的比赛对我来说圆了一个从高中以来就有的梦,虽然没有走到最后,但是我学到了也得到了更重要的东西,那就是朋友的情谊。自己能够有这样的室友以及朋友是上大学以来最幸运的事情。(罗子谕 建筑15)

作为一名大二的学生,使我重新认识自己还是在大二上学期。没错,很晚了。大一我加入了学生会,做了团支书,但这些年没有让我变得不再腼腆。与学生会和班里的同学玩得开,也只是因为我们熟悉不陌生。纵使大家觉得我已经很外向了,但那真的真的只是在熟人面前。后来我在学生会升任部长,仍然放不开自己的面子,去和外人交流是件十分困难的事情。直到招新的时候,我依然腼腆。当介绍我的宣讲PPT时,我紧张得一直在尬聊,面试干事时也语无伦次,几个同样的问题重复着问个不停。如果真的说自己开始发生改变,那大概是在迎新晚会上吧。活了十八年的我第一次登上学校的舞台,表演了我这些年都未曾发现的才艺,跳了一支舞,合唱了一首歌,排练的这段时间,我很担心,也很自责,但每次都会受到同伴的鼓励。记得第一次彩排的时候,我紧张得忘记了动作。合唱的时候又面目呆滞。但即便这样,还是有掌声,还是被鼓励。那个时候,我感受到这个世界的善意,我开始在排练中释放自己,开始去享受灯光和音乐。至于后来,也算有了还算完美的演出,那之后的我,开始在原本就有但又未曾释放的积极上变得更加积极。我开始去参加更多的活动,开始去组队参加比赛。也曾站在科四大礼堂的舞台上进行比赛的决赛。后来的我,开始更爱笑,纵使我还是一样的会有不开心和抱怨,但我更愿意让别人看到那个阳光的我,乐观的我,走在前面蹦蹦跳跳的我。我想让别人因为认识我感到快乐,让别人更加喜欢和我在一起。而我,也更愿意去和陌生人对话,愿意与别人分享,我不会觉得自己过得糟糕,反而,更喜欢给自己找一些有活力的事情做,更想去享受自己的每一天。我也开始去练习跳舞,再疼再累我也不想放弃,我很感激当初登上舞台的机会。如果还能有这样的机会,我还是一样地很想去参加。因为站在舞台,享受到灯光,听到观众的呐喊和掌声,纵使再辛苦,也觉得自己幸福。(王宇薇 土木16)

志愿服务

　　大学生活多姿多彩，不同的人有不一样的周末，有的人会很充实，也有些人却浑浑噩噩。我也曾是周末宿舍玩手机的一员，直到有一天听朋友提起支教，我感觉很有趣，便央求和她一起去看看。周六早上六点钟起床，洗漱，吃早餐，六点四十分集合，一共有七八个人吧，一起顶着寒风就向地铁站进发了。地铁十三号线在早高峰，就好像一个巨大的沙丁鱼罐头，挤到即使双手没有触碰到任何地方我仍感觉自己很安全。心中的小人说，下一次再也不吃早饭了，我要吐了。换乘转昌平线，从地铁下来，本以为已经到了的我看见他们向地铁口附近的公交车站牌走去，还得坐公交。站牌下，朋友告诉我，我们错过了上一趟公交，下一趟应该还有二十多分钟，于是我默默地取出了手机，对着才升上天空还不怎么温暖的太阳拍了张照。公交车来了，我们坐车不用很长时间便有从繁华走到荒凉的感觉，走在空阔的路上，我不禁打了个哆嗦。两个小时，我们终于到达了学校——"打工子弟学校"。到了那儿，校长很热情地同我们打招呼。不一会儿，学生们也都来了，我看了看他们，小姑娘一个个冻得小脸红彤彤的，很是可爱。走进教室，发现这个教室的墙壁居然是木头的，这是一间房间用木板隔断成了很多间教室，这居然还是两层楼的。我的天，好在楼板是水泥的，还有暖气。在和孩子们的相处中，我感觉他们都很活泼，也很热爱学习。（芮杰慧　化工 16）

　　要说到目前为止，我在大学里参加的印象最深刻的活动，毫无疑问就是本学期的温暖衣冬活动了。温暖衣冬是志愿者联合会举办的大型募捐活动，旨在募捐衣服给偏远地区的孩子，这样的活动志联每年都会举办。作为志联的部长，在活动之前，我就已经制作好宣传海报以及展板，因为根据往年的经验，如果宣传不到位，到时候可能无法募捐到足够的衣物。在活动当天，由于今年新生去了沙河校区，人手不够，我们只能亲自上阵，大清早拉来桌椅，支起帐篷拉起横幅，在凛冽的寒风里静静地等待同学们前来捐献衣物。可能是因为在周末，天气也很冷，十点多才有人来捐衣物，随着下午温度逐渐升高，来捐赠衣物的人越来越多，看着逐渐变多的衣物，一天的寒冷疲惫一扫而空，满满的收获就是对我们辛勤劳动的最好回报。可能是周六捐衣服的人的宣传，周日捐的衣物更多，有一

> 大学生活启示录

位大妈捐了一台收音机和一架电子琴，着实让我们备受鼓舞……功夫不负有心人，通过两天的努力，我们募集到了数量可观的衣物，并且打包送了出去，我们的工作得到了团委老师的肯定与夸奖，这无疑让我们感到开心。在今后的学习生活中，每当我遇到困难，就会想起这次活动，在这么恶劣的条件下我都能坚持下来，还有什么可以让我放弃。（张晋源　土木16）

大一的下半学期，我和学校自强社的同伴们一起参加了一次名为"诵读者"的志愿活动，让我从中受益匪浅。这是一项读书分享活动，目的是通过阅读培养孩子们的阅读兴趣。四月份的一天，我们社团从学校出发，乘地铁来到大兴区的一所打工子弟小学。在这之前，我认真准备了课件，还有很多用来调节气氛的小活动。我想象着孩子们的样子，课堂的气氛，规划着整个课堂的流程，我想把要推荐给他们的东西都分享给他们。和想象中的一样，小朋友们很热情，满怀期待的样子。于是我开始了人生中第一次给小学生上课。他们并没有我想象中那么被动，相反，他们很活跃，也很爱表现自己。同学们对PPT里提到的故事表现出极大的热情，争着举手回答问题。最后15分钟给他们准备了一个小视频，同学们很喜欢，看得很认真。下了课，我和同学们挥手再见，还有些舍不得。这次活动让我想起自己的小学时代，一转眼已经20岁了，时间快得让人难以捉摸，也让我反省自己，是否还和小时候一样有着远大的目标，每天坚持努力。（李国帅　安全16）

记得刚入大学时，我什么都不懂，各种社团、学生会都来招新，然后我就跟着同学一起去院学生会面试，很不幸，我是宿舍中唯一落选的。其实心里还蛮伤心的，但我不服气，然后就去应试校学生会的外联，第一轮面试通过了，但在第二轮的面试中被淘汰了。这两件事在我心中产生了很消极的影响，我真的那么差吗？后来我分析可能是在谈论问题时，我的发言太少了，所以面试官对我的印象不深，以至于我被淘汰。生活中我从未遇到过这些事情，但在大学刚开始就让我一而再地碰壁，其实当时心里挺不爽的，但是现在回过头来看，我当时真的很傻，为什么那么不相信自己呢？现在的我已经知道不要因为小小的几次失败就不相信自己，未来的路还很长，我还会遇到很多事情，挫折也不可避免。现在我所经历的失败，是为了未来的我更加成功，是在为我积累经验，而我自己的价值是在一次志愿服务中实现的，它真的让我觉得很有成就感。我在地铁 8 号线做志愿地铁服务，我帮助了很多人，尤其是我用我自己这么多年学的英语帮助了两对外国夫妇，他们为我点赞，对我说 good，那一刻我真的很开心很骄傲，这些也促使我去努力学习英语，也许我现在没有 PPT 中那个学姐那样努力，但下学期来了，我一定会努力做到像她那样。每次看到身边的那些成功人士，我总会激励自己一下，相对大一我已经自信很多，我会加油，争取在全国英语等级考试以及其他学科竞赛中拿到奖。（王露露　土木 16）

上学期我们有一项作业是拍微电影。这是我从来没有做过的事，不免感到茫然。很快，我们一群茫然的同学组成了团队。微电影要求拍与大学生活有关的事，我们上网查了很多剧本，但都觉得不合心意。最后，我们还是自己编了一个剧本，而细节部分都是拍摄中现填补上去的。我们没日没夜地在群里讨论，有什么新点子就立即发到群里。终于，我们勇敢地打开单反开始拍摄。拍摄过程中，当然有嬉闹，有摩擦，但这都是源于大家的团结与上进心。我们抓紧一切时间拍摄，有时候直接拿着相机去上课以节省时间。大家做出了最大努力，借场地借教室，在晚上拍摄就用手机手电筒打光，剧本台词也是开机前一刻才敲定。很多人没有经验，演不好，但我们没有因此气馁急躁，而是一遍遍重拍。终于，在录制结束的那一刻，我们心里放下了一块大石头。这次活动不仅带给了我们美好的回忆，更促进了同学间的关系，当我们观看拍摄成果时，我们的心情都是复杂而喜悦的。（付佳卉　力学 15）

大学伊始，我加入了金矿英语社团，我知道自己的英语基础薄弱，就更加积极地参与到每次社团活动中。社团每天早晨都会在地下一层开展英语朗诵活动，之后一起演唱英文歌，一起流利地背诵课文。第一次参加这个活动的时候，面对一个个拥有流利口语的大神们，我真的不敢张开嘴巴读这些单词，就算读出来也是中式英文，没有任何腔调，于是社长们都热情地来帮助我，仔细地纠正我每个单词的发音，调整我的语调、语速，让我感受到了不一样的自己，原来自己也可以如此清晰流利地朗诵英文，原来自己也可以像外国人一样说话。内心真的无法抑制兴奋，我尝到了初次胜利的喜悦，是其他物质无法带来的。这次活动使我受益匪浅。（赵德馨　地质 15）

我很少参加学校里的各种活动，慢慢地变得对公众场合有一定的畏惧，而在大一下学期时，我参加了学院的演讲比赛。这是一场不算很正式的比赛，甚至没有老师作为评委，评委都是上一届的学姐学长们。只有几个参赛选手和些许亲友团。站在这个小小的舞台，我心里也是很紧张的，因为我害怕自己忘记演讲稿的内容，也怕自己因为紧张而站在讲台上发抖。特别是前几位演讲者都很厉害，他们都将丰富的生活经验展示给大家，而我的演讲稿似乎很平淡，也没有什么感人的经验。在这种无比忐忑的心情下，我站在了讲台上。果然一站上去，脑子里就一片空白，瞬间忘了自己要说什么。当时我很认真地进行了三次深呼吸，慢慢恢复过来后，开始了我的演讲。我的优势在于我的声音很深沉，让人听着很舒服，因此我以这样的自信鼓励自己，相信自己一定能成功。于是我的演讲逐渐进入状态，如电台主播一般，娓娓道来，最后，我以第一名的成绩赢得了此次演讲比赛的成功。感谢此次比赛，让我又重新获得了自信，相信以后我也能继续努力，获得更好的成绩。（孙霞　英语14）

校园中的社会工作

我是一个略显自卑的人，我很爱文学，喜欢读书，有时也会萌发小小的写作欲望。我一直不敢把自己的作品展示给大家看，担心受到嘲笑。到了大学之后，我参与学生会的媒体运营部，在部长给我布置任务，要我写一篇原创稿件时，我的内心是隐隐激动和兴奋的，但与此同时也不免有些紧张，担心自己的作品不被认可。于是，怀着忐忑的心情，我开始了创作，用了很长时间来构思，写完之后又反复检查修改。然后，把作品上交。部长看了我的作品后，夸赞了我，给了我很高的评价。在作品展出后，大家也都纷纷夸奖。我十分高兴，我的才能得到了肯定。对于自己的能力，我也有了进一步的了解，这次经历让我可以更加从容地应对生活，增强了我的自信心。（黄梦霞　化工16）

我大二时担任学院学生会学习部部长。在我任职期间，带领干事们完成了学院安排的各项工作，并且成绩显著。其中包括新生经验交流会，新生辩论赛，大一晚自习点名，迎新晚会等等。这其中，最让我骄傲的是每项活动的策划书、会场布置都是我独立完成的。从中我的文笔、组织协调能力都得到了提升。在学生会工作的同时，我没有落下学习，大二课程的学习也很艰苦，不过我靠自己的努力，最后还是取得了不错的成绩，在期末获得校三等奖学金。（边润泽　矿加14）

我们已经步入大学，也相当于半步进入社会了，所以，学院也会安排一些工作让我们去锻炼。对于学生会的成员来说，我们应该认真地思考每一个环节，让其环环相扣，同时需要安排每个人各司其职，这样需要组织者提前去想好每个人的任务是什么，他已经负责哪里，他应该做好什么等等。在活动开始前，召开一次工作布置会，让每个人知道自己的工作是什么，自己的任务是什么，这样，才不至于在活动中手忙脚乱。虽分工明确，但也需要每个人全力以赴地去做好这件事，若是因为一个人或是几个人的拖拉，便会使整场活动不能顺利进行，导致活动的失败。通过在大学里的几次活动，我认识到，要完美地做好一件事，就要先对事情有一个完整的规划。想一想其间可能会出现的一些差错，并想到补救措施，在工作中用心用力，全力以赴地将工作做到完美无缺。这样，一点一点地才能让我们自身的能力得到提高，将工作做得更加完美。（丛琳　信工16）

到现在，我依旧能清楚地记得刚踏入大学时青涩的那个自己。由于性格原因和以前的各种逃避、各种不自信等，我在大学这个自由成长的环境中问题频出，和女生说话脸红，站到讲台上脸红发抖，思路零乱，对从未接触过的计算机显得非常害怕，不敢去面对，没有自信去学。而后渐渐让我有意识发现并自主去改掉些毛病的是一个研二学长。记得大一时除了学习不知道干什么，就加入了创业者协会的团体，举办人正是研二学长。他每次都鼓励我去参加各种活动，什么到校园外面与陌生人交谈，当着协会所有人的面进行小演讲等，一开始其实我是拒绝的，可到我第一次艰难地做完5分钟演讲，害羞下台时，大家给予我热烈的掌声和鼓励的笑容，那时我终于知道了一切皆有可能，面子是个坏东西，需要经常踩在脚底，你才会无所畏惧地面对一切。从此我的内心也种下了自信的种子，每次演讲我的脸一点也不红了，腿也不抖了。尽管到现在思路依旧还没那么清晰，但我相信，只要自信，只要坚持，一切都将变得更好。（霍风海　土木15）

| 大学生活启示录 |

上大学后,我参加了各类社团,其中有校学生会的办公室部门,办公室负责的事情大多比较琐碎,但又很重要,起着连接老师与学生的作用。加入到办公室之后,我觉得自信心有所提升。就拿举办迎新晚会来说,我们会把它分解成多个小的任务给各个部门,甚至细化到每位干事,大到舞台策划、资金赞助,小到贴座位、入场引导,都会有专人来负责,就类似于跑一场马拉松比赛,赛程的确很长,但是如果我们把整个行程分成小段,把跑完整个马拉松看作一个大的成功,而完成每一个小段则取得了小的成功,我们就会在不段积累小成功中提升自信,使自己对以后的工作更有信心去完成,激励着自己去完成得更好。而且社团是一个注重合作的地方,他人或多或少都会给我提供一些帮助,来帮助我走向成功。我希望继续努力,过好大学中的每一天。(李培瑶 信工16)

最让我记忆深刻的是学生会招新的部门宣讲会。没错,我选择了留在学生会,成为一名部长,我的确是部长了,但是却没有人教我如何去当好部长。招新宣讲会,每个部长都需要上台去介绍,宣传自己的部门,几百人面前,我自然也会心虚。为了让自己出色地完成本次工作,也为了部门能招到更多志同道合的新生,我做出了很多努力,制作宣传单,从设计到版面规划,我认真斟酌,制作汇报演讲PPT,精确到每一个插入的动画,我都把它们赋予不同的含义。终于到了宣讲的这一刻,紧张自然不能避免,但更让我惊异的是,当我站在台上的那一刻,介绍自己的那一秒,我冷静了,沉着了,稳重了,没有一丝怯场,我自信,我可以做到,真的很奇妙,就在那短短的几分钟里,我完成了,很出色。汇报结果当然也不出所料,我所带领的部门成为最为"抢手"的部门之一,我骄傲,感谢当初那个认真准备的自己。也是这一次的奇妙经历,让我切身感受到,原来成功真的是留给有准备的人的,自信源于实力。(杨宇桐 法学16)

误打误撞进了学院的新闻中心,于是便拿起了相机拍起了身边的大事小事还有人物风景。其实我并不是特别会使相机,但出于对拍照的喜爱,我总是很积极地参与部门的活动。刚开始什么都不懂,只是拿起相机,随便乱拍。结果拍了很多不好的照片,浪费了很多内存,照片还基本不能用。后来在部长的指导下,我掌握了拍照的一些主要方法和窍门,照片的构图、光圈、白平衡的调节……慢慢地,我拍的照片得到了更多人的认可,照片被使用的频率也大大提高。每当看到自己拍的照片被主页君推送，被微思潮采用时，我的心里都感到无比骄傲与自豪。自己做的事被认可，被表扬，总是能够带给我无限的快乐和继续向前的信心。（王春明　信息15）

大一我担任班级副班长一职并担任学生会干事，极大地提高了自信心。这一年中，我不仅需要配合好班长的工作，更需要顾及全班同学的利益。班级管理的磨炼让我的内心更加成熟和强大。当我站在讲台上的时候，我的内心不再畏惧。相反，我比以前更加自信和勇敢。作为学生会外联部干事，有的时候需要去发宣传单给同学，本来有点腼腆的我，也只能咬牙上了，当发出第一份宣传单的时候，我的内心无比自豪。虽然其间被人拒绝过多次，但是内心更多的是对这份工作的热爱。拉赞助更是锻炼了我的语言表达能力和心理素质。我不再畏惧，更加自信，我为自己的进步而感到无比自豪。（颜悦　英语15）

走出校园　工作实习

英文诗标注实习

大一暑假，我在同学的介绍下做了微软短期招聘的英文诗标注的实习工作，薪资每天130元，为期一周多。工作内容对于英语专业的同学来说应该不难。在经过两个小时的讲解培训后，我已经对自己的工作内容和要求有了一定的了解。

接下来，就是紧张的工作。虽然任务轻松，但是时间很紧，我需要连续八九个小时一直坐在电脑前，紧盯屏幕，不停修改，不能分神，几乎没有什么休息娱乐时间。一天下来，全身僵硬，腰酸背痛。此时同学们早已回家享受美好的暑假生活了，我却一个人守着空空的寝室，天天早起工作，甚至来不及吃午饭，更没有午休。在坚持了三四天后，我很想放弃，但想到之前也有同学在肯德基当服务员，每天累死累活十几个小时，还要挨骂；看到写字间楼外建筑工地的工人师傅大夏天38摄氏度、39摄氏度的高温还要在外冒着危险施工，我就觉得自己虽然累点,但比起他们,我坐在空调屋里只要用电脑修改文件何谈辛苦呢?就这样,我坚持了下来,虽然身体劳累,但是保持着积极的心态,不断给自己加油鼓劲。

工作终于结束了,当拿到工资的那一刻,我真是高兴得难以言表。这是我第一次靠自己的努力挣到工资,同时我也在工作中学到了更多的专业知识,进一步锻炼了自己的英语能力。当我用工资给家人买礼物时,那种自豪感是难以言喻的!以后,不论在学习还是生活中,我会利用适当的机会不断锻炼自己,令自己不断进步。不论遇到什么困难,都要乐观积极,坚持不放弃!(张苡滇 英语16)

电话销售的痛苦

大三上学期,因为刚开学课程较少,我就做起了在学校附近打电话销售的兼职。这份工作要求每周至少上三天班,而且每天得做够至少8个小时。起初自己觉得离学校近,时间宽裕,工资也给得差不多,就决定在那儿干一个月。在开始的前几天,一切对我来说都是新奇的,无论是给客户打电话所需要用到的电话技巧,还是陌生的工作环境,陌生的同事,都使我兴奋不已,每次都斗志昂扬地去上班,平时也都在想尽办法如何能够更有效地与电话那边的陌生人交流。但是几天的工作后,我渐渐觉得厌烦了,这份工作并不像自己想象的那么有趣:每天都必须在座位上坐着打电话,而且中间的休息时间十分短暂,偶尔中途去打水,抑或是去上厕所都对自己是种解脱;十个电话号码中七八个都可能是空号或无人接听,但是在电话接通前你都得一直听下去,时间久了,盯着电话屏幕的眼睛酸疼,一直听着电话的耳朵也非常不舒服;接通了电话后,总是要重复一遍又一遍已经说过许多次的话语,同时也要时刻对客户赔着笑脸,尽管明知对方无意与自己沟通,却依然要继续下去。这种工作,对正值青年的自己,何尝不是一种煎熬。这份兼职结束后,我收起了自己还想继续做下去的想法。这次兼职或许对我自己是个锻炼,磨炼自己的意志与社会适应力,但我知道,这样的生活并不是自己想要的,自己的付出是完全不值得的。唯有充实自己,以一份漂亮的成绩毕业,签到一家更好的公司,找到一份适合自己、对得起自己学历的工作,方能不留遗憾。(王征 机械14)

服装店打工

我的社会工作经历是近期利用课余时间在一家服装店打工,主要工作有处理刚到货的服装,在卖场做导购员等等。

参与这份工作需要我充分合理地规划课余时间,减少一定的娱乐时间,并且学会与管理人员沟通交流,处理与其他兼职学生的关系,学习整理技巧和接待技巧等。

首先,一个兼职需要对时间的充分规划,包括需要按照课表时间灵活报班,需要分配更多学习时间使得学习任务保证完成,同时不占用太多时间兼职;留下充分时间休息,确保有足够的体力进行正常生活;留意返程时间,为了安全不选择需要晚回家的行程;和人员沟通,确认自己被分配的工作和目标,按时完成工作,有困难要及时说明,签入职相关合同时要注意条款和细节。

在服装卖场的工作也让我收获了丰富的与人相处的经验,我学会了如何与陌生人打交道,耐心听取对方的意见,耐心为对方解释我们的能力局限,等等,同时我熟悉了服装管理的流程以及店铺运营需要处理的相关问题。

在对服装的处理工作中我学习了一些工作技巧,同时明白了对不懂的内容要仔细研究或询问以免因失误造成损失,不要想当然地处理事情,要多与老职员沟通;学习相关经验,了解上班时的规定,自己的错误要及时改正并询问改进方法,利用周围环境丰富自己的视野,提升自己的交际能力。(刘璐 信工16)

仓库工

我的第一次工作是在大一暑假,当时由于放假回到家都是7月中旬了,所以没有找到长期的工作。我就托姐姐找以前的朋友找了个小时工。

第一次工作是在外国品牌的仓库里,当时是炎炎夏日,我们几个小工的任务是搬货到货车上。顶着烈日,我们干了几个小时,一个小时10块钱,拿到第一天工资,70块钱。我觉得钱挣起来不容易啊,真的流了很多汗,喝了好多水才得到这几十块钱。和我一起的,基本上都是附近一些外地的打工者,年龄在30岁左右,我很快就和他们打成一片。干这份工作不固定,有时候需要早起,觉得很累,但我在内心告诉自己,要能吃苦,虽然以后自己不走吃苦路线。

就这样，这份工作陆续做了半个月，我通过当中认识的工友，又找到一家传送带安装的公司。负责人是我老乡，刚好可以交流一下，让他留我当短期工，比小时工稳定些。就这样，我如愿当上了短期工，原因就是我能吃苦，会干活。大一暑假结束，我总共干了20天活，挣了2000块钱。这是我过得特别充实的一个暑假，钱不多，活也累，但是最起码证明了自己能挣钱，能吃苦。
（戴泽民　力学15）

售楼处销售

我今年大一，在上个学期我在售楼处工作过一段时间，既为了做兼职减轻家庭负担，也为了能提前体验一下工作的滋味。售楼处就在学校附近，每当周末我就会去打工。我所做的工作内容很简单：通过打电话来询问顾客是否有购房意图，是否愿意来参观我们的房子。经过经理的培训后，我开始了我的工作之旅。原本以为这是件简单的事情，可后来我渐渐发现这件事情并没有想象中那么简单。我的开口语："先生/女士您好，这里是西三环唯一在售的湖景别墅，您有兴趣了解一下吗？"有百分之五十的人在听到这句话后就挂断电话，这是遇到脾气好的，遇到脾气暴躁的，居然开口骂人，还用各种讽刺的话语应答，似乎我在欺骗他什么似的。第一天下来我还顶得住，可三四天下来我发现我快崩溃了，天哪，这哪是人能承受得了的：每天嘴里都念着一样的话，像机器人一般敲打着电话按键，一如既往地被挂电话，如此往复不断，直到下班时间的到来……在几天之后，我选择了放弃。虽然我的工作时间不长，没有挣到多少钱，甚至没能坚持够一个月，但是通过这次工作经历，我深深感受到了人在北京生活的不易，感受到了生活的艰辛，这次经历也促使我努力学习，珍惜大学里的每一天。
（张辉　采矿16）

推销产品

今年大三。我刚上大二的时候，也正赶上新生开学季，有很多挣钱的途径，诸如帮新生激活手机卡（激活一张卡能有50元的提成）、卖水票给新生宿舍，于是我也参与了这些项目，而且乐此不疲。

那几天，每天手里拿着的不是书而是钱，每天脑海里想着的也不是学习而是怎么说服一个个新生宿舍购买我的水票，躺在床上辗转反侧，心里算着今天的提成是多少，想着怎么才能赚得更多。总之，心里总是有事，睡不好，确实体验到了"累并快乐着"的感觉。

一下课，我就开始与目标对象联系，没有电梯我就在楼梯间上下穿梭，我想尽一切办法推销我的产品，甚至要求商家提供水质合格证以及经营证，钱赚得越多，我的顾虑越大，在短短的几天内获得的将近一万元的资金成为我的包袱。我在心里开始问自己，我的这种销售方式会不会给我带来麻烦，会不会有经济纠纷，我越想越慌。第一，我与商家没有合同，万一它跑了呢？第二，所有的这些交易都没有第三方参与。最后我还是放弃了这份工作。（刘晨光 化学14）

网络销售

大一的时候，我做过和销售有关的工作，那是我第一份兼职工作。工作形式是网络销售，就是销售炒股软件。我的同事是和我一样的在校大学生或是刚刚毕业的大学生，我们怀揣着对梦想的追求找到这份工作。但是在做了将近四个月的时候，我发现身边的同事们一个一个离开了，无疑都是感觉工作压力太大，想尝试别的工作。对于一个刚入职的菜鸟来说，渴望成功的信念促使我在销售这条路上勇敢地闯着，和众多前辈并肩作战。回首自己的业绩，虽然开始一无所获，但是慢慢地终于有了进展，虽然对于别人来说不值一提。后来我发现工作确实没那么轻松了，迫于学业压力，我决定放弃这份工作，决定不是突然的，是经过深思熟虑的。我只是想放慢自己生活的脚步，以往的日日夜夜，我的神经都是紧绷的，我只是想给自己的生活注入一些不一样的力量。但是我依然在心里给自己留下了属于销售的一片天空，早晚一天我还会回来的。

生活的经历告诉我，成大事者，不仅需要坚忍的毅力，更需要坚持不懈的努力。也许这仅是我大学生活的小插曲，却也可能会是我职业生涯最难忘的经历。（许卫凯 资勘15）

做家教

暑假我找到了自己第一份社会工作——做家教。我辅导的两个学生是兄弟，哥哥四年级，弟弟二年级。去做这份工作之前，我做了很多准备工作，借他们课本看，揣摩小学生心理，以及他们对知识的掌握程度，并且询问了一名小学老师，老师很坦诚地告诉我："别有太大压力，陪他们好好玩就行。也别给他们施加压力，这个年龄段的孩子，好动，缺乏耐心。"我一头雾水……

尽管觉得准备挺充足的，但还是没能做好。他们出乎我意料地调皮，而我也没想象中那么有耐心，我苦口婆心地劝导他们："要好好学习呀，这样才能成为栋梁之材。"又或是威胁他们："今天不把这些作业做好，我就告诉你们妈妈。"然而，统统没有用！后来，我只好改变策略，奖罚有度，做得好就有奖励，做得慢就有惩罚，积极回答问题、提出问题都会有相应的奖励。总之，办法想尽。

整整一个月下来，他们的暑假作业完成得又快又好，而我也变得更加有耐心和善解人意了，重要的是我又多了两个调皮的小弟弟。直到现在，我们仍保持联系，看着他们一点点进步我感到无比开心。与此同时，体会更多的是身为人师的不易。那是一颗无私奉献、尽职尽责的心。老师真的很辛苦，他们上一节课只有45分钟，谁知道课下花了多长时间去备课。只想跟所有的老师说一声：老师，您辛苦了，您是"最可爱的人"。（朱青　青化工16）

第4章 明确目标 做好当下

树立目标

我目前处在大一下学期。进入大学半年多，正在逐步调整自己的学习及生活规划。经过上学期的摸索和磨炼，我在学习方法、心态、规划和生活、娱乐、人际交往等方面知道了该如何取舍，如何找准自己的位置。

上学期，我在学习上虽然没有太马虎，但是在如何迅速吸收大量所学知识和及时复习巩固上还需提升。这学期，我会选择上课时坐在前排，下课后找老师问问题，把课堂时间利用好。另外，我会花更多的自习时间及时巩固当天学习内容，不至于越拖越久。在生活和其他社团工作上，我上学期可能花费了太多时间在这些方面，以后我会适当取舍。总而言之，我认为最重要的是规划好自己的时间，懂得取舍。什么是紧急要做的事，什么是紧急但是要长期坚持的事，什么是该花大量精力做的事，什么是可以用零碎时间做的事，都要心里明白。在有了这样的思考、权衡之后，我就更加清楚自己想要什么了。

我目前把学习放在首位，但是学习上还有许多疑问，需要想办法及时解决。另外，我在周末兼职，希望通过勤工俭学减轻父母负担。我打算在大学期间多参加竞赛，锻炼自己并准备考研。我认为大学时光不应虚度，大学时光就是应该用来拼搏的。我会不断努力！（王勉　化工16）

我是管理学院大二的一名学生，是2014—2015学年国家奖学金、校优秀学生特等奖学金获得者。我积极参加学校活动，大一参加院学生会、校志愿者联合会，参加了多项志愿活动，被评为校级学生会优秀干事。现留任管理学院团委新闻中心部长，运营管理学院官方微信平台。担任学院新闻工作负责人，参与学校团委网站建设。参加2015年北京希望马拉松义跑，大学前三学期专业成绩排名第二。

我的长期目标是在大四能够保研到一所财经类学校，所以我的近期目标是努力提高自己的专业成绩，同时多参加学科竞赛，为保研取得更多资格。同时，我也不是一个只热衷于学习的学生，我希望我的大学生活丰富、充实。在大一大二期间，我将自己的全部精力投入到了学习和学生会工作中，尤其是大二期间，学生会工作尤为忙碌，因此，我的学习也更加忙碌。在这两年间，我学到了很多与人交往、工作的技能，能力也得到了锻炼，在即将到来的大三，我决定退出学生会，更加专心地投入到专业学习中，利用课余时间多读一些专业相关的书籍，开阔自己的眼界。

我认为，管理学院与其他工科专业不同之处在于，我们将来要更多地与人打交道，只有充分发挥自己与人交往、管理方面的长处，才能更好地与别人交流，所以我不能仅仅将目标定在每学期的那几门课程中，还要不断提高自己的情商，为保研努力。（陈固固　工商 14）

今年我已经大三了，我的大学生活总的来说是丰富多彩的，没有什么遗憾，剩下的一年多大学时光里，我只需按照既定的目标勇敢前进，相信定能收获硕果。大一时我参加了学校国旗仪仗队，随队参加了北京许多高校的国旗仪仗比赛，见了许多世面，使我更自信，仪姿更端庄。但我的学习中成绩不好，当时的重心没在学习上，感觉自己好不容易解放，急需放松，最后导致挂科。大二时，我从国旗班退役，进入学工处成为一名行政助理，因为当时自己想从发展兴趣转变为从事学生工作，在学工处的一年时间里，我帮助老师举办多次活动，组织过多次调研，参加了校外比赛，进一步扩宽了自己的眼界，在学习上有了一点进步。大三下学期开始，我放弃了学工处的助理岗位，开始全身心投入到学习中，因为我的目标已经明确了，就是考研，考研路上要一心一意，所以现在我将兴趣和学生工作都尽量放下，在复习数学、英语的同时全面了解研招单位的报考录取情况，全力拼搏，为自己的终极目标努力。（宗贝宁　土木 14）

在步入大学的一年半时间里，我的每一天看起来是快乐的，可是没有一天是真的快乐，可能是因为心里背负了太多。到了大学我什么都想做到最好，可又发现那太难了，要付出很多，而且付出了也不一定有明显的回报。我非常努力地学习，但总是担心成绩可能下降，有时候去娱乐也会很担心成绩。因为学习和很多工作，我已经一学期没有玩过电脑和手机游戏，我也不知道是该自豪还是该叹息。还有我加入了学生会，从新闻中心干到主席团助理。期末考试月的时候也是学生工作最忙的时候。现在，Acom 比赛总结汇报、月报表、推送、年末总结让我身心疲惫，关键是找不到一个合理的解决方法。我渴望参加各类竞赛，有时候甚至就是为了评优加分和保研加分。我也不清楚我自己想要的是什么，我自己想学到的是什么，我自己想成为什么。

我觉得自己活的每一天都像是为了保研去一个更好的平台，那么心愿达成以后呢？我并不清楚自己该干什么，将来能干什么，就像一只无头苍蝇，飞到哪里就到哪里。我的大学生活也许在别人眼里看起来光鲜亮丽，可是我自己觉得很迷茫，毫无方向。生活苦涩，可是我还是很希望能达到我的目标——保研。（任建伊　机械16）

从大一到大四，我自我效能感最高的一次经历当属大四上学期第三次考雅思的那段时间，由于前两次都抱着试一试的心态参加考试，所以备考过程中自己并未尽到全力，有些科目甚至抱着侥幸心理。经历了前两次失败，我怀着"视死如归"的心态报考了第3次雅思考试，跟前两次比起来，这一次压力空前绝后。首先，时间很敏感，是大四上学期，再拿不到目标分数我可能就无法拿到最想去的大学的offer了。其次，因为自己没有退路，必须出国读研。为了顺利解决雅思这个大"麻烦"，我给自己制订了严密的计划：月计划、周计划、日计划，计划内容涵盖了多方面：从单词背诵到口语跟读，模拟测试到错题回顾，计划制订出来后，每天照着计划做，做完一个打一个勾，这样就不会忘东忘西，让复习变得很有条理，大大提升了自己的学习效率。

除此之外，那段日子，我的家人也给了我很大的鼓励与支持，从金钱上到精神上，这让我在复习时铆足了劲。直到现在，我还能清晰地记得，口语考试当天，我挑了一件幸运颜色的外套，化了一个淡妆，从容地跟考官交流，并全程保持微笑。也许是由于我微笑的原因吧，教官给了我一个不错的分数，现在想想，之所以能成功，大概归功于我全方位的复习，考前平和的心态，考试时的自信、不慌张、从容作答。总之，虽然这段经历挺苦，但给我的感触很深，让我从生活上、精神上都收获颇多，学会了坚持，学会了消化困难，学会了面对压力。（黄映萍　财会13）

大学刚进校是很迷茫的，对一切充满好奇，认为大学比高中要轻松惬意得多，不再熬夜背书，不再做数学题目，有大把的时间可以自己支配，所以上大学后会想不上课，会想玩手机，再没有高中时的冲劲，晚上还是会熬夜，但不是学习，而是玩手机。经过一学期后，我才知道大学应当怎样学习，怎样分配好学习和干其他事情的时间。

目前我的状态是可以不早不晚地起床，能好好上每一节课，自己安排好自己的生活，不再茫然，有作业尽早做完，天天上自习，现在正在为好好学好大一下学期，考好四级而努力，老师叫我们看的书，会好好看，多关注国家新闻。对于前景规划或打算，首先学好大一下学期的课程，争取每门课都做到优秀；然后，开始准备考四级，多背单词，并做一些试卷，把自己的四级分数争取考高一点，考完四级再准备六级；平时也会多参加些文体活动，展现自己的风采。另外，多看书。培养自己的能力，丰富自己的兴趣，做一个有趣的人，没事多出去走走，拓展自己的视野，现在仍然有些懒散，要改掉自己的这些不好的习惯，慢慢成为一个优秀的人，对自己身边的人和善，好好生活，交到很多知心朋友。

在以后的日子里打算多在图书馆里看看书，因为作为一个文科生，需要拓展自己的视野，多读一些与专业相关的书，更能帮助自己的专业学习。以后，我在大二、大三的学习中，要争取能够保研，或者考研到一个较好的学校，我的大学就计划这么度过。一句话：做一个有趣、有知识、能管住自己的人。（陈程　行管16）

当高中的最后一个暑假结束后，我迎来了大学生活——从未离家这么远去上学，心里充满了好奇与憧憬。怀着一颗忐忑的心来到了大学。在忙忙碌碌过后，便去宿舍收拾东西，宿舍里有好几个不同省份的学子，我们对未来生活充满了期待。或许在高中把自己逼得太狠，到了大学便想要好好放松。然而，事与愿违，放松的后果是挂科，这让我感到了恐慌，也让我清醒了许多。想从那慌乱无比的生活习惯改过来，但时间长了，不太容易改过来。所以在以后的生活中，我打算以学习为主，适当娱乐，从中体会学习的快乐与忙碌之后那种充实。

人就怕碌碌无为。在高中，都是老师带领学生学习，而到了大学，就必须学会独立学习，因为大学的老师只是将他们的知识传授下去，让学生自己学习，不可能像以前那样辅导你，所以必须学会自主学习，要课前预习，将自己不懂的地方记住，上课认真听老师讲。这样才能掌握知识，充实自己，才能进步。

我打算今后更加努力地学习，不让自己用多余的时间去睡觉与玩手机，必须将许多坏习惯改掉，将自己不懂的知识点记下，主动请教别人，不要让自己一味沉浸在碌碌无为的生活中。建立一套属于自己的学习方案，将自己的成绩提上去，尽自己最大的努力去创造自己以后想要的生活。但也不会一味地埋头苦学，在这中间我会找一些锻炼能力的事情去做，努力提升自己的综合素质，加油！（马兰　化工16）

总结这一学期情况，我用在学习的时间增多，学习也比以往认真了许多，上课很少有睡觉情况，思想转折点应该在上个学期末吧。开始突然觉得没人能束缚很开心，以为大学就是开开心心、快快乐乐地玩耍与学习；以为大学应该比高中轻松得多，以为大学课很少，却不知一节更比四节强；以为大学的知识很高级，却没想到依然学习数学和外语，只是多了其他闻所未闻的课程；以为大学就可以随便睡懒觉，却忘记了早上还有8点的课；以为大学的学生都爱学习，却忽视了人的类别也有很多。以为我还能够像高中一样刷刷题就能解决所有问题，但来了大学，以上想象均为假想，现实给了我一棍子，大学，学不学，看你自己，睡不睡懒觉，由自己支配，支配得好不如利用得好，目前的状态比较烦躁，很讨厌日复一日枯燥地写作业，学习，搞得像高中补习班一样，晚上睡得晚，早上压根起不来。需要调整自己。

对于前景规划，我要一个月至少能读一本书，尽量少窝在宿舍里，宿舍是一个很容易让人放松懈怠的地方。坚持练字。学习方面，提高自主学习的能力，不做无用功，不浪费时间，学会把握时间。为了完成计划，我要常常反省自我。曾子曰"吾日三省吾身"。反省可以带来思想的改变，透过日常的人或事，看到自己的不足。自己给自己写标语，提醒自己。（任淑萍　会计16）

刚进入大学时，对大学充满了期待与向往，向往大学生活，可以自由地支配属于自己的时间，但是开学后一两个月我发现这种生活并不适合我，整天都是无所事事，上课听讲也不够专心，课下主要是玩手机，我感到我自己一天天沉沦，但是我不甘心，我认为我高中的生活状态相较之下比较适合我，于是我就抽出自己玩手机的时间来刷题，时间一天天地过去，我不会感到迷茫；相反，我看到了自己的希望，看到了我的未来。由于我的不断努力，我的成绩也有了进步，在班里的排名越来越靠前。

如今已经是大一下学期，我现在能够较好地掌握自己的节奏，每天我都会抽出时间来学习，上课听讲也比较认真，能够按时完成老师布置的各项作业，并且，我会尽自己的全力做到很好，我希望自己在未来两年半的时间里，不仅能够在学习方面有好的突破，而且在自己的能力方面也提升一个层次。我希望将来能够保研到一个较好的学校，为了实现这个目标我会更加努力地学习自己的专业知识，尽量早睡早起有一个健康的身体，抽空刷题，抽自己的空闲时间不刷空间不刷微博多看一些好书。总之，我会为了实现自己的目标而努力奋斗。（魏旭腾　电气16）

自高考结束，进入大学已有半年多了，大学和以前的高中生活很不一样，它教给我们的东西更多，更全面，除了专业知识外，更多的是生活。就学习而言，我了解到了许许多多的建筑师以及绘画大家，让我的思想提升了一个层次。在绘画和做模型时，考虑得更多了，不仅要外观好看，更重要的是实用性能和空间构造以及立体效果。我感觉现在的学习状态还是比较好的，在老师讲课时可以全身心地投入，仔细周详地思索，在课后能够及时地自我总结。

虽然我现在才大一，考研和工作都还比较遥远，但时间和机会就在那弹指一挥间，若不早做打算，将来后悔的便是自己。我的目标是考研考老八校，去深造，去进一步学习建筑、了解建筑，若是将来条件允许，可能还会出国进修，之后便是能够进入一个好点的甚是排名靠前的企业工作，有自己的建筑风格。为此，我打算在接下来的日子里做到：多出去走走、看看，了解不同风格的建筑，取彼之长补己之短；上课时认真听课，多找老师了解专业知识；时刻关注当下的建筑大师及他们所设计的建筑物；经常问自己想要什么，该怎么做，立下一个个阶段性的小目标；自己经常设计一些东西，找同学、老师点评。（张雪媛　建筑16）

如今的我已经步入大二，再过两年也会离开学校，步入社会。怎么说呢，在大学里的一年半，也加了一些学院组织，担任了一些职务，但是，还未真正找到自己想要的东西。我也开始为学生会的各种大事小事感到麻烦，开始对自己的将来有烦恼。但我仍不清楚，自己真正想要的是什么，我会从事什么样的职业，周边会是怎样的生活环境，这些，我都无法预料。

每天啃力学和大物让我的生活更有意思起来。当然，只有学懂了以后，才会开心。越学不懂越烦躁。我很开心，大学的时光里，遇到一群很好的朋友，在我的眼里，他们每个人都是如此的优秀，以至于让我觉得自己稍不努力就会和他们拉开距离。我想拥有一群好的朋友，而且也希望他们也是真心喜欢我。我个人性格开朗，阳光，但又有些感性，我总会被一些微小的事情刺激到。我害怕失败，害怕人多的时候讲话。但是我又不得不去逼自己做一些事。我讨厌自己做事犹豫的样子，在新的一学期里，我每天让自己去笑，很开心的那种笑。到了晚上，我一个人躺在床上的时候，心里还是会很难过。我害怕去想以后，但又不得不去想。但我的梦似乎很遥远，很模糊。各种各样的 flag 立过数不过来的遍数，最后的结果可想而知。我希望自己以后可以有个稳定的收入、幸福的家庭，还有就是我想靠自己的努力去旅游，去看世界，想做很多事情。我的梦想还在路上吧，我也不太自信，不成功我会很难受，我也希望有一天不再彷徨与迷茫吧。（王宇藏 土木16）

缤纷多彩的大学生活于我是一个巨大的诱惑，孤身一人来到北京于我也是一个挑战。实话说，相比于初入大学的喜悦，我感到更多的是恐惧。害怕将要面对的陌生人与陌生环境，害怕自己跟别人比起来一无是处。初来时，内心是迷茫的，脑子都不够使了。但是，好在我喜欢读书，读书带给我乐趣，更教会了我很多道理，时间管理、财务管理、内心生活、思想发展慢慢走上正轨，渐渐活出了一个最真实的自我。

尽管现在消除了一些不适，但学习成绩还是不够理想。我想要争取保研的资格，我相信没有办不成的事，只有办不成事的人。虽然目标已经确立，但还是感到很茫然，无所下手。没有老师和家长的监督，我不知道自己水平如何，哪一科该多下些功夫，到底该怎样去学习，如何处理好学习、工作与玩的问题。但是我不会放弃。我还在慢慢探索，一点点改进，不论别人怎么看，自己还在默默地努力着。

读书是一个好习惯，通过读书，我找到了内心的平静，开始重新审视自己，慢慢找到自己的定位，理性思考着周围的一切。我认为一个人只有真正了解了自己之后，才能够实现自己的梦想，成就辉煌的明天。不愿意四年之后一事无成，尽自己最大努力实现自己的价值，开掘潜能。希望四年之后的我，成熟稳重，善解人意，知性善良。（朱青青 化工16）

进入大学已有半年时间，我基本适应了大学的生活节奏和学习方式。首先，在思想方面，我发现大学生活与我所期待的或者说中学老师描述的有不同的地方，这个差异让刚入学的我有些许接受不了。憧憬中的大学生活悠闲、安逸，课余活动丰富；现实中的大学生活，以学业为主，每天不算忙乱却也谈不上清闲。但渐渐地我意识到，大学是一个提升自我的地方，不论是思想的培养，专业知识的学习还是学生会的历练以及闲暇的娱乐，我们在一天天的学习生活中，塑造一个越来越完美的自己。从大学生活中发现乐趣便不会觉得它与期待之中有落差，甚至觉得它带给我的比想象中的还要多。

目前我处于大一下学期，学业方面以基础课为主，虽说大物、高数学起来费力，但这学期我坚持认真听课，按时独立完成作业，我相信以努力的态度对待课程，便会克服现在的困难。

其次，关于目前的课外活动，我会抽一些时间，在学习任务、学生会工作任务完成的情况下，与三五好友或舍友在春意盎然的季节一同欣赏美景，放松心情。而对于未来的日子，我准备在课余时间将四级英语、二级计算机等重要考试考过，再自学一些感兴趣的课程来提升自己。（李雪　信息16）

大学生活已经过去了一个学期，上学期我一共参加了三个组织：院会部门、校会部门、艺术团，同时也在担任班里的学习委员。刚开始学习和工作的确会有冲突。记得在院迎新晚会的那段时间，既要忙晚会策划，同时还要排练艺术团的节目，而且还要准备部分科目的期末考试，还有校会的年鉴制作工作，当时真的忙到焦头烂额。曾经有过中途放弃的打算，但事情越多反而更加激发我的斗志。

在学习方面，上课更加专心听讲，争取可以节省课下的时间，晚会节目的排练及早到场，尽心表演；学生会工作方面，更要及时同他人沟通，学会合作，互相帮助。通过这些经历我感受到了忙碌带给我的快乐和满足，找到了自己的价值，打破刚开始的迷茫，找到了以后奋斗的方向。

这个学期我仍然有这些工作，通过上学期的历练，我想我的行动能力肯定会进一步得到锻炼和增强，尤其是院学生会的轮值部长制度，更提升了我的组织能力和沟通能力。"欲戴其冠必承其重"，既然我选择了这些，我就会付出努力去做好。

在将来的日子里，我希望我可以更好地完成各项任务，不管是院学生会还是校学生会，都要做出一些成绩，留下自己的痕迹。在艺术团要积极参加活动，奉献出一些好的作品。在班里更要努力学习，不逃课，认真听讲，在自己能力范围内帮助同学们，担起班委应负的责任。（李培瑶　信息16）

　　时光飞逝，转眼之间大一生活已经结束，留给我的只有不咸不淡的记忆和周而复始的目标未能实现的懊恼。大二开学初，我坐在迎接新生的凉亭下，记录着每一个新生的姓名、班级，在他们怯生生却又充满好奇和自信的眼神中，我仿佛看到了当年的自己。物是人非，一样的阳光，一样的地点，民族楼前，一个充满好奇、满怀壮志的小女孩变成了一个有了具体目标的小学姐。

　　像大多数同学一样，我也有"伟大"的目标。在进入大学之前，我说要好好学习，考到班级第一；积极参加学生会活动，全面发展自己……可是不久，我就因为无法平衡两者的关系以及周围比我更努力的同学的压力放弃了，觉得考第一太难了，我是做不到的，还不如就不努力，顺其自然，结果我的成绩不断下滑，从班级排名第五变成了第十。这学期来了以后开始了评奖学金的漫长而复杂的过程，阴差阳错，我的综合排名居然排到了第一，因为我成绩并不是很好，所以这样的结果让我很惊讶，却也给了我莫大的鼓励，因为我知道了什么事情都并不难做，只要付出一点，就会有一点收获。目前，我在努力学习英语，为研究生出国做打算，英语是我的短板，但我有信心，我身边出国的人并不是很多，我计划先把各科成绩尤其是英语成绩提高，因为这是必不可少的。（贾一凡　测控15）

　　进入大学后，自己的时间变得很多，不像高中时，老师和家长会替你把生活安排得满满当当。我就必须学会自己掌控好时间。起初，我也经受不住手机的诱惑，干任何事时都忍不住拿出手机来翻翻，但在一次考试过后，我发现大学里学习还是很重要的，由此渐渐控制住了翻看手机的不良习惯。刚进入大学时，我跟许多人一样，十分迷茫，加入各种各样的社团，参加学生会，我以为这就能让大学生活多姿多彩，但后来我发现我错了，能让大学多姿多彩的是选定一个自己最喜欢做的事并认真做下去，所以这学期我退掉了大部分社团，只留下了最喜欢的。

　　其实，大学最重要的还是要有目标，现在我的大目标是保研，小目标是在英语四级考试中取得优异的成绩。为了我的小目标，我坚持每天6点50分起床背英语作文，晚上睡觉前看单词，每天做一份英语听力。为了我的大目标，我以后会积极参加各种学科竞赛，努力提高自己的成绩，让自己足够优秀地拿到保研资格。希望大学四年里，我能不负自己的期望，成长为一个真正有才能，对社会有用的人。（张铱镉　测控 15）

出于好奇、怠惰，以及自我约束力不够等主客观因素，尤其是大一下半学期，被感情问题影响，最主要原因还是自制力不足，导致大一下学期的成绩不理想。纵然没有挂科，但"中等成绩"的现实，彻底击碎了我高傲的姿态和毫无理由的"没那么努力也可以像以前那样优秀"的自信。

我笃信一点，追求卓越，成功自然跟着你跑。看到成绩那一刻的心情，就如同最后一只巴拿马树蛙的标本一样让我每每想起都会万分难过。这种心情，我想，是能够化为力量的。冷静分析了各种主客观因素以后，我做出一些决定——退出对自己没有益处或不能让自己学到东西的社团，多和学校的老师和优秀的学长交流学习专业知识和经验，开始第三外语德语的学习，开始着手学习编程，准备和学长组队参加数学建模大赛，在和导师充分接触并在实验室为博士生做实验助理以学习到课本以外的知识……

虽然想到大一的成绩就会有些心痛，但经过老师"想开始任何时候都不迟"的教育，稍微释怀了一些。看了前辈们的优秀事迹，深觉自己要加倍努力，做回原来优秀的自己。（汪浩　环境 15）

进入大学后，首先就是面临各种困难，不论是生活上的，还是学习上的，都使我心力交瘁。从学习上来说，大学的学习与高中完全不同，高中都是学校把时间都安排在了学习上，但在大学则完全不同。进入大学后，几乎完全不知道自己该干什么，上课的信息量也有些大，但课下的时间不会利用，全都在玩手机、睡觉中度过了。一年下来，成绩平平，很后悔浪费了光阴。生活中自己也是有点力不从心，一开始不会管理钱财，导致到月末时完全不知道自己的钱花费在了哪里。时间安排也不合理，不上课就玩手机，到交作业的前几天才想起写作业。

进入大二，课程多了起来，自己也尽量在控制玩手机的时间，上课无特殊情况绝不带手机，尽量做前排，认真听老师讲课，虽然做不到课前复习，但也要尽量做到课后复习，认真完成作业，要把重心放到学习上去。闲下来多读些课外书，丰富自己的阅历。当初选择机械是因为想让中国的制造业超越德国，也想让中国不再受制于美国，中国也可以有自己的北斗，不再用 GPS。这些都是最初的梦想，虽然很遥远，但我也要继续努力。（白雨晴 机械 15）

  尽管初高中我都在北京市重点学校，但高考却出现意外。我一开始也失落过，但从未迷茫。因为周围太多人和事，过往很多经历让我未曾失去人生坐标，可以确定地说，进入大学仅一个月我就有了对未来四年甚至六年的计划和憧憬。尽管是憧憬，尽管目前为止还未达到，但我一步步努力，离目标已越来越近。为了申请学校 2+2 宾州州立大学项目，我曾多次去外事办打听消息，了解到自己的专业和情况确实合适，也有这个可能性。大一上学期我努力学习，获得了不错的成绩。为了提前有保障地通过语言关，我花了三个多月时间拿到了托福 98 分，足够我申请该项目。同时我也不断在各方面提高自己的英语水平，参加了多项全国和北京市英语竞赛并获奖。可以说有一段时间过得很慌张忙乱，大一下学期的学习受出国事宜的影响，成绩有所下滑。

  经过很长时间的反思和与其他出国同学的交流，我意识到自己选择的这种学习生活方式确实很孤独。但细细一想，为提前做好三年后美国研究生入学准备，至少抱着试一试的心理，我又准备用大二这一年时间准备 GRE（由于出国可能更忙，特别是四年两学位，提前学 GRE 想来也很重要），加之成绩方面需要提升，GPA 很重要，我这学期及下学期必须要权衡好英语学习与学校专业，同时为了放松也要参加一些活动。我在微光志协是一名骨干，我将用不多的业余时间去做志愿者。当然书不能少读，课外书我也会继续，因为是我的精神食粮，尤其对于一个别人很难理解的我，也犹豫也觉得疲惫的我。感谢老师提供了学校很多优秀学长学姐的事迹，也让我不断认识和反思自己。我是一个喜欢把事情提前规划好，按部就班的人，当然就算我的计划与将来实际有出入，我也不会放弃，会寻找新的坐标，把握自我。（王子萌 环境 15）

  大一一年除完成学习任务外，我也会参加校学生会工作，科协工作，很忙，但很充实，完成部长安排的工作会有小小成就感。同时也参加过志愿活动，很累，但帮助了很多人，每次告诉他们应该怎么做，怎么走，都感觉很开心，那种助人为乐的感觉真好。大一一年整体来说，忙忙闲闲，吃吃睡睡就过来了。大二，我选择留学生会，也是希望多做点学生工作，进一步锻炼自己，也让大二一年忙起来，丰富起来。有时一些工作有点麻烦难做，但现在的我不会选择逃避，试着去做，做每项工作都会有总结，有经验，有进步，我们正年轻，正是奋斗的时光，学习、活动都是对我们有益的事情，可以大着胆子试一试，成功路上，怎会没有失败这块垫脚石？

学习方面，我知道大二一年很重要，基础课陆续结束，专业课也渐渐开始，我看到身边努力的人也很多，刚刚评完奖学金，同学们士气正旺，都想为了奖学金努力，这也是一份荣耀啊！我也会加入努力的行列中，希望自己控制玩手机时间，不沉迷网络，将更多时间合理利用起来，稳扎稳打，不怕难，不怕繁，多学习，多长经验才好。（刘晓萌　机械 15）

刚进入大学时，自己心中更多的还是对大学生活的好奇，想尽快地去体验大学生活，看是否和理想中的一样。不知不觉，一年已经过去了，在过去的一年中，感觉自己许多方面做得还十分欠缺，究其原因，我想是由于对大学各种工作运行机制不熟悉，当然最主要还是因为自己不够努力。刚开始我并未规划整个大学生活，导致许多时候做事的目的性不强，以至于许多时候达不到理想的效果。过去一年，在学习方面我觉得自己付出的远远不够，很多时候上课并不能认真听讲，而是玩手机或是被这样那样的事情所烦扰，虽然经过一年的学习，最终的加权成绩还不错，但这却是以课下付出大量时间在自习室为代价的。过去一年担任班级团支书，有许多收获，明白了许多道理，虽然保证各项工作都按时顺利地完成了，但觉得如果自己更用心，一定会有更好的效果。

总之，感觉大一这一年还是有许多遗憾的，一年的经历使我明白了许多，也有了一些更深远的打算和行动。大二这一年，由于刚转专业，我会优先去补自己落下的课程，主攻学业，学业之余会着手于课外的一些活动。大三我会着手学习一些其他知识，多参与各种比赛，同时为以后读研做准备。大四会更加专注于学术专业知识的学习等。争取大学四年不留遗憾！（魏志超　信息 15）

大学期间我印象最深的一段经历是大二上学期刚刚开始的日子。正好赶上班委换届选举，前任班长和团支书都由于学业或转专业的原因选择退任。他们是非常优秀的人，拿了各大奖项。之前我在这个充满学霸与同学们积极学习的班级里十分自卑，总感觉大家都有自己的优异之处而我却一事无成，每日都忙碌无比可却没什么成就。恰逢班委换届，我决心试一试，来挑战一下自己的领导能力和其他潜能。于是我在班委选举会上站出来发言并且成功地竞选了团支书这个职务，我下决心要好好做，为班级同学做出自己的贡献。刚刚开始接触团务之时，我也十分迷茫，一切都要自己看着办，方法都要自己去摸索。尤其学期中部课业又很繁重，经常是中午不能休息，要去开团代会和各种大小会议，回去要熬夜制作各种表格与报告。中午没饭吃，晚上没休息时间，我也十分痛苦，一度想放手，后来又觉得人要做到善始善终才行，我又咬牙坚持下来。

　　第一次自己策划并组织团日活动真的是一团乱麻。活动准备得不够充分，同学们也参与得不够尽兴。我总结了这次的经验，第二次我独立策划并组织了团日活动，发现一切都变得好了起来，同学们玩得开心，自己也十分开心，觉得终于找到了自己的价值。现在快到学期末了，虽然大大小小的会议、班级活动仍在进行，我也没有落下自己的学习，认真积极准备了期末考试，希望以后也能一直为班集体服务，做更好的自己，一直进步。虽然这份工作算不上太轻松，但也令我痛并快乐着！毕竟是自我价值提升的体现！（王子琪　化工 16）

　　进入大学以后，学习、生活各方面并没有像高中时想象的那样轻松。大一时，带着刚刚进入大学的新鲜感，总是想先感受大学校园愉快的氛围，所以在大一学习生活中，我把精力放在了参加学校社团活动、结交新朋友和熟悉新环境上，以致荒废了我的学业，最后的考试成绩虽经补救但并不尽如人意。好在我在大一下学期没有犯同样的错误，我放弃了一些社团活动，只留在我最热爱的记者团担任一定职务。我开始认真地听每一节课，认真完成老师布置的每一项作业，课余时间我会在图书馆看一些与自己专业相关的基础书籍。我的成绩逐渐有了起色，也成功通过了四级英语考试，学习状态越来越好。

　　关于未来，我没有想太多，但对自己大学后的短期时间有了一个规划，我打算考研，作为一个女孩子，在本专业上我必须更努力，更深入地了解，才可能会有一个比较好的未来。为了考研的目标，我必须在剩下的大学生活中，更加努力学习，充实自己，学好专业课，有目标、有计划地去做好每一件事。同时也要把我一直学习的日语学好。加油！（李丹枫　地质 16）

第4章 明确目标 做好当下

"每一个不曾起舞的日子,都是对生命的辜负",愿我铭记。

什么是阳光?什么是空气?不确定,却执着地想接近每一份美好,即便万水千山,纵然波澜起伏。岁月如梭,大二上学期已过半,细细回想入学来的每一件事,感叹时光不等人。自幼轻狂却晓分寸,懂得父母及亲人心,家庭开明,从未限制我追逐我所爱的,这让我深感幸运的同时早尝苦果。

在经历高中一年游历山水后,我以惨烈的结果结束了第一次高考,后复读来到大学。我加入了话剧社和院学生会志愿者部,大一的11月份又被提任为法律服务中心的副社长,做了学委,放弃了国护队,这些工作让我很快乐,但与此同时侥幸心理日益增长,我开始以各种理由无限拖延学习,自认为凭聪明可轻而易举地得高分,到了期末,我的高数挂了科,至今难以忘记当时的感觉。

痛定思痛,大一下学期我不再放肆,用心学习,但也沉默了很多,唯一令我欣慰的是拍了两部电影,得了北京市大学生文化节一等奖。这段日子不想着墨过多,即便得了639分的英语四级成绩和13分的加权分数。大一下学期我决定于本科毕业后赴美攻读法学博士(JD),这意味着我要拿下最难的出国考试LSAT,将GPA提高到93分。我详细了解了各法学院的入学标准及对大陆学校的评估要求,心底渐渐有了对哈佛强烈而旺盛的渴望,为此,我学了德语与日语。

大二这年,我拼命学习并选修了很多课,可我也知道,以我大一的基础(85.01)即使大二、大三拼尽全力也不一定能达到90~93的GPA,但正是因为前路未知,才让我有所期待。我太想去哈佛了,它已经埋在我心里7年了,人生能有几个7年?明年6月的那场LSAT,我的考研,不见不散。(袁星辰 法学16)

转眼之间,现在的我已是一名大四学生。大学是人生非常重要的一个阶段,大学里,没有老师监督你的学习,更不像高中那样经常考试,是一个很自由的学习阶段。有些人会有这样的想法:我终于不用再学习了,只要每科及格即可。作为一个"过来人",我不得不告诉这类人,你的想法是完全错误的。

大四时,你会面临以下几个选择:考研?保研?出国?工作?无论你最终作出哪个选择,都离不开对你本科成绩的考量。以保研为例,学院会基于前6学期的绩点从前往后排名,优胜劣汰,谁排名在前,谁就有机会拿到推免资格。所以,大学的主要任务依旧是学习,我们需要尽自己最大的努力去考好每一科。少了老师的督促,家长的压力,我们似乎轻松了不少,但正是这份轻松会酿成多数人的惰性。为避免滋生惰性，我们需要严格要求自己，学会主动学习，适当地对自己施加压力，监督自己，一旦养成这种习惯，你会受益颇多，你会发现自己能够掌握自己的大部分生活。在遇到困难时，你会首先想想自己有没有什么办法解决，而不是依靠别人的帮助。当然，你也会变得越来越独立；学习、生活上也会越来越得心应手。

关于培养自主学习的方法，我大概有以下几点建议：制订计划，首先制订自己想完成的大目标；然后把大目标分解成小目标，再细化到月计划、周计划、日计划；适当地参加一些国家级考试，试着挑战下自己，当你成功时，你会发现很有成就感；要清楚自己想要什么，大四时，你是想要一份工作还是想要读研，还是想要出国，明白自己想要什么，你才会朝着自己的目标一步步前进，在这个探索的过程中你会不断地遇到新东西，不断地开拓新世界，这些都是需要自己慢慢接受和消化的，其中，这个消化的过程也会潜移默化地转化成自己的能力。总之，踏实地走好每一步，一分耕耘，一分收获！（黄映萍　会计13）

转眼就进入大学的第四个年头了，在过去的三年时光里有遗憾和难过，但更多的是充实和幸福。在思想政治方面，我担任了三年的班级团支书，并光荣地成为大学第一批入党积极分子，参加了团校和党课的培训，在培训过程中，我认识了学校里其他学院优秀的同学，在思想和行动上受到了熏陶和感染。在学习方面，老师和父母不断叮嘱学习的重要性，我也时刻绷紧这根弦，连续三年都获得了学校奖学金，并被评为精彩管理人，但我也意识到自己要学习的专业知识还有很多。要向最优秀的同学看齐，以他们为榜样，让自己不断进步。在社会工作方面，我大一进入了学生会，并在大二担任了校学生会办公室副主任，在大三的时候由于对志愿活动的热爱，我担任了志愿者联合会的副主席，并在那一年被评为北京市核心志愿人才，这一切背后付出的汗水和努力都是值得的。

大四学年的主要任务是准备国外学校申请的事。记得自己在大一就订好了出国深造的计划，大一、大二学年一直在刷自己的GPA，大三考出了满意的语言成绩，目前已经得到了心仪学校的录取通知书，我知道这一切都是准备充分的结果，机会果然是为有准备的人准备的。由于自己研究生将要学习金融专业，并且了解到学校专业课任务较重，且要在研究生期间过CFA。所以我对大四学年的计划是巩固学习专业知识，并在下学期通过CFA初级测试。我相信自己只要努

力勤勉，一定会有光明的未来！（刘颖　会计14）

做好当下

  我是一名大一的学生，经过高中三年的努力，我考上了这所学校，现在我每天都充实地生活，忙忙碌碌的，特别有成就感。在高中的时候，每天都在老师的督促下学习，没有手机等电子产品，每次上课都能认真听讲，可是自从上了大学后，不再是小班课堂，每次上课都有3~5个班在同一个教室上课，教室很大，老师不会每个同学都管，在没有约束的情况下，我上学期养成了上课玩手机的坏习惯，不能认真听讲，每到考试前夕就十分紧张，这是高中从来不会发生的事。渐渐地，我认识到了这个问题，所以我就克制自己，慢慢地，我改正了过来，并且深深理解了大学生活中的学习应该由自己掌握，自我约束。在接下来的大学生活中，我要确定自己的目标，并不懈努力，让自己的生活每天都井井有条，将来在遥感方面有所建树。（张淑美　遥感15）

  大一过去半个多学期了，感触挺多的，发现大学和高中的差距太大了，并不像高中老师"渲染"得那样美好。毕竟高考是"千军万马过独木桥"，用夸张的手法来勾起同学对学习的热情与动力无可厚非，但经过这一年的历练，发现这种观念是极其"不负责任"的。大学是真正学习社会技能和实用知识的地方。

  由于高中老师的夸张，让许多人步入大学校门时自带了一颗"玩耍的心"，娱乐"大学"，这是许多学生放纵自己，成绩下滑的根本原因。想要改变这种现状，必须摒弃高中时想象中的"大学观念"，树立正确的学习观、价值观。我深刻地意识到了自主学习的必要性，无论是评优、奖学金，还是将来考研保研，都必须要求优异的成绩，唯有更多的知识才能使自己立于不败之地。所以我们必须端正自己的学习态度，使自己的成绩更上一层楼。（赵汉青　材料15）

  我是一个对学习、生活都乐观积极的人，虽然到大学已经大半年了，然而对这里的学习、生活依旧充满新鲜感和热爱。在学生工作中，我加入了校会组织部和院团委实践部，大半年下来不仅收获了友谊，也体会到了集体工作所带来的乐趣，同时增加了对自身各个方面的自信，也希望能继续为学生工作贡献自己的力量。在学习中，我不断总结大学教授知识的规律，不断改进学习方法，同时结合自身能力尽量做到对各科知识的融会贯通，上学期我以较好的成绩名列专业第二，我还是挺开心的，同时也意识到自己仍有很大的进步空间。

老师们常说"大学之大不在面积之大，而在学术之大"。经过大半年的学习，我也深刻体会到了这句话的含义。我校学术氛围十分深厚，有许许多多表面看似平常、和蔼可亲而在学术上深钻绝学的学术大牛。同时大学也不只是学习，也要学会全方位发展，作为一个成年人，要学会承担一些东西，勇于面对各种各样的问题。可以说培养多方面的能力是大学生活的重头戏。学习上，要尽力保持良好的学习状态，鼓励自己多参加学科竞赛，为将来考研或保研做准备。生活中，发展自己各方面兴趣，充分利用北京市的资源，充实自己，提升自己。还要多交朋友，多认识更优秀的人，也使自己更加优秀！（宋沁颖　工业15）

刚入大学，一切都是那么新鲜，上课轻松，老师不管束，感觉自己置身天堂。但高中养成的习惯仍保留了下来，每天保证一定的学习时间。到了大一下学期，学习懈怠，作业先是拖，然后抄，现在想起来非常后悔。直到大二暑假，听了许多学长学姐的故事，觉得自己不能再堕落下去了，要自律，要成长。

大二开学，每天晚上坚持完成当堂作业，学习、工作都不敷衍，认真、踏实完成，不玩游戏，不看视频，空闲时间看名人传记等社科书籍，充实自己。周末出去旅行，增加自己的阅历，每天坚持背IELTS的单词，为备考英语四级做好充分的准备，在期末给自己一份满意的答卷。听过很多人的优秀事迹后，我给自己的目标是"保研清华"。为了这个目标，我会提升自己各方面的能力，努力学习，克服懒惰、粗心等毛病，踏实做事。寒暑假多学技能，争取走在同龄人的前面，为自己迈入清华园铺路。

我不害怕未来道路上的任何艰难险阻，不在乎别人的评价和看法，只要心里充满阳光，积极前行，我一定可以。就像心中一直藏着的一句话：成功的门是虚掩着的，用力推，会开的。（赵晋敏　环境15）

刚踏进大学校门的时候有很多雄心壮志，也有对未知生活的幻想。经过一年半的学习生活，我从一个应试教育下的高中生变成了一个独立生活的大学生。

人人都说大学中不仅仅要学习，还要参加各种活动，从中认识自己。大一入学之后，我参加了志联和体育部的面试，前者失败，后者成功，而后便开始了我为期一年的学习与工作生活。大一刚来，因为有着高中时的学习习惯，所以学习上兢兢业业，每节课都能跟着老师走。可是渐渐地，我有了一种怪异的思想：别人都玩，我也可以玩，反正一起变差。这导致我一年半的学习挂了五科，生活散漫，情绪低迷，整个人缩在一个壳里。因为挂科，所以院会的工作也丢了。自己找过几次兼职，但每一次都不得善终。

当前首先的目标就是把学习搞好，最起码不能挂科。同时要着手培养自己的内涵与能力，提高自己的竞争力。技多不压身。凡事三思而后行，事先全面考虑好自己的条件允不允许做这件事。多看书，充实自己。（朱冰　营销15）

在进入大学后的头一年，我总有什么都想试试的冲动，许多事物，不论好坏（当时也辨不清好坏），都对我有极强的诱惑力。于是在大一上学期，我报了许多社团，也参加了学生会，那一个学期真是让我见识了许多不同的人，也让我慢慢开始思考自己内心真正想要的是什么。大一一年由于心思完全在"开拓眼界"上，在"锻炼能力"上，功课开始落下，上课听不懂了。复习翻书总是像"预习"一般，最后的期末考试，果不其然，我挂科了。补考复习的过程是煎熬的，也是促进我反思自己的好机会，在那一年，我收获了不少，见识了不少，同样的，也失去了保研资格，失去在学生会锻炼的机会，功课骤增的压力又使我不得不放弃了许多社团的活动。我渐渐发觉，专业学习是我应该首先做好的事情。

大二，我身上除了专业学习之外，再无其他了。这时，我渐渐发现，上课我没那么容易犯困了，自己很多时候不再有那么多杂念了，也不再老看手机消息了。这真让我感到前所未有的自信！现在我是大三，专业课已渐渐少了，自己一个人反省的时间多了。更多的时候，走到阳台上，望着花园小路上来往的人们，我就在想：这三年，我究竟学会了什么呢？三年来对这个专业了解多少呢？对未来的行业发展又了解多少呢？我个人的发展和这个国家民族的发展有关系吗？外界的大环境于我难道仅仅是给我个饭碗这样简单的含义？我们本科四年下来就是为了给自己谋生，让自己的日子过得富裕？将来升职出任CEO，买大房子，豪车，实现自己膨胀的虚荣心？我的大学几年下来，究竟有没有找到自己的出路？

怎样才能不成为戴着博士帽，而只关注吃喝玩乐，衣食住行性，只想着"老婆孩子热炕头"的可怜的人？

人活着就应该有个人样，要重感情，懂感恩，不要在追逐自己所谓"梦想"的路上，越活越猥琐。将来，我希望能有份平凡的工作，我愿用我这一生，在平凡的岗位上尽力为人们服务，这就是我实现自己价值的最好方式。（高湘钧　矿加14）

我是机械专业13级学生，怎么说呢，让我来介绍我的大学生活，我很羞愧。我是班上唯一一个每学期都挂科的人，而且挂得还不少。我从大一到现在只认真学过一门课就是工程制图，完全是凭着兴趣学的，其余科目都是蒙混过关的，到现在还有没过的。一直以来，我都没有好好过正常的大学生活，这三年来接触社会的经验比大多数人都多，但是也没做出什么大的成绩。现在到大三下学期了，我想让自己静下心来过正常的大学生活了，准备考四级，平时多出去走走逛逛，可能还会报考个公务员。大学毕业，也许我最多拿个文凭吧。专业知识可能是一窍不通。但是我大概不会后悔，因为我觉得大学是人生中的一段重要经历。我自己选择的路，走过来总是收获多于失落。另外，大学是我们思想价值观念定型的阶段，我觉得我不虚此行。毕业后可能会有更多的选择，我会选择任何能锻炼自己的工作先做着，然后再慢慢发展，多尝试、多寻找，找到那个属于自己的转折点！（黄维　机械13）

进入大学后，我的生活时常感到彷徨与迷茫。我的大学是一所校风优良的学校，在这种氛围里，我学到了一些知识，形成了自己的思维方式。在社会这所大学面前，我要学习更多的东西，面对眼前的挑战，我清晰地感觉到自己肩上的压力。

首先我迷茫的是我能够挤过高考这座独木桥，却不知道以后在社会上自己是否能找到自己的位置。我认为这个迷茫产生的原因有两点：一是大学生自身的问题，现在能够踏实学习知识、学习做人的大学生占比不大；二是社会不能给在校大学生足够的实习机会，也没有足够的耐心等待大学生在工作中成长。

其次我迷茫的是不能静下心来学习。大学里浮躁之风弥漫，我们在混沌中看不清什么是正确的方向，如何把握未来就更加不知道了。

破除自己的彷徨与迷茫就需要我们拨开迷雾、认清是非黑白,需要我们认真学习、踏实做事,学好眼前的知识,做好眼前的事情,不被大学的浮躁风气所影响。(李扬 会计16)

作为一名大二学生,我们刚刚褪去了高中的青涩与懵懂,来到一个全新的"小社会",各种各样的事情都需要自己抉择,遇到的彷徨和迷茫还真不少。

最让我印象深刻的是从大一到大二,学习与学生工作的抉择,让我感到彷徨与不适,甚至是无所适从。大一一年,我担任班级团支部书记,还是校学生会外联部的干事,学生工作比较忙,但幸好大一学年的学业压力不大,成绩一直优异,获得一等奖学金。大一学年末学生会换届时,我纠结于要不要留在学生会,迷茫要不要在学生会和班级团支书两个工作岗位中选一个,因为大二课表上密密麻麻的课程让我担忧。万一学生工作太多、太忙,影响学习成绩怎么办。当我决定不留学生会部长之际,主席却找我谈话,他希望我能留在学生会,可是我也不想放弃团支书这个岗位,再三思量,我还是在学生会当了部长。

现在,学生工作真心忙,有时让我焦头烂额,甚至把手机与自己隔离,这样每天就不用看到那些像大山一样的工作,这样的决定真的正确吗?我不知道,或许时间会告诉我答案,我会尽力做好。(孙乐 工业16)

刚进大学时,我满怀着对大学生活的憧憬。毕竟高中时老师常对我们说:"等你们上了大学以后就轻松了。"所以整个大一学年基本上都是在吃喝玩乐中度过,上课不怎么听讲,晚自习也时常玩手机,下课后回到宿舍就开始玩游戏,下午没课就睡一下午,考试前两三天会进行突击训练,幸运的是成绩都还不错,专业排名第八,最后拿了个二等奖。进入大二后游戏越玩越没意思,觉得自己是在虚度光阴,没有目标,没有方向,更没有前进的动力,心里越来越难受。后来经过和朋友的一次长谈,觉得不能再这样下去,逐渐开始认真学习。当听到看到这么多优秀学长的故事,心中信念也更加坚定,但也感到了深深的压力。通过学长的情况,我对大学生活有了一个基本的认识和想法,我本意是想考取北邮的通信工程专业,毕业之后能进入像华为一样的大公司,这是我的目标。

我现在的状态只能算作一般,还需要再给自己加劲,不过我已知道了朝哪个方向努力。在以后两年,我会努力学习,多拿奖,多实践,提高外语成绩,多读

一些书，提高自己的文化素养，尽量全面发展，不能让自己的人生虚度。（孙东豪　信息15）

培养自己的爱好

　　我喜欢旅游，一有空闲时间就想到处面走一走，看一看，去过不少地方，也有很多地方想要去。我将来理想的工作就是收入不低也不太忙，让自己能有足够时间与经济条件去旅游，去欣赏祖国大江南北的风光，甚至踏出国门，领略异国风情。

　　古人常说"读万卷书，行万里路"，这是很有道理的一句话。行万里路，可以开阔我们的视野，开阔我们的心胸，而不是像井底之蛙，只能看到头顶四角天空。到处走走接触不同的人，也可以增长我们的智慧。

　　每次旅游回来，身体也许会疲劳，但内心真的觉得又开阔不少。尤其是在面对繁重的课业负担以及同学间竞争压力时，我喜欢出去旅游，回来后就会觉得自己又充满动力，目标更加明确，可以全身心投入到学习生活中。

　　最重要的，旅游还对我的性格产生了影响，它使我变得更加开朗外向。因为旅游会见到不同的人，与不同的人打交道，让我感受到人际交往的美好。（李美玉　矿加15）

　　现在已是一名大四的学生，回顾过去三年的大学生活，确实感觉和从小到大心中的大学生活大相径庭。感觉本应丰富多彩的大学生活被我过得枯燥乏味。在学习上，我只能保证不挂科。生活上，也感觉很无趣，没有特别想做的事。临近毕业，该找工作了，无意中接触到了Java编程，突然感觉苏醒了。以前总是觉得程序员的生活一定是枯燥乏味的。可是，为什么那么多人还是热衷于这个行业？这个问号在这一次接触Java编程后得到解决。程序员通过语言编译将自己的想法实现并展现出来，能够给自己的身心带来极大的愉悦感。通过语言完全创造一个属于自己的东西，这种操纵的满足感是别的代替不了的。而且它可以将自己一些奇怪的想法变成现实，在一定范围内能为自己圆一个一个梦。每天感觉自己在进步,而且编辑语言是一个每日更新的行业,每天都要学习新东西,日常工作也不是一成不变的,特别有挑战性。我决定向着这个方向前进,这一次,感觉自己走了一条自己喜欢的路!(袁波　测绘 13)

很小的时候我就很喜欢画画,画周围的景色、人物,虽然稚嫩的画笔还不够成熟,无法精准表现我眼中的世界。庆幸的是,父母看出了我对绘画的喜欢,于是在我小学四年级便送我去学绘画。我每周都乐此不疲地背着大大的画夹去画室。学习了两年素描,我便进入了初中。由于中学课程偏多,也为了中考,我不得不放弃绘画的学习,然而,我并没有放弃画画。在学习的空闲时间,画画是我放松的唯一方式。

我本是一个很内向又很自卑的孩子,但是学习绘画让我有了一技之长,我也变得自信起来。初中、高中一直担任宣传委员的职务。当别人称赞我的海报或板报时,我总是很开心,也慢慢自信起来。

来到大学之后,我深感拥有一技之长是一件很重要的事,于是凭借对绘画的热爱和宣传委员的工作经历,我进入了学生会宣传部,主要负责手绘方面工作,每当看见自己绘出来的海报贴在广场时,内心都很激动,渐渐地,我不满足于在纸上绘画,开始学习电脑制作,如 PS 等。总之,绘画给了我自信,又给了我学习其他技术的动力。(李春波　遥感 15)

自从来到了大学,接触的事情更多了,我也发掘出了自己的爱好。是大一上学期,我参加了学院组织的新生辩论赛,并获得了团体第一的好成绩。从此之后,我便喜欢上了这种唇枪舌剑的感觉。我在新生辩论赛之后便加入了院辩论队,现在已经是院辩论队队长了。

我享受与人争论、探讨一个问题的过程,享受说服别人的感觉。在这一年多的时间里,我不仅收获了与辩论队队员们深厚的友情,而且通过辩论我获得了更多知识,从一开始的上台紧张手抖、全身出汗,到现在在场上落落大方、条理清晰,我觉得我成长更多的是心灵,我不再惧怕在台上表演,不再惧怕台下有那么多的观众,是辩论塑造了今天自信的我。

我除了辩论还喜欢一些体育运动,比如羽毛球、乒乓球、跑步等,这些运动强健了我的体魄。来北京的一年多,我很少生病,这都是运动的功劳。(石兮若

计算机14）

  我的特长是演奏长笛和演讲。长笛给我带来了许多我以前从未经历过的全新体验，比如让我大一时"破格"进入了校乐器团，并和乐器团的小伙伴们一起在舞台上演奏《菊花台》和许嵩的《清明雨上》抑或是《小情歌》，它帮助我第一次走上舞台，体验了一把聚光灯打在脸上的闪耀夺目。

  演讲，让我变得自信和充盈。我参加了各式各样的演讲比赛，有地测、环保主题的，也有"一二·九"爱国主题的。从大一到大二，这些演讲比赛在收获荣誉的同时，也让我的表达有了更好的条理性和逻辑性。更重要的是，我发现了自己的不足，发现了自己原来在舞台上也不是天生的淡定，也会紧张到一片空白，但正是这一次次弥足珍贵的磨炼机会，让我成长为今天同学们称道的"演说家"。

  再聊聊我的爱好——读书和辩论。其实两者可以合二为一，都是为了充实我的头脑。我喜欢辩论，是因为我享受用语言传递思想的感觉，而打过几场比赛后，就会时常觉得自己将头脑中储藏的知识"说光了"，于是就自然需要"充电"——读书。读书经常会改变我对事物的看法，让我的思想更成熟。我会读《看见》，针砭时弊窥察社会疮口，当然类似《从你的全世界路过》《我与世界只差一个你》这样的"鸡汤"也会喝，人太忙了会忘了自己为什么出发，而读书就是站在一个旁观者的角度去审察别人的人生，并指导自己未来的路。（李晓曦 安全14）

  自从体育选修了排球，我就爱上了排球，再也不是在视频上"观看"，有了一种"参与感"。"参与感"非常重要，它是你了解事物并熟悉事物的开始，"读万卷书，行万里路"也是这个道理。从"传球"到"垫球"，从对打到单练，一直都是那几个动作，虽然枯燥乏味，但正是这份孤独让我学会成长，人总得学会享受孤独，在孤独中长大成熟。古往今来，"熟能生巧"（"practice make perfect"）都是真理，正是坚持不懈的练习，锲而不舍的努力，才使我的排球技巧取得了突飞猛进的进步。

  "传球"和"垫球"中的相互信任、相互鼓励让我看到了人性最美丽的光辉，让我深刻体会到了队友的重要性，"众人拾柴火焰高""水涨船高"更是因为协作。团结协作与分工合作是大学生在校期间必须掌握的技能之一。毕竟，当今社

会是团结协作的社会。(赵汉青　材料15)

　　曾经有人问我,为什么要学空手道,为的是更好地保护自己,还是为了能成为"武林高手",以前我也不知道。
　　从小到大,每每在众人面前发言时,我都心跳紧张,语无伦次,与人交流也有一些畏惧,也许是没有自信,也许是语言表达能力不好,总之,以前的我几乎不能在全班人面前说一句完整的话。
　　在加入大学空手道协会后,在学习了空手道之后,我深感,空手道带给了我一种高贵的体验。
　　学习武道,不只在于身体上的锻炼,对于内心也是一种锻炼,每一次重复的枯燥,每一次击打的疼痛,每一次力竭的痛苦,需要内心中某种东西来支撑,也许不能战胜别人,但却战胜了一个又一个自己。学习武道,不是为了好勇斗狠,不是为了欺凌他人,只是在追求自身身心的一个极限。学习武道是一种高贵、奋进、不屈的人生体验。(任俊虎　土木14)

　　我的特长或说爱好是专业音频技术。专业音频技术是一门专业性很强的工作。尤其是现场演出音频,其不仅涉及各种专业设备的操作,还会涉及声学、音乐、电子电工等多学科的知识。
　　我从一开始仅仅是自己在家小打小闹地玩玩录音,到现在在音响租凭公司兼职,可以独自担任几千人演出的现场调音,这一喜好给我带来的最大改变就是使我更加细心。
　　每次演出前各种接线、布置、电源线、信号线、查找干扰,演出中要面对几十台各种设备,成百上千的开关旋钮,每次节目都要追求极致,在遇到各种突发状况时,更是不仅要胆大,且必须心细,稍有不慎,就可能导致音响失声,甚至设备烧毁。在不断的经验积累过程中,我越来越细心,感谢这一爱好带给我的巨大改变。(郑丁丁　测控15)

| 大学生活启示录 |

以积极向上的心态面对生活

在上个星期六，我作为理学院辩论队的一员与化环学院进行了一场辩论，辩题为"专车合法化有利于／不利于出租车行业的良性发展"。我们在前半场中表现良好，在三辩攻辩中使对方出现了许多漏洞，但在自由辩论中因为过于激动而被对方牵着走，也因为某些不可避免的因素，我们输掉了比赛，我感到非常难过。辩论结束后我的心情十分压抑，在接下来的几天中都有点不开心，我们都十分自责，但也在相互安慰。最终我还是想开了，这次辩论赛是一个教训，它提醒我不能太激动，要时刻保持理智。我会吸取教训，它使我成长，相信我以后会做得更好。

现在再回顾那场辩论，我是因为在三辩攻辩与总结中发挥较好而沾沾自喜，从而放松了对对手的警惕，在自由辩论中只想着攻破对方，过于急功近利，被胜利冲昏头脑，在对方的问题中与对方纠结在对方战场，并未主打自己战场，从而出现了失误。这就是我总结的第二个教训：守住自己的战场。

另外，在输掉比赛的当天晚上，我一直沉浸在自责与难过的情绪中，比较消极，这也是我要改进的地方。所谓"阳光心态"，便是以积极向上的心态，面对生活，我会努力改正自己，以积极向上的心态面对生活中的人或事，促使自己更好地成长。（毛淑平　数学15）

大二有一段时期特别迷茫，觉得自己一无是处，没有任何能力，于是选择了去心理咨询，将自己的负面情绪全部释放了出来，心理老师告诉我需要悦纳自己，接受自己的不完美。心理老师让我慢慢引领自己去感受回忆，然后她评价说我内心世界还是十分丰富的，经历也相当有意思，虽有痛苦，但是要相信未来是可以充满色彩的。心理老师发现并且让我自己也意识到平日里虽不是很烦，但是遇到节骨眼上的大事的时候还是很能通过的，比如遇上温暖的大学校园，比如英语考试不用担心。我幡然醒悟，发现真的是这么回事，相信自己，让我意识到其实在大学里我也是有能力去学习、去记忆的，没有自己想象得那么糟，那么坏。应该正确认识自己的好与不好，然后尽量找到问题并从根本上解决。相信自己，不断暗示自己，改变心态，认为自己行，在接下来的学习上肯定能稍微轻松一

点。（胡涵　会计15-1）

　　我只需要比以前的自己更强。作为矿大的一名学生，我的内心是骄傲的，我认为自己是优秀的，在过去的十几年里，我努力学习，多少个日夜在灯下奋战，又是多少次在咬牙坚持，我曾想过放弃学习，放弃自己，但是在父母的期待下我做不到。他们的辛劳，他们的汗水，让我没有让他们失望的勇气，终于我在重庆高考三十几万考生中拼出了自己的成绩，来到了北京的211大学。

　　一开始，我满怀希望与憧憬，期待自己在大学也能绽放自己的光彩，但是我发现我错了，大学是优秀者集中营，在这里，可能任何一个人都比我强，他们不光学习好，而且拥有自己的特长和个性，有的篮球打得好，有的会踢足球，有的电子琴十级，有的是计算机行家，还有些不学习也能考好的天才，他们会运动，懂音律，爱艺术，知人文，在他们面前，我没有任何引以为傲的资本，我也一度失望自卑过，我所认为的优秀在他们眼中却是如此平凡。在那段日子里，我对自己十分失望，也痛恨自己的平庸，多么想真正堕落下去，努力不一定成功，但不努力一定很轻松，我是多么想轻松一下，我很累，真的很累……但是，这不是我放弃的理由，我只是我，我之所以比他们差只是因为我们的生长环境不同，出身决定眼界。眼界能决定很多，清华教授也坦言，并不是你努力了就能考上清华北大，是啊，我们努力，只是想有一个更强大的自己，我们在某些方面可能比别人差，但我们同样承载了父母的未来，让他们流泪，是我永远的不忍。不甘心弱小的自己，那就去改变。

　　我们不需要强过所有人，只需要比以前的自己更强，见证自己向优秀迈进。现在，我是乐观积极的，我在努力，不求与人比拼，只愿强一点，再强一点，永不止步！（胡银川　机械15）

　　在我们专业的五个班里，我有一个特别好的朋友，在他身上有着与周围人不一样的经历。

　　他每天早晨六点准时起床，每次准能与他在水房不期而遇。他保持如此规律的生活，不仅是为养成好的学习习惯，也是为了实现他的一个人生目标——跑完一个全程马拉松（专业的那种）。所以运动场是第二个能找到他的地方了。他除了日常坚持晨跑外，还坚持每周末一个"半马"的跑程。每个周日下午，从矿大

| 大学生活启示录 |

北门向东到奥体进入奥森公园，环园一圈，再跑回来。微信朋友圈上的 APP 计步计数打卡他都会更新。他不仅自己跑，也带动了身边很多人一起加入了进来，也包括我。他成立了跑团，大家互相监督，互相鼓励。长跑马拉松也让他磨炼出了坚定的意志和宏伟的目标。他四级第一次只考了 560 分，他不服，说争取六级上 600 分。他努力奋斗，拿了国奖，学习成绩名列前茅。他是我在大学里最最敬佩的人之一（打心底服的那种）。了解过他的生活后，我也渴望向他学习了，渴望变得像他一样优秀。于是，"半马"的路上也有了我的身影，早晨六点的忙碌中也有了我的声音。学习上我向他不断请教，运动上我与他互相切磋，人生路上与他共同进步。（王晓乐　化学 14）

　　大学里，若想有个好成绩，想名列前茅，最重要的就是不落下每一门功课。上课听讲得一直跟着老师的思路。倘若头脑没有那么发达，别人听一下就能懂而自己一听就憷，只能自己自学看书。记得有一年，我在考前认真复习，做往年试卷，考后每一门科目成绩都还算不错，却因为一门功课不足，与优秀同学间分数差了很多，那种失落令人心痛。就如"失之毫厘，差之千里"的落败感。可是，失败了就是失败了，没有高分就说明自己确实是功课不足，不能怪别人太强，只能说自己太弱。

　　听说某某某竞赛又得奖，想想自己，从未有过尝试，只知羡慕别人。其实别人也是靠自己积累、摸索、努力才辛苦拿到了奖项。"不怕失败，就怕自己从未挑战"。其实，害怕失败，才是自己从未有过优秀成绩的原因所在。只有自己多接触优秀的人，与优秀的人为伍，才能有积极的心态去拥抱阳光。与正能量的人多交流，便能扫去心中的阴霾。（蒋益巧　计算机 14）

　　依然清晰地记得大学录取通知书下来的那天。终于被录取了。遗憾的是，不是第一志愿，因为分数不够，不得不服从分配到别的专业，和报的第一志愿相差甚远。没错，正是这次高考让我不禁怀疑，我是不是还不够好，是不是能力不足，智商不够。别人学的我也学了，别人花费的时间我也花了，可为什么总比别人差？

　　来到大学的校园，一度让我认为自己是中下等水平，再加上总听别人说外地的孩子很刻苦、很努力，而北京本地的学生很水，成绩拼不过外地考进来的，这让我觉得确实我不够好。

后来，英语课老师要求每个人都要做课前演讲，自己准备资料，准备PPT，当着全班的面上讲台，起初我很胆怯害羞，生怕语法、读音错误，在大家面前丢人。然而老师却鼓励我，说我做得很好，发音很标准，渐渐的也有同学请教我英语问题，在英语方面我渐渐找回了自信。大二一开学，我成功转到了新专业，这证明我还是有实力的。我找到了自信，相信后面的学习也会给我带来成就感。（顾潇漪　环境15）

不必放大别人的优点和自己的不足。我一向不认为自己是一个聪明的人，并且能够感受到自己接受新知识的能力比别人要稍差。虽然从小到大的学习成绩一直保持优异，但我深知自己离优秀还差得很远。正是基于这样的心理暗示，我一直保持谦逊，对待学习兢兢业业，不知为何竟到了稍稍自卑的境地，因为我总是不断地强调自己的缺点，弱化自己的优点。可以说，我是一个自我认同感不强的人。就算我在学业上或其他方面取得不错的成绩，我会有自我满足感和成就感，但那只是短暂的心理状态，很快便会被对自我缺点的恐惧和担忧而占据。直到这一学期开始申请奖学金。我先是得知自己去年的成绩位居专业第一，综合素质测评排名第二，紧接着成为学院国家奖学金推荐学生中的一员。这段时间，我仿佛明白了一个浅显到不能再浅显的道理，大家都是普通而平凡的人，我完全没有必要不断放大别人的优点，而无限放大自己的不足。也许人与人之间在某些方面存在差距，重要的是发现差距并激励自己不断完善和提高自己，让自己变得更加优秀。这次评选国家奖学金的经历我终生难忘，它会给我带来更多的自信，会激励我不断努力，不断完善以成为更好的自己。（杜航　行管15）

成功转专业。成为一名大二学生已经一个半月了，这一年多的大学生活中学习到的不仅是知识，更多的是感悟到了很多道理。一年中发生过很多事情，要说有什么经历带给我成就感，那就是大二开始时，我成功地转到了新专业。

在原专业学习过程中，我发觉自己对专业学习没有浑厚的兴趣，于是萌发出转专业的念头。为此，我大一期间一直很努力地学习，每天兢兢业业从不懈怠，因为不想让成绩成为自己转专业时的绊脚石。就这样，我以较为优秀的成绩完成了大一学业。接下来面对的就是充分了解自己想转入的安全工程专业，我利用空余时间阅读有关书籍，准备面试，整个过程都很辛苦，很紧张，毕竟只有这一次机会。

当我收到转专业成功的消息后,感觉所有努力都是值得的,所有付出都有了回报。这件事情虽说不大,但它会被我自己当作人生路上的一个闪光点牢记在心。(张雨晨 安全15)

我是一个平凡的女孩,没有出众的外貌,没有一技之长,觉得自己没有任何值得骄傲的地方,从小便对自己没有太大信心,总是觉得自己无法成功,但也是这种不自信,让我在做任何事时都会反复思考和权衡。

上大学后的一件事给了我成就感,给了我自信心。进入大学,我曾试图改变自己,改变自己内向、胆怯的性格,改变自己不自信的心理,所以一开学的班委竞选,我鼓足勇气向全班同学推荐自己,可是结果却让我大失所望,我落选了。我无数次地心理暗示,你就是不行,大家都不会支持你的。消极的思想困扰了我一段时间,紧接而来的学生会的落选,又无情地泼了我一身冷水。

可能是因为自己内心那股倔劲,那份不愿落后于人的想法,我开始在其他方面努力,我要向所有人包括自己证明我是最棒的。经过半年,学期末我取得了专业第一的好成绩,大家开始佩服我,赞叹我,这让我跌落的自信心一点点开始升起。后来班级评选入党积极分子,需要大家民主投票,那时我很紧张,害怕历史重演,可结果我却以票数第一入选,那种被认可的感觉让我的自信心又增强了。后来,要评选校级"优秀团员",每个班一个名额,我从心底里没有把握,最后票数统计出来,我居然当选了,因为这事,开心了好久。经过几次大家的认可,现在的我自信心还是挺足的,做什么事都能游刃有余、稳扎稳打了。(邓培芳 测控15)

在我的大学生活中,我遇到的最大挫折便是挂科。大一的我满怀希望与梦想来到矿大,从大一起,我便一直有一个保研的信念,在我努力了两年之后,成绩一直维持在保研名次的边缘。在我大三准备冲刺一把的时候我挂了一科,虽然这科与我们专业联系并不是特别紧密,但它彻底毁了我的保研梦。

刚开始,我内心无法接受这个事实,大三学习生活完全没有动力,或许时间能抹平一切,慢慢地,我心态恢复过来,我开始读一些名人传记,他们一生遇到的挫折比我多很多,看了他们的成长路程,我开始向他们学习,慢慢成长起来。

同时，作为一名预备党员，班里那么多双眼睛盯着我，再加上近期要向党组织递交思想汇报，我抓住这个机会对我近期的思想动态作了深刻反省，内心充满信心与勇气，相信我以后会有很大进步。（郭红翔　遥感 14）

我在大学遇到的最大挫折就是四级考试没通过。虽然事前也猜到十有八九会过不了，但是那一天，在上课前，许多同学都上网查询成绩，他们的成绩都很高，那时我还希望自己能侥幸通过，可查完分数，我的心情一下子变沉重了，就只差几分，就是没通过，还有在此之前，我选修课程时也不顺利，由于一刹那的犹豫，一个也没有选上，补选在早上也失败了，外加英语四级失利，那时我心情十分不好，觉得自己什么都做不好，都有点绝望的心思了。

幸运的是，我还是调整过来。记得高中时，我一个人在高三学习，孤独，无依，没有寄托。我姐突然来学校了，和我哥一起，给我送了一箱奶和一些零花钱，并嘱托我照顾好自己，说要她的女儿也像我一样，能够考上一个好高中。我的心一下温暖起来了，是啊，我并不是孤单的一个人，我还有家人、朋友关心我在乎我，他们是我的坚强后盾，我不用担心自己一个人寂寞了。

在我看来，人生的挫折很多，形式多种多样，有时候是事情失利，有时是心情变化。它并没有大小之分，只分场合而已。面对这些挫折，我认为最重要的是摆正心态。要想到，自己并不是一个人，并不是可有可无的存在，与自己十分亲密的那些人会默默地在背后支持我们。

另外，多读些书也有利于我们战胜挫折，比如人物传记，我读那些书时，时常会想他们的目的是什么，他们的寄托是什么，间接地帮我体悟人生。总之，当挫折来临时，正确地看待它，其实，说到底，它也就是一个事，可大可小，终会过去。（高浆帆　矿加 14）

树立自信

我的迷茫期很长，从大一就开始了。刚上大学对学习没什么兴趣，也缺少动力，总想着把什么都兼顾，既要学好，也要玩得舒服。这对一些能力强的同学来说，也许并不是一件难事，但我缺乏自控力，又有些贪玩，结果就是和预想的相去甚远，成绩平平，没学到什么东西（因为都是临时抱佛脚），玩也玩得不痛快，没意义，大量时间耗费在网络上。

大一下学期亦是如此，刚上大学时的激情动力不再，最后还挂了英语考试。我警觉了，我感觉这样不仅浪费自己的时间，也是浪费父母的血汗钱，很羞愧，后悔。

大二开始，我便有计划地安排学习，一开始很难投入，很难找回状态，总是刚学了一会儿就想看手机。后来我就上课不带手机了，效果很好。对父母心怀愧疚，我找了一些兼职，发单、卖卡之类的都干过。实话说北京机会很多，钱不难赚。我有些沉迷，现在也觉得浪费了时间。

一个人难免出错、碰壁，不过路是越走越宽的，相信自己，努力学习，争取能够考研成功。（范开元　电气16）

说实话，我其实对自己是没有多大的信心的，不管我做什么事都会有一点拖延。我学的是建筑学，其实之前我对这个专业是一无所知的，所以在刚开始学的时候我感觉到很迷惘，不知所措。在上学期设计空间构成和立体构成的时候，我没有一点思路，看着同学们做得那么好，就不自觉地怀疑自己是否适合学习这个专业，所以这两个作业最后都是刷夜完成的，因为第二天就要点评，所以不得不去完成它，可以说这两个作业是非常失败的。虽然老师点评它们有些许闪光点，但这也不能掩盖它们很糟糕的事实，我感到很挫败，开始不断怀疑自己、怀疑人生，但是我却不甘心这样耗下去。我便拿着PVC板开始乱搭，终于把立体构成完成了，同学看见了说这好像"流水别墅"，我仔细一看，确实有点像，于是我对自己开始有了信心。

现实也正如我想的那样，我做完了空间的构成，画完了小别墅抄绘和渲染，自己感觉还是挺满意的。在假期的时候，我看见了老师发的这门课的成绩，于是我对自己的自信心更加强烈了，相信自己今后会完成老师布置的每一项任务，不断进步。（张雪媛　建筑16）

近期令我彷徨的一件事，应该是准备机械设计创新大赛了。和参加工程训练大赛一样，第一次参加这个比赛，一张白纸，不知道从何做起，团队之间也不是亲密无间，他们还时有划水的感觉。就我自己而言，这个比赛是两年一届的比赛，也是机械专业内认可度很高的一个比赛，我觉得这是一次很宝贵的机会，去参加比赛都是冲着最高奖的。如果抱着能过初赛拿个三等奖就够了的心态，我觉得那从一开始就不会全力以赴了。

我平时其实也不是一个特别上进的人，但是如果是我想要去做的事，我一定会全力以赴地去做的。这个比赛很有挑战性，是思维上的创新，是对知识储备较少的我们的一次考验，是我想做且愿意尽力做好的事。现在还处在看大量论文的阶段，不过，有了这一年多参加比赛和写科研选题报告的经历，阅读论文对我来说已经不是太难的事情。我想，万事开头难，无论参加什么比赛都会有所顾虑，希望自己可以迎难而上，不让自己后悔。（胡文渊　机械16）

大一，我因为没有适应大学的学习生活节奏，没有确立明确的目标而荒废了四分之一学期，在期中高数考试中得了很不理想的成绩。当时非常失落和迷茫，后来到了备考工程制图的时候，我有很多题自己弄不懂，就希望能找一位成绩好的学长学姐辅导我的功课。我通过在学生会部门的部长认识了一个学霸，他是14级化工专业第一名，曾获得国家级奖学金。我通过QQ向他请教问题，刚走出英语六级考场的他竟主动提出见面给我讲题。从那以后，他经常在自习室给我讲题，并在考试前开导我，帮我缓解压力。我是个还算努力，但算不上聪明的学生，但是他对我微不足道的努力给予了肯定，放大我的优点，帮我找到信心。在他的帮助下，我明确了自己的目标，找到了合适的学习方法，也有了奋斗努力的动力，在大一上学期期末考试中获得了不错的成绩。

这位学长的成功范例和对我的肯定鼓励了我，帮我找到自信，明确方向，提升了我的学习效能。现在大二的他又给自己确定了更难的目标，不断逼自己进步，我也要像他一样，在自己的学业等各方面努力，做得更加出色。（李淼　环境15）

我是孤身一人来到北京读大学的。从来没想过，我的大学生涯，就这样开始了。在大学生活中，诸多不顺与不习惯蜂拥而来，茫然中，我错过了许多。

第一学期，没有惊喜，不知所措地荒度光阴，呆呆地度过一个又一个伤身又伤心的日子。这样的日子像水，不知是我任它流走，还是我抓不住它而流走。我的内心，如一根瞬息即灭的火柴，一次次地被那股潮湿的气息打湿。

| 大学生活启示录 |

寝室，既像第二个家，又像一个神奇的港湾，除了给你心灵的呵护，也阻止了你的远航。二十一世纪大学生的新型毒品，手机游戏、电子小说、各种虚拟媒体、泡面……腐蚀着我们的心灵，还伤害我们的身体。沉沦、沉沦再沉沦。迷茫的时候，看一切都是迷茫的，迷茫于明明考前还努力过，为何一次一次考不好；迷茫于比我更丧志的同学为何考试及格了，而我却得接受挂科。

那一双看着成绩单睁大的眼睛，猛然间闭上的时候，是辛酸，是不甘，是无奈，是困惑，是愤怒，是痛心……或许，一切都有，但是，没有后悔，我也从不后悔。因为再垃圾的土地，也能生出花朵；再垃圾的人类，也能超越自己。过去，终成为干柴烈火，让未来熊熊燃烧。

每当我想起自己挂过科的记录，专业90%位置的排名，录用者那优先录取优秀学生的规则，我就感觉，有一团怒火在燃烧，怒我不争，怒我不努力，怒我拖拖拉拉。我认识，我是有错误的过去，但同样的，我会去挣那正确的未来。（杨飞鸣 化工16）

寻找自己的本心。从小到大我未曾遇到过太大的挫折和失败，都是一些小的问题，但我觉得目前陷入到了一种麻烦中！没错，正是当代大学生的普遍问题：迷茫。我不知道自己要去往何方，没有前进的动力，觉得学习没什么意思，玩游戏也觉得没劲，为此我已经纠结了很长时间，我曾和朋友彻夜长谈，也曾一人孤独望天，却始终不得要领。前几天我看到一段话，王国维在人间词话中说做学问分为三重境界：一曰："昨夜西风凋敝树，独上高楼，望尽天涯路。"二曰："衣带渐宽终不悔，为伊消得人憔悴。"三曰："众里寻他千百度，蓦然回首，那人却在灯火阑珊处。"此虽为做学问之言，但用在青年或成年人身上也不无道理，这一重境界不正是我目前所处的境况吗？我想这便是我到目前为止遇到的最大挫折了，前途是广大还是微小，全在我一念间了。目前我还未曾走出这第一重境地，我也知道这是我成长路上的必经过程，我知道急不得，它需要我自己去寻找答案，寻找自己的本心，寻找自己想要的究竟是什么，我终会走出来，最终迈入二重甚至更高层的境界。（孙东豪 信工15）

步入大学校园，我感觉以前别人口中的迷茫也出现在了我身上。一个人的学习状态或许是来自一个人思想的改变。大一的我几乎每天都沉浸在游戏中，感觉只要不挂科就行，上每堂课都像是局外人，像个不了解剧情的观众。总而言之，就是浑浑噩噩。但其中，我的心里也在纠结，在享受与努力两边徘徊。这段历程是痛苦的，不知道自己想要什么，只能靠玩游戏与看电视剧来填补内心的空虚，这种滋味是十分痛苦的。这或许正是个人价值观的形成期，在这期间，我有过抵制学习的想法，感觉所学之物并非可以善使在我的手中，我就想自己学习一些自己想要的东西，我就拼命地学习各种人物的生平，各种时事，各种感觉有用的东西，唯一没学的是老师所授之业，结果发现完全错了。

也许是认清现实，现实并不像自己想的那样，只是追求自己内心的富足，不能像古代夫子一样隐于世间，我们是现代人，我们要生活，在社会里生活。未来的我会认真学习，因为我了解自己的能力，只要是我想做的，就会做好。（顾云鹏　矿加15）

初入大学时彷徨与迷茫都是有的。比如说，离家千里的忧伤（我是中原人），比如说，面对法学专业的无力与无奈；比如说，面对一群新同学的不知所措。经过一年的洗礼，我逐渐看清了自己的方向，努力学好每一部门法，努力使自己的学习成绩更加优异，只有这样，才不会在四年大学中荒废时光，浪费光阴。课堂上有位学长提及自己希望发表论文，并且经过努力已经发表了2篇论文，我自己也有在大学毕业前发表一篇论文的打算。但如今的我对知识的掌握还远远不够，需要我去了解的东西仍然很多。所以，我不贪心，努力学习，一步一个脚印，踏实向前。

窃以为，"彷徨"与"迷茫"贯穿了人生的每一个阶段。不能说它不存在，也不能说它消失，每一个人在逐渐成熟的过程中，都能学会更好地面对它们，而我，也终将伴随着它们，走向成熟。（张虹宇　法学16）

情商培养

情商之所为，实属无可替代。人可无智，不可无情。然而，情商一事，于当代大学生实属不易之事。私以为，情商所体现的是一个人从小至大的家庭环境、学习环境所给予该人的影响；若家风谦逊，和睦友善，人则对万事可谦可善，若家风不正，则很难有情商之长进，且情商之"修炼"亦绝非一两日之速成。

学生住于寝室朝夕相伴，事事应明理，为他人而想，若因小事而伤和气，破大学四年之友谊，无意义矣！听音乐戴耳机切勿骤声外放；寝室垃圾切勿积久而置；熄灯之后切勿再大声喧哗……此事等，窃以为，并非成长之大学方才应学得。自幼始，家中父母、校里师长皆应告之，等到大学之时，若尚不懂得，晚矣！

关于情商之"修炼"，细言之，则可为"识实务""懂气氛""有分寸"，遗世独立只会被人独立；得寸进尺则会遭人唾弃；若大学之际才想"提升情商"，虽晚，不迟。有人可聚人心，学之；有人善交益友，观之；有人可尽言谈，鉴之；唯此法，恐无他！见题慎思而文，望我师细思。（庄泽锋　土木15）

我认为情商是一种自我情绪控制的能力，是一种社交能力的体现。在人际交往日益重要的今天，保持高情商成为一门必修课。

在大学期间，不仅是知识的学习，更需要情商的锻炼。首先，需要正确认识自身的情绪，只有认识自己才能更好地把控情绪。其实，要学会管理自己的情绪，做到冷静自持，遇事不冲动不急躁，不轻易将不良情绪外放。学会处理消极的情绪也是控制情绪的必备。正确对待由于生活、学习带来的压力和烦恼。及时排解，学会遗忘，懂得运用科学的方法（如健身、跑步、深呼吸等）缓解自身压力。

所谓高情商，更多的是体现在人际交往中。在人际交往中，学着换位思考，设身处地地为他人着想。同时，读懂他人的暗示表达也可以避免很多僵局尴尬场面出现。另外，要学会拒绝。在人际交往中，因为人与人的三观、生活习惯的不同，很容易造成不必要的困扰和麻烦，这时合理而坚定的拒绝也是一种高情商的表现。在不影响交往关系的情况下，维护个人立场观点。多赞美他人，好的人际交往的维持应该是多方面的，所以不吝于自己对他人的赞美，可以营造一个不错的交往氛围，展现自身的情商。（王铮　工业工程16）

凭借高考成绩进入大学的我们，可以说在智商方面都是正常的，甚至还有高智商的。然而我们并不能认为这样的自己就很优秀，因为上大学期间有更多更重要的学习以外的能力需要习得，其中我认为最重要的一项是情商。

其实这话不是我说的。前两天在一次会议上，北京建筑设计研究院原院长面对来自二十多所高校的大学生，谈及大学该学什么时，表达了这个意思。高情商体现在很多方面。小到同学生病时为他倒一杯热水，而不是视而不见，和他说一些他并没有精力听，而只是你自己感兴趣的事。大到一次重要的答辩，你在台上说话的内容与方式。除了管理好自己的情绪，我们与周围世界存在着很多复杂的联系。就刚才关于答辩的问题而言，我们可能认为这只关乎自己的学术研究能力，然而实验研究做得好与项目获奖并不存在必然关系。这中间所差的就是一个情商。自顾自地一页页迅速放幻灯片，图片与文字匹配关系并没有经过修改，完全不去考虑听众的感受，让听众未来得及看清楚和想明白，即使智商再高也是用处不大的，因为这相当于不能站在信息接受者的角度考虑问题。同样，类似于去关心一位生病的同学，这是一个人对周围人态度的反应。与老师说话礼貌得体，关心帮助同学，定期联系家长报平安和关心家里状况，这些显然不会是强制完成的义务，但是都体现着一个人的人情味，是情商的体现。

那么，关于修炼情商，该怎么做？当你站在别人的角度或立场上去思考时，你就不再是一个孤立的个体，你就会通过对比审视自己，规范自己，对事情做出合理的反应，提高情商。人们常说大学是一个锻炼的地方，在学校里是不怕犯错的。因此大学生应当把握住机会，在进入社会之前，抓紧提高自己的情商，为未来走向社会打下基础。（王子萌　环境15）

大学生的情商问题是我们不得不考虑的一个重要问题。从素质教育到现在大学课程的设置，可以看出，大学生情商培养是相当重要的。

我们的生活中，情商决定着一个人的生活、交往、处事的态度和能力。情商低的人，很容易引起他人的误解，甚至厌恶。情商低的表现，比如，随便询问他人的隐私，在不适合的时机说不合时宜的话，与人交往因为点点小事就难过或者让人难堪，等等。情商的高低，往往影响到我们的很多方面。情商高的人，幽默而不失身价，与人交往懂分寸，知进退，遇事考虑周全，处置得体。所以，情商高的人往往较同龄人成熟。在工作和学习中，往往能获得更多的成就，获得更多的快乐。

如何培养情商呢？首先，该懂的礼貌、该遵守的规矩得知道。其次，不要过于着急去评价一个人的任何事，遇事要沉着、冷静。再次，多看一些情商方面的书籍。最后，任何的知识均来源于实践，也要运用到实践中去，我们要多与人交流，与人保持良好的关系，尊重他人，尊重自己。

很多的时候情商是一个比智商更重要的问题，一个开口就得罪人的高智商者，活得比高情商的人困难得多。所谓的高分低能，很多的时候，说的就是情商低。培养自己的情商吧！（李安全　材料14）

考上大学的同学智商一定都不会太低，至于情商，却是一个因人而异的事。并不是说咱大学生都情商低，只是情商这东西不是天生就高的，需要后天的培养。有些事情，并不是我们不想做好，而是确实意识不到。

说到大学生情商的提升，如今大部分大学生都是独生子女，不可避免地会有自私这一普遍的心理行为。不是说大学生都不懂得为他人着想，只是在一些方面我们一时半会儿做不到那么恰当。就以宿舍里经常发生的一些小矛盾来说，大部分起因无非就是生活习惯不同，而在家我们习惯了独处，不用顾及父母，到了学校后，我们面对与自己十几年形成的习惯不同的情况时会感到难以适应，一时也想不出办法，便经常做得欠佳。其实情商无非就是与他人相处的一种智慧，只有经常地融入集体，才有机会去培养情商。我认为，只要一个人怀着想和他人更好相处的心，情商必会逐渐提高的。人都会犯错，所以需要宽容，不必太过计较一些无伤大雅的小事，只要心是真诚的，情便是动人的。

当然，也不是每个人都能有较高的情商，那些被认为情商低的人，往往在性格方面有缺陷。自大、无礼、骄横，这类词只要有一个出现，情商便是空谈。保持一颗平和谦虚的心，真诚待人，你的情商一定棒棒的！（周子懿　矿加15）

进入大学以来，情商变得尤为重要，甚至比智商更加重要。如果说前些年我们在为进入一所比较好的大学而努力学习，忽视了个人的全面发展，那么，进入大学以来，我们就要培养各方面的能力，努力提升自我素质，这就需要我们的情商。因为能够进入同一所大学学习，同学间的智商应大致在同一水平上，这时候，我们发展的水平高低在很大程度上取决于情商的高下。

有较高情商的人，更易于丰富大学生活。大学生活业余时间很多，有较高情商的人更易于融入集体，努力接触新朋友、新事物。另一方面，有较高情商的人，易于积累人脉，利于以后的发展。有较高情商，更易于拥有朋友，时刻能够与人保持大致相同的方向，又不失去自己的想法与特色，能够想他人之所想，温暖他人，这将为我们积累下潜在的人脉，成为我们前进道路上的宝贵财富。

至于情商修炼，我认为要在实践中积累经验，不断改进自己，反省提高自己。一次与朋友甚至陌生人的交流，都是不可复制的经历，长期的积累和有意识的总结归纳将为我们的情商提高积累素材，所以我们首要做的就是敢于与人交流，突破自我。另一个提升情商的有效途径就是，作为理科生的我们不要过于理性，也要时常有些感性思维。过于理性，往往让我们的思维方式受到限制，显得"没有人情"，理性思维与感性思维相互配合，才能助我们提升情商。（葛淑伟　信工15）

大学是半个社会，不仅需要智商更需要情商。人际交往，有很多都是情商的体现。高情商的人，交际圈子广，并且不乏可以掏心窝的知己好友，低情商的人，开始也会乐于交往，但是好友圈子会不断缩小。由于情商低下，不免说些没头脑伤人的话，使得他人越来越远离自己。三分靠打拼，七分靠人脉。这句话并非空穴来风。情商高的人，朋友多，人脉广，事业往往更易成功。所以说提高情商已经成为大学生的必修课。应该如何修炼情商呢？只有坚持，只有积累。多读书，读好书是提高情商的捷径，可以从他人的智慧中提炼精华，为己所用。这样便会少犯他人犯过的错误。我们都知道，情商和智商兼得的人，几乎都是有成就的人。适当地多和他人交往，在交往中总结经验教训，这个方法既可以扩大交际圈又能修炼情商。（赵德馨　地质15）

情商，我认为是个人对自身及周围环境事物的反应和调节情绪的能力，对一个人的智商、性格、处事、社交均有影响。现在的大学生，有很大一部分属于独生子女，上大学之前与社会接触很少，很多人评价"90后"任性，自负，公主病，这都是情商低的表现。我一个现就读于"211"高校的同学，宿舍里每个人生活习惯难以融洽，有人大晚上打电话，也有人大早上起床读英语，为别人考虑都很少。现在的大学生智商都不低，人与人的差别在情商上，情商高会处事才更有竞争力。情商的修炼也无须刻意，日常注意即可。社交无须刻意，有结交有趣之人的机会不躲避即可，与同学、家人、朋友发生矛盾之时，既不要逃避问题，也不要大吵大闹，平心静气，逐渐就会学习到解决事情的最好方法，收敛情绪，不自怨自艾，多读书，陶冶情操，随着阅历的增加与知识面的拓宽，情商必定可以有所提高，对生活也有所裨益。（邢露元　地质15）

　　情商在我看来其重要性不亚于智商，尤其是对大学生来说。大学生这个群体步入社会这个庞大的运转系统中，生活中的为人处世、细节的处理，对待不同人不同的说话方式，都会影响到未来的发展。可能你有才华、有能力，但不懂得去展示自己，于是别人不了解你，不能很好地任用你。可能你本意并不想承担某些事情，可是你说话方式不对反倒落下口舌。学生会是校园中的小社会，部长与干事、主席与部长之间不同的等级，遇到事情的处理方式，都会造成不同的影响，遇到不想做的事情说话方式可以委婉一点，遇到麻烦别人的事情，说话要温和有礼。我们讲究说话有余地，不可把话说死，或者是圆滑地表达自己的想法，比如你遇到棘手的工作需要麻烦别人，你可以尽量表现得有礼而不是乞求，同样当你不想回应某件事，你可以用正当理由把话题终止，而不是直接不理不睬。大学是一个磨砺人的地方，很多时候情商比智商更重要，懂得有效的聊天技巧和做事态度，对己对人都有帮助，可能别人开门顺手帮你拉一下，你一句礼貌的谢谢会给他人留下良好的印象。你懂得在什么场合说什么话，适当善待别人，都会给你在别人心中增添印象分，切莫过度拍马屁当老好人，要懂得适当拒绝，帮忙是情义，不帮是本分，损害你的利益就要勇敢拒绝。最后，培养情商是大学必修课，一定要重视。（许戈辉　数学15）

　　大学生至少已经经历了13年的学生生活，大部分时间都在学校和家庭中度过，对外界的认知还是很不全面，甚至知乎其微的，所以说，大学生的情商普遍不高。究竟如何提高大学生的情商呢？
　　首先学会微笑。不管面对什么困难，微笑总能给你一种潜在的力量，能向对方表现出你的友好，感觉到你的和蔼可亲，给人一种亲切感。微笑是一种艺术，更需要一种勇气。它能化解尴尬，缓解矛盾，帮你渡过难关。
　　其次学会忍受。忍受是为了更好地爆发，在受到羞辱与别人的嘲笑批评的时候，不要急着愤怒，发脾气，而要思考自己哪些方面做得不够好，为更优秀的自己储存力量。取长补短，努力地改正自己，让自己变得更加完美。

最后学会坚强。在生活中，困难与挫折是必不可少的。遇到它们，更多的时候还是要自己去解决，去面对，而不是选择退缩、逃避，所以要坚强，勇敢地面对。（王家成　电气15）

我们步入大学，加入学生会、社团，与班级同学、寝室室友有更多的交往。在大学，情商发挥着不可替代的作用。情商，可以为我们带来许多便利，在日常人际交往中，一个人的谈吐、行为举止都是他情商的外化表现。同一句话，以不同的方式、语气、时机说出，会产生不同的效果。在社团活动中，充分利用情商会给他人留下极好的印象，更加有利于一个人今后的发展。在与身边同学的交往之中，恰如其分地运用情商会增近同学之间的情谊。

在大学期间，修炼情商的机会和方法有很多种。我个人认为多与人交往，多与人沟通是修炼的一种方法。通过他人的语气来判断他当时的心情，以此来选择适当的话语来交流。还可以通过多参加活动来修炼情商。在参加活动的过程中，我们会遇到许多意料之外的情况，处理这些突发情况不仅会修炼我们的情商，还可以锻炼我们的应急反应，可谓一举两得。

总而言之，情商是人必不可少的一部分修炼，培养高情商是大学生活的重要任务之一。（王泽宇　环工15）

现在很多热谈的话题都是有关于EQ，也就是情商。我认为大学生的情商也很重要，只有EQ高，才能更好地主宰自己的生活。

情商修炼在我看来，要认清自身的感觉和喜好，只有这样才能够做出正确的选择。要懂得如何管理自己的情绪，情绪化的人会让自己的各种情绪影响原本平和的生活。情绪太极端会使人陷入严重困扰。在善管自己情绪的同时也要会梳理自己与他人的关系，学会与他人合作，体贴别人，从别人的角度考虑问题，"己所不欲，勿施于人"。在人生路上，我们也要学会乐观，对待一切事情都要积极向上，克制忍耐消极情绪，毕竟人生有许多不如意，只有保持沉着冷静的心态，用笑容去面对整个世界，对自己的工作学习献出十二分热忱，我们才能走向成功。高情商，是持之以恒，是积极向上，是乐观坚强，是大学生该有的社会技能。（姜璐坪　化学15）

| 大学生活启示录 |

习惯

我爱上网打游戏。自从小学接触电脑之后，我就沉迷其中无法自拔。初中时，我的房间里就有一台电脑，我经常关上门假装学习，其实是在玩电脑，高中时还是这样。刚上大一时，我就买了电脑，整日沉迷，导致好几科差点挂了。后来我认为不能再这样堕落了，于是我把电脑放在柜子里不拿出来，看不见就不玩了。

我晚上玩手机不睡觉。刚上大学时我有时熬夜到两三点，导致第二天上课状态不好。后来天天困得不行，我就把手机放在下面，不玩手机自然睡得早了。

我不爱吃早饭。第一是起不来，第二是觉得不吃一顿饭也没什么。上学期有一天上午上课时，我突然感觉肚子疼，就去看校医，校医嘱咐我要吃早饭。我从此就不敢不吃早饭了。就算起来晚点，也会买个面包充饥。（吕沛恒　计算机15）

平时，自己做什么事情都特别慢，拖拖拉拉，非要赶到快截止时才想着去做这件事情。结果，要么在提交任务的前一天匆匆忙忙地去做，要么在出发前焦头烂额地去做，弄得其他的小伙伴只能无奈地在一旁等着我，看着我"忙碌"的背影。

为了治好这一拖延症，自己也不得不去想一些办法。我找到几位好友，告诉他们，每当他们看到我拖延的时候，都要严厉地批评、指正我，能使我赶快去做那些需要尽快做的事情。所以，每当自己拖延时，朋友们便会在一旁提醒我"赶快去做"，我便加快步伐，赶快去忙某件事，及时把它做完，避免出现拖延的现象。久而久之，我拖延的习惯也慢慢地改变了。虽然有时也会不由自主地犯以前的老毛病，但每当自己心中有一个想要拖延的想法时，耳边便会响起他们催促的话："赶快去做！"医治拖延症确实需要自己的努力与身边朋友们的监督。我通过努力既改正了自己的缺点，也提升了自我效能感。（丛琳　信工16）

我之前有一个坏习惯，做事总是拖着，最后慌慌忙忙地做完，当时就觉得这个习惯不好，便一直想要改变。于是我开始慢慢强迫自己把事情按时或提前做完。我开始每天给自己制订好当天的计划，详细地计划着当天要做的事情，开始的时候并不那么顺利。我的惰性习惯还是驱使着我放弃那些当天应该完成的事情。每天依旧会有没完的事情留到第二天。我觉得只有计划是远远不够的。我开始每个时间点都定好闹钟，每次闹钟一响，我就知道自己该去完成自己的某项计划，即使自己当时想偷懒也会强迫自己去做，久而久之我就能按时做完自己的事情。不会像之前那样拖到最后没时间了才慌忙做完。但这样是不够的，我慢慢开始做完今天的事情顺带做一点明天的事情，慢慢地，我也能提前完成自己的事情，而不仅仅是按时。这就是我改掉坏习惯的经历与方法。（宋俊　力学14）

以前我是一个慵懒的人，满足现状，没有什么大理想、大抱负，觉得就在班级里排上前几名，顺利升初中、升高中，考上个大学就行，一切生活顺其自然。在家里，爸爸妈妈让我干什么活我会考虑一下干不干，很少主动去干，还给爸妈添乱。

后来认识了一个朋友，接触多了，她身上的闪光点让我很敬佩。她对自己的学习有目标，虽然开始成绩并不出众，但她有目标、有规划，看得到她的努力，看得到她成绩的进步。我去她家里，她有自己的小屋子、书桌、衣柜、床铺，都很干净整洁，而且屋子是她自己打扫的，她很爱干净，也不为打扫屋子而感到累。于是，我也尝试着主动打扫房间，把自己的东西收拾整齐，确实感觉并不累，还为自己的劳动成果感到骄傲。

懒惰不是好事，自己有心去改才会有快乐。对生活有目标才有动力，才会有曾经想都不敢想的事情发生。做过以后，才发现并不难，摆脱懒惰才能做更多的事。（刘晓萌　机械15）

坏习惯人人都会有，我觉得这些坏习惯能改掉最好，改不掉也要努力不让它成为自己进步的绊脚石。比如，早起问题，每天早上闹钟都要响无数次才能叫醒我，但是起来后没有时间吃早饭，导致整个上午上课效率都不高，于是我开始想办法，希望早睡一点，但是却好像实现不了，原因是我睡觉太轻，即便室友熄灯了不说话还是会有微小的动静导致我在床上翻来覆去睡不着，所以这个方法不行，那么就得从早起抓起。首先，设置一个令自己烦躁的闹铃；其次，是美食诱惑，想一想什么早饭好吃，由于早上处于饥饿状态，因此这招很好用。有了这个方法，现在的我每天早上都能按时起床吃早饭，整个上午也不昏昏沉沉了。

上课爱睡觉也成为我上大学以来的坏习惯，尤其大一特别明显，导致跟不上老师的讲课内容，影响成绩。经过一暑假的反思总结，我决定要改掉这个陋习。首先，要从态度上入手，努力对自己形成心理暗示：这个老师的课很重要，老师的课很好，很吸引人，内容很关键。其实，提升对课程内容的兴趣，课下找一些相关的知识，最好把自己最感兴趣的人和事与课堂内容连接起来。还有就是在困意袭来前动动脑子，思考一下，找找答案，这样就能把想睡的想法赶走。（白雨晴　机械15）

由于比较散漫，因此在新的学期里我努力使自己变得更勤奋，使自己更加刻苦学习，提高学习成绩。我非常幸运，我的舍友们都非常努力，在这样的环境下，我更加容易改变自己。于是我便当起了"跟屁虫"，课下时间或者各种没有课的时间里，我便跟着学霸学习，增加自己的学习时间，努力克服自己的惰性，让自己认真独立地完成作业，并且成功地完成课前预习，课后复习的任务。除了增加自己学习的时间，我还知道并不能够一味地模仿，这样并不利于我的进步和学习。于是我列出自己的计划，学霸们的进度或许很快，涉猎范围或许更广，但是我要有自己的目标和自己的进度条。计划果然是个好东西，遵照自己的计划一步步地从靠拢到完成。果然我变得勤奋了一点。我要努力坚持，不能3分钟热度，向学霸们学习持之以恒的毅力，要不断地提醒自己，一定要改变这个坏习惯，不能得过且过，散漫度日，必须要坚持下去，努力下去，我相信这样勤奋也会成为一种习惯的！（李瑞雪　测控15）

我喜欢玩手机，一天总是花很长的时间在手机上。现在我争取做到上课不带手机，避免了上课看手机分心的情况；在平时，我给自己制订了玩手机时间表，来约束自己什么时候可以玩手机，能玩多久。最后在玩手机的时候，要提醒自己不要沉迷于游戏，不浏览搜索垃圾信息，多看一些寓教于乐的东西，既增长见识又减小了玩手机的负面影响。

在平时自习、写作业或上课时，老是出现走神分心的情况，往往这个时候不是想别的事情就是进入一种迷茫状态，影响了听课。针对此，我要多让自己专注地做一些事情，培养自己的专注力即抗干扰能力。

我喜欢呆在宿舍，不喜欢出门。今后要找出更多的空闲时间到处走一走，看看外面的世界，多接触人，了解人情世故。同时改变性格内向不善言辞的缺点，多与同学、老师交谈，勇敢表达自己的观点与看法。

我比较懒，不爱运动，体质较差。身体是革命的本钱，体育锻炼对强身健体、释放压力都有非常大的作用，以后我要找时间多去运动场跑一跑，活动活动。拉上个小伙伴或许更容易坚持下去。（孙波　采矿14）

我意志力不够坚定。每次在做事时总是激情满满，但随着时间推移，自己的热情之火逐渐被现实浇灭，最后没有几件能做成的事，自己就像一杯白开水，三分钟热度……针对此，我认为需要从小事做起，如每天记一个单词，每天提醒自己要更努力一点，每天早上起床后喝口水，每次上课前注意力要及时收回，等等，以这些小事锻炼自己，使之成为一个个习惯，这样就会自然地坚持下去。

我自律性较差。从小学到高中，一直有父母老师的约束，但上大学之后自己要独自面对同学，面对老师，面对社会。生活中充满了诱惑，美食，懒惰，游戏，视频，每次打开手机都情不自禁地玩下去，忘记了学习，也不去注意身边的人和事。这个问题一直都在困扰着我，我也尝试过改正。有时，我给自己暗示，用玩手机所带来的一系列不良后果来警示自己。有时我根据自己的情绪状态调整自己，当没有很强烈的要看手机的状态时，我会当机立断，立刻去做别的事，这样及时抽身也效果不错。有时，我会积极引导自己浏览学习网页，关注国际新闻……（李康文　力学15）

第 5 章　青春有价 大学无悔

| 大学生活启示录 |

走好当下，路越走越宽

李颖奇，男，汉族，中共党员，2008级测控学生。在校期间曾连续三年获校级特等奖学金，两次国家励志奖学金和一次国家奖学金。曾获2010年中国机器人比赛暨 Robo Cup 公开赛团队一等奖、校级数学建模三等奖、物理竞赛三等奖以及校级优秀团员荣誉称号。

希望本无所谓有，无所谓无的，这正如地上的路，你去走了才知道路一直都在，只是看你有没有勇气去追求。

——题记

希望是万物生存的动力，是人类文明发展的源泉，是一个人拥有精彩人生的前提，我们需要有希望，就像大自然需要晨曦。然而，当一个人只空有希望，但不去努力，不去追求，那希望就"无所谓有"；有了希望，而且为了这个希望不懈的奋斗那希望就"无所谓无"，只要朝着希望去追求，我们的路就会一直在，而且也会走得充实而精彩！

我曾经迷茫过，将来也可能会迷茫，迷茫不是错，迷茫了我们才有可能有希望，在迷茫中思考，在迷茫中找到自我，拨开迷茫的雾，我们才会看得清自己，看得清自己的希望。当我踏进这所百年学府那一刻，我迷茫，我不知道大学是一个什么概念，我又如何度过这四年的时间，我的路走到这一刻，后面是条什么路，这条路在不在，在又如何走下去？这对当时的我来说都是一团迷雾，我迫切想知道，然而这需要时间也需要思考。但我们不应该只停留在思考而不去做些什么，有些事情只有在慢慢行动中才会思考出结果，当时的我在没有思考出结果时，我只告诉自己**先走好现在的每一步，相信走着走着我就会找到自己想走的那条路**。这就是我当时的希望，希望有一天找到自己的路。有了希望，就像鲁迅说的我们不能让希望"无所谓有"。

学生好好学习是天职，这也是我应该努力的方向，同时不断追求自身综合素质的提高。随着不断学习和接触到专业知识后，我渐渐找到了我的兴趣，找到了我的路应该是怎么样的，我又该怎么样走下去，我的路就是在我所学专业上有所成绩，如何做到有成绩，如何走好这条路，我给自己想了个战术，也就是首先把专业基础知识学扎实，在学习基础课程的同时，接触一下关于专业发展方向的知识，对专业有个自己的认识。然后，大学期间尽量多参加竞赛，科研训练等实践活动，通过实践理解理论知识。最后，我决定读完大学后我要继续攻读研究生，不为学历，只为更深地了解专业，掌握更多的技能。有了清晰的路，有了具体的规划，剩下的就是行动了，努力，坚持！走在勇往直前的路上。现在我已经大四了，即将完成我的大学生涯，大学这段路走完了，回顾自己大学的时光，从迷茫到希望，从希望到实践，最后顺利走到下一条路的路口，深深感触到有的时候不是我们找不到自己的路，而是现实生活中我们常常在迷茫中停留太久，一叶障目，找不到希望的出口，其实，只要我们在迷茫中不断反思，反思的同时踏踏实实走好眼前的每一步，希望会有的，我们的人生之路也会一直在！

路是人走出来的，我们洒下汗水，笑对现实的无奈，穿过一片片迷茫，没有想过放弃，因为我们都坚信路一直都在，路上的一切都在改变，无数的事物都在消逝于新生间徘徊。但是，这条路一直都在，对于前方的理想也一直存在着。累了，别怕。迷茫，别怕。路一直都在。

大学生活的三个关系

牛耕，男，汉族，电气2008级学生。曾连续三年获校级特等奖学金，获得2次国家奖学金以及董事会奖学金等；获得全国机器人大赛一等奖、全国电子设计大赛北京市三等奖；2010年中国毽球公开赛高校乙组男子团体第一名等。

首先是做事与兴趣。如果要将这两个词语联系起来，不少同学会想到做自己有兴趣的事。是的，这很重要也很必要，但问题的关键在于我们往往会碰到许多自己并没有兴趣却不得不做的事情，例如专业课程的学习。没有最原始的兴趣怎么办？培养兴趣。请认真地思考并审视自己，我们所谓的有持续的兴趣去做的事情是不是都是自己比较了解和精通的事情呢？那么到底是先有兴趣后能精通，还是先能精通后有兴趣呢？我觉得这类似于先有鸡蛋还是先有鸡的问题，到底孰先孰后已经不再重要。我们只需要知道的是，当我们做一件事情做得很好的时候，兴趣自然就会伴随左右。所以，**将一件本没有兴趣的事情做好，培养出了兴趣，反过来更加促进自己的精益求精**，从而形成一个良性循环，是做事与兴趣的和谐统一。

其次是得与失。客观地讲，我们不可能在同一秒的时间里做两样事情，这也就从机会成本的角度上决定了我们在得到的同时必定伴随失去。在现实的生活中，得与失有着更加宽泛和灵活的内涵，所以处理好得与失的利害关系对于我们的成长有着不可估量的作用与意义。最理想的情况自然是得到的都是自己想要的，而失去的都是自己不想要的，可现实偏偏就是好东西大家扎堆抢，不好的事情大家相互推。所以，第一，要善于适时适当的放弃，以退为进，以守为攻，同时成人之美不失为一种美德；第二，要善于适时适量地的吃亏，人品是守恒的，暂时的沉默是为了以后狠狠地爆发。再一点就是贡献和服务意识，你利用了社会的资源发展了自己，如不回馈社会，势必无法立足于社会，在学校、学院、任何一个集体里似然。所以，得己所需，成人之美，亏不白吃，贡献集体的结合点，就是我们追求的重点。

最后是方向与选择。大一时播种，在大四开出了不同的花朵，人生方向的差异使之然，可见方向对于一个人的发展的影响。所谓的方向，即一条自我发展的思路，一张规划自己未来的蓝图。有方向的人相比于没有方向的，不敢言走的路子有多么正确，但最起码不会走太多弯路。换句话说，方向使得人的前进和发展带有目的性。同时，科学研究表明，有目标的人获得成功的概率远超没有目标的人。但我们在前进的过程当中方向并非一直都是正确的，出现问题时必须进行适当的调整，这就是选择，所以说你的每一个选择都在直接的改变你的人生轨迹，进而改变着你的命运。同时，选择改变的不仅仅是方向，还可以是你成长、积累过程的斜率。所以，我们必须要有明确的方向，并能够在关键的时刻做出正确的选择，从而可以使我们得到最大化、最优化的发展。

此外，可能有同学会思考，什么样的学习方法才算是好方法呢？我认为好的学习方法没有具体的形式，因人而异，但是标准有二：一、采用这种方法学习你确实能学到东西；二、采用这种方法学习你觉得很爽，可以坚持很长时间不分心。以上两条必须同时满足，缺一不可。用一句话来结束这篇文章：想要命好，就要加倍的拼命。与君共勉。

付出与得到

  任杰，女，汉族，材料2008级学生，预备党员。曾担任院学生会副部长、班级学习委员，现任班级团支书。曾获国家励志奖学金、校级一等奖学金、国家奖学金、校级特等奖学金以及校级优秀团员荣誉称号。

  在一步步的成长中，我认识到只有通过自己努力得到的收获才最有价值和意义！转眼三年过去了，我可以自信而骄傲地说：回首大学三年生活，我活得充实而精彩！

  第一年：越挫越勇，永不退缩！

  学习方面：最初我的成绩并不理想，虽然我每天最早到自习室，却最晚离开。但在第一次高数测验中，我却拿到了宿舍倒数第一的成绩，当时我的心情之糟易于想象。在高中，我也是尖子班的优秀生，可进入大学，怎会沦落到这地步？又是某晚十点十分，自习室又一次只剩下我一人，看着窗外黑漆漆的天空，屋内空荡荡的教室，难过不禁又涌上心头……"难道，我的学习成绩就真如外面的天空一般没有一点光明了吗？难道我真实的学习能力就是如此吗？"我越想越灰心，越觉得何苦每天花这么多时间学习呢？为何不像其他同学那样放纵自己，感受大学自由自在的生活呢？……"不！我不能就此放弃！只是一次测验而已，怎能遇到点挫折就放弃呢？！""有志者，事竟成，百二秦关终属楚，苦心人，天不负，三千越甲可吞吴"，"困难是弹簧，你弱他就强，你强他就弱"这些成语、俗语不正是每个人都熟知的嘛！我就只是一次考试失意罢了，难道就要放弃自己的信念了？难道就要混沌度过自己的大学四年了？呵呵，不！这不是我的一贯做法！想通了后，我便理智地分析此次考试的失败原因，原来是我的学习方法不对！学习效率不高！大一结束时，我凭着努力拼搏的精神由第一学期的年级十几名进入到前十名。也通过探索改进渐渐掌握了在大学中的适合自己的学习方法：**课前必须预习，自习必须投入，上课必须认真！**工作方面：我进入了院学生会学习部。有一次的辩论赛主持，我至今仍记忆犹新。由于缺乏主持辩论赛的经验，十分紧张，竟然先把结果公布了，却没让评委点评。当时我真是又羞又愧……但是，我没有因此再不敢担当辩论赛主席，而是因为这几次的主持，对主持辩论赛算是入门了。

第二年：勤能补拙！

学习方面：进入大二，我没有丝毫松懈，继续努力、拼搏着，也快乐着。记得大家对我的评价就是："任杰，你也太能学了吧？！""强啊！起这么早，不困吗？""哈哈，你又是最晚一个进宿舍门的"。虽然有时觉得是不是我有点学得过头了，但是这种念头稍纵即逝，因为我有心中的信念会永远指导我保持积极的学习态度。由于第一学年成绩不够优异，只获得了二等奖学金，这一年我要争取拿到国家励志奖学金。虽然我不聪明，但是只要努力，取得励志奖学金我有信心！评选大二学年奖学金时，我顺利拿到了国家励志奖学金！工作方面：我担任了学习部副部一职。对于怎样做好副部，我是一头雾水。但我相信勤能补拙！我在工作中不断探索，改进，虽然在调动干事完成工作方面仍做得有欠缺，但总体上，我圆满地完成了所有工作，也和干事们成为好朋友。

第三年：一分耕耘，一分收获！

"这一年是为保研做最后冲刺了……我要拼了！"开学初我就在心中下定决心。这一年里，我更加刻苦，不仅自习时保持高效率，也保证长时间！夏天自习室的闷热没有阻挡我，冬天室外的严寒没有吓退我！我在梦想道路上大跨步地向前迈进着。当心中的信念稍有动摇时，我就提醒自己：如果现在不吃点苦，何来以后的甘甜呢？！第一学期，专业第一名。"还有最后一学期了，加油！"我给自己暗暗鼓劲。第二学期，专业第一。终于通过自己的努力，我收获了曾经认为是奢望的国奖，也为我是否能成功保研加了一份砝码。但由于我英语成绩较差，选择保送了本校。但我成功地被我中意的导师接受为研究生。如果我最后一年不努力，何来的国奖殊荣？何来的顺利保研？要想有所收获，必须有所付出。

大学三年，我所获得的一切都是我付出的结果。回想起大学三年的酸甜苦辣，我觉得我的收获特别有价值，特别有意义！

激扬青春，绽放精彩

孙琪，女，汉族，计算机 2008 级学生。曾获国家奖学金、校级特等奖学金、校级二等奖学金、暑期社会实践二等奖、北京市计算机应用大赛优秀奖、校级优秀大学生记者。

时光飞逝，大学四年转眼就要过去。回首往昔，不知不觉中留下了一行深深浅浅的足迹。很多人会问大学让我学会了什么，我只想说我学会了成长。

成长在于认识上的改变。可能很多人都不理解，一个女生为什么要学计算机这个很辛苦又很难理解的专业。最初是因为自己没有特定的兴趣，就选择了计算机这个基础学科。刚开始接触计算机专业的时候，我也很不理解它是怎么样实现我们日常的需要，不明白怎么用简单的 0、1 构成一个世界。就像最开始学习导论时老师讲的那样，"可能你们现在什么都不明白，也不理解我们为什么要学习这门课，但当你学完四年的课程，回头看看，就会明白这门课的重要性。"现在我已然是一名的大四的学生了，深刻地印证了老师的那句话，更觉得学习计算机是正确的选择，因为它不仅涉及计算机领域的专业知识，还有社会、人文等其他方面，也给我的大学生活带来了别样的精彩。

成长在于想法更加实际。大一刚走进学校的那一刻，我告诉自己这里将是我未来四年展现的舞台，这里是通向我梦想的桥梁。我想很多人在高中时都曾在心中勾画过自己的大学生活，不过却可能与现在的情形有着天壤之别。我一直都相信只有亲自经历过才会知道其中的真谛。以前的我们总是以为大学就是天堂，可以告别高中黑暗的学习生活，可以做各种自己想做的事情，可以任性的玩耍。四年即将过去，但现在的我却在后悔大学时光度过得太过随意，大学是人生中最美好的一段时光，我们不应该荒废它，而是应该在这里利用这些得之不易的资源去充实自己、完善自身，提升自己的价值。**就像图书馆里链接到的数据库一样，不走出校门，永远不知道那些对于我们免费的资源，对于校门外的人是多么的珍贵。**

成长在于体会到学习的重要。虽然我们身处被高中老师称为天堂的大学里，但我们始终是学生，学生的本分就是学习。大学，不再是有人在耳边叮嘱，更多的是自主性和创新性。在学习专业课的同时，我参加了工商管理的辅修课程，也利用节假日自学了心理学有关知识。现在社会需要的理科生，不再是只坐在电脑前面只与代码交流的书呆子，而是更重视人文素养，更重视学生的全面发展。

成长在于增添了克服困难的勇气。进入大学，生活不再是学习的独奏曲，而是有了丰富多彩的活动，有了各种锻炼自己的平台。我们常常会羡慕那些很有工作能力又成绩很好的人，却忘了那些光鲜都是以无比寂寞的勤奋为前提的，要么是血，要么是汗，总是大把大把的付出才会有了令人羡慕的成就。大二的时候课业很重，我担任了院科技部副部长的职务，同时在记者团、话剧社等社团都有任职，但我依旧选择坚持。尤其是主办校机器人大赛的一个月，我接触到了以前从未想过的工作。身为一个策划者，身为一个领导者，我才知道真正的工作有多么困难、坎坷，但只要握紧拳头、把问题一个一个解决掉，成功就不会遥远。那些能够称得上是困难的都不是问题，只要我们有勇气、有斗志、有行动。

成长在于学会忍让，学会幸福。人越长大，就越会变得沉默，不是因为没有话可说，只是习惯了听多于说。多听听别人的想法会拓宽我们的眼界；多听听别人的故事会让我们了解别样的世界、了解可能一辈子也不会经历过的事；多听听别人的苦痛经历会让我们反思我们的生活是多么的幸福。叔本华说过："幸福与厄运不在于降临的事情本身是苦是乐，而是看我们如何面对这些事情，我们感受到的强度如何。"生活中处处都是幸福，我们又何苦抱怨，只要认真地度过每一天才能成就最精彩的人生。

大学四年，转瞬而逝，真正重要的是我们哭过、笑过、唱着歌走过青春；重要的是我们付出过、努力过、得到过、失去过；重要的是我们每一个人大学生活都是自己一笔一笔的刻画，都有着不重复的精彩之处。我相信只要我们认真努力地过每一天，人生的路总会绽放精彩！

勤可补拙，熟能生巧

夏鹏，男，汉族，党员，机械专业2008级学生。曾获国家奖学金、校级特等奖学金、国家励志奖学金、校二等奖学金，以及优秀学生干部、暑期社会实践校二等奖等。

一直记得小时候看过的一篇文章——《诀窍》，里面描述了一位技艺高超的杂技大师，很多人都问他杂技耍得那么好的诀窍，他总是默不作声，把他们带到自己的床前，然后拉开床下面一个巨大的屉子，指着里面满满的碎瓷片说："这就是我的诀窍。"

勤可补拙，熟能生巧，这就是那位杂技大师的诀窍，其实这是我们现实生活中形形色色成功人士的诀窍。成功就像唐僧过狮子岭，要么绕行八百里，要么挺进山中，消灭所有妖怪，每条道路都有每条道路的艰辛和不易，成功没有诀窍可言。生长在大别山深处的一个偏僻的小农村，我似乎很小就相信了这个道理：没有双脚走不穿的道，只要勤奋，没有双手撑不起的天，只要拼搏。

2008年9月第一次来到繁华的北京城的时候，我也和所有人一样欣喜和彷徨，2008年9月第一次走进矿大Ω形大门的时候，我也和所有人一样激动和不安：大学生活该如何度过，那个时候我也和所有人一样迷茫。在经历了和室友一起游完天安门游颐和园，游完颐和园游圆明园的日子后，在经历了和朋友一起面试了校学生会，面试院学生会，面试各种社团的日子后，在经历了和学生会的伙伴一起组织完篮球赛组织排球赛，组织完排球赛组织足球赛的日子后，在经历了很长一段时间的放纵和迷茫后，我开始觉醒。一门基础课程老师的一句话"大学生活要过正二八，不能过倒二八"和辅导员程新老师的一句话"学生干部的前提是学生，不是干部，所以重点是**学习**"让我拨开了头顶的云雾，开始重新审视大学生活。大学不是我们在高中是所幻想的那样绝对自由，想干吗干吗，也不是某些学长学姐给我们灌输的那些想玩玩、想吃吃、想喝喝，大学的首要且最重要的工作还是学习，用知识自我充电，还是要去证实那句横亘千古的名言，知识就是力量。

从那个时候开始，我开始了晨读英语，每天早晨6:00—6:30基本都会出现在四餐，7:45去上课；从那个时候开始，我开始了晚自习，每天晚上6:00左右基本都会出现在教学楼314，10:30回寝室。我并不聪明，所以只有跟时间赛跑，只有勤奋与拼搏，书，一遍看不懂看两遍，两遍看不懂看三遍，知识点，一次背不下来背两次，两次背不下来背三次。上帝是公平的，他给了我们每个人同样多的时间，但上帝又是不公平的，他给了勤奋者千倍于懒惰者的硕果。我能够得高一点的分数，不过是印证了下面这句话：付出总会有收获，一分辛苦一分才。笨鸟不仅要先飞，更要多飞！

　　大学不是我们所崇尚的那样绝对自由，但相对于我们曾经度过的九年寒窗来说，大学绝对又是一个相对自由的环境，我们可以凭我们的兴趣去做很多事，可是学习，我们很多时候不能光靠兴趣。机电学院老院长吴教授在2010—2011年的学院表彰大会上讲过三个词，其中第一个词让我印象很深刻——责任。他说那么多门基础课程和专业课程，我们不会全都有兴趣，甚至有些人全无兴趣，教科书永远不如科幻小说来得精彩纷呈，但生活不是科幻。活着就需要承担很多责任，学习，对于身为学生的我们，其实就是一种责任。若是没有兴趣，那就承担责任。当然，学习不是大学生活的全部，学习是锦，要想大学生活过得精彩，我们就必须锦上添花。我是一个喜欢充实的孩子，所以在学习的闲暇之余，我参加了记者团，参加了学生会，参加了团委，也参加了国庆六十周年群众游行，参加了校庆100年志愿者，也和朋友一起办院报，一起建立志愿服务基地，一起组织志愿服务活动，一起组织暑期社会实践，一起出去登山游玩，一起出去找兼职。"正二八"的那百分之二十的时间，其实还可以让我们去做很多自己喜欢且有意义的事情，去寻找我们的兴趣，去充实我们的大学生活，去释放我们的激情，去将我们所学的转化为能力，去与社会接轨。

　　依旧记得采访我院计算机系保送北大的学长阴弘志时，他跟我讲的一段话："无论你大学四年做什么，学习也好，游戏也好，谈恋爱也好，出去玩也好，只要你觉得那是你大学四年最想要的，大学四年过了不后悔就好。"其实每个人都是这样，认清大学生活的本质，抓住大学生活里最重要的，做自己最想要的，走出属于自己的精彩大学生活。

大学杂谈

　　姜心蕊，女，汉族，出生于1990年，预备党员。机电与信息工程学院测控2009级学生。曾获2009—2010学年校级二等奖学金；2010—2011学年国家奖学金、校级特等奖学金；2010—2011学年一次性通过四六级，四级优秀；2010—2011学年荣获优秀团干部称号。所在宿舍连续两年别评为校"文明宿舍"和院"学风优良宿舍"。

经常和舍友们聊天，大家提到自己的高中三年生活，无非是没日没夜的学习和温馨融洽的班级氛围，每每这时，我只想低下头沉默着。我想很少人敢说大学的自己比高中还要刻苦学习的，而我，就是其中一个。高中三年，我在中考成功的骄傲和无法克制的困意中浑浑噩噩地度过。高中给我最深的印象就是课堂睡觉被老师愤怒的点名，交作业前飞快地抄作业，老师一遍又一遍地提醒我：是时候该努力了。虽然高三突然有一天幡然醒悟开始努力，我也无法稳定我的成绩，于是我迎来了人生第一次重大失败——高考。当知道第一志愿并没有录取，学医的梦想终成为泡影，不记得当时怎样睡了一整天。也许只有经历了失败的人，才会成长，才懂得那些成功的来之不易。幸运的是，我来到了矿大。

一、人，你永远也不会知道自己的潜力究竟有多大

之前对矿大并不感兴趣。但之所以说来矿大很幸运，是因为矿大良好的学习风气和我勤奋好学的舍友们。在她们的影响下，我平时能坚持去教学楼自习，不会的问题能和大家及时讨论解决，并且在考前能充分地复习。本来对自己学工科并没有什么信心的我，在每天不断的学习中，也能对之提起兴趣，掌握其中触类旁通的学习方法。成绩不断进步的过程中，我终于明白了那句：人，之所以能，是因为能。人的潜力是无穷尽的，也许有时你已经觉得自己努力到了一个极限了，不会再有提升的空间了，请别停下脚步，因为那只是一个假象，一个飞跃前的必经阶段而已。

二、学习的秘诀只有一个字：心

从小到大，阅读过无数学长学姐、亲戚朋友的学习经验，大家都各自有各自的锦囊妙计。而就我来看，学习的秘诀不过一个字：心。无论是你擅长的科目还是你不感兴趣的科目，**学习的过程都该是一个过心的过程，不管是老师说的每句重要的话、作业题中遇到的重要的习题、同学为你指导的学习方法，还是一个单**

| 大学生活启示录

词、一个词性或是一个知识易错点。相信每个同学身边都有一些人，他们看上去很努力的学习，上课听得很认真，作业也能按时完成，但就是考试成绩不尽如人意。于是便发问：为什么努力和回报没有成正比呢？其实不然。他们不能得到预期成功的根本原因还是学习知识只是浮于表面，未求甚解，症结所在还是没有过心！学习用心，当然也包括对学习方法的思考和选择上，尤其在大学学习中，每一门课程都有自己的特点，有的是记忆类的，有的是计算类的，还有的是理解类的，学习方法更显得尤为重要。选择好的学习方法会使我们的学习效果事半功倍。

三、亲情是最好的学习动力

有不少同学还经常抱怨不知道为什么上大学读书，经常学着学着就没有动力了，这个问题也一度困扰过我。直到高三那年，妈妈疑为生病，一段时间我都在泪水、压力和恐惧中度过。经历了这些痛苦的历练，当得知妈妈没事时我才懂得原本平淡的亲情对我是多么珍贵的。我也只有通过好好学习，让父母看到他们爱的我将来过得好，并且让我爱的他们也过得好，才能让父母欣慰。这就是我学习的动力，不竭的动力！每当我困倦时，懒惰时，不想学习时，我就想到父母，想到他们在月台上送我时那满满的期望，我一定要在这里建筑一个他们曾给我那样的家。于是，再枯燥的课本，再难的作业题，再烦的考试我都有勇气去面对。这时，我知道，我长大了。

最后，我还想说，真的很庆幸来到这里，遇见我的朋友们，让我的人生能拥有如此淳朴的友情。可以说，我的大学，读到此时，已经完美了，至少我已经满足了。在剩下的一年半大学时光，我只要做好自己，真心换真心地对待每一个朋友，为我这精彩的四年人生画上一个完美的句号。

且行且珍惜

刘志杰，男，汉族，电气2010级学生。曾获国家奖学金、校级物理竞赛二等奖、校级优秀团员。

光阴荏苒，时间如白驹过隙般流过，大一的生活也已结束。昨日那埋怨时间过得太慢、生活空虚无聊的情愫似乎还游移在脑际，而今大二的生活已经开始，蓦然回首，感慨颇多。虽然在很多人的眼里，我的大一是成功的。但是，我只能说我的大一是充实的。这一年，有收获，有失去；有得意，有失意，所有的一切，构成了我的大一生活，在我的人生中留下了一个可以无数次回忆的一页。

还记得刚刚踏进校园的一刻，大学生活的美好蓝图便在脑中产生。记不起真正的大一生活是何时开始的，仅有的记忆是周围的一切变得越来越熟悉。但是伴随着熟悉到来的是越来越多的苦闷。我想很多人同我一样，对校园的失望，对未来的迷茫，对现实生活的不知所措在大一的初期时时刻刻困扰着我。我们的校园太小，没有树，没有水，功能设施也不全，与想象中的大学校园相差太远；在周围的学校中，我们的学校是最不起眼的；在与老同学的交谈中，是最不好意思说出口的……但是，这些所谓的缺点，在我们真正明白自己为何来到大学时，便会荡然无存。我们不需要大的校园，我们的周围有公园；我们的设施不齐全，但是我们需要的应有尽有；**我们的校园不大，但是我们有最负责任的老师。很难想象一个大学老师为你讲题到下午上课吧**。这就是曾经的清华大学校长所说的，"所谓大学者，非谓有大楼之谓也，有大师之谓也"。

对于我来说，对校园的失望促进了对未来的思考。在我们高中同学中，我的大学是属于不算太好的，在与他们的交流中，我感到了深深的危机感。他们在一流的学校里，他们有更多的资源，他们的基础比我好，在起跑线上我已经输了，所以，只有付出比他们更多的努力，更多更多的努力才能追赶上他们，才能超过他们。所以，我把学习放在大学生活的第一位。我们班主任说过，在学校你就是一个学生，最重要的就是学习，学习成绩是评判你的一个不是唯一但是最为重要的条件。在大一，上课，自习成了我必不可少的生活。当然，学习不仅仅是学习课本的知识，要广泛地接触各种知识，多读书。现在的大二生活让我感触最深的就是没时间看课外书，生活被上课和作业填满，感觉到深深的空虚、无聊。

可有人会说，大学的生活要丰富多彩，仅仅学习不是枯燥无味没有意义吗？是的，大学生活就应该是丰富多彩的。但是逃课睡觉、打游戏绝不是丰富大学生活。大学有学生会、社团等各种组织。在保证学习的条件下参加这些组织，不仅可以锻炼我们的能力，更可以交到更多的朋友。刚进入大一，怀着美好的憧憬，加入了学生会和绿协。虽然没有想象中的那么完美，但是这两个地方确实让我学到了很多东西同时也认识了很多的朋友。正是在这样那样的活动中或者说这样那样的事情中,学会了把握机会,学会了取舍利弊,所以,我成长了。

进入大学,进入了一个新的环境。周围的一切都是新的。我们离开了家,学校、班级、宿舍是我们的另一个家。在这个大家庭中,和谐、团结的集体是个人成长的基石。进入大学,从此,我的生命里,多了几个刻骨铭心的名字——矿大、电一、1233。在这个家庭里,每一件小事都让我感动,每一次无心之举都可能会让我热泪盈眶。正是因为这个家里的每一个人,孤独时会有人陪着说话,在无助时会有人帮我一起度过。在这里,我可以毫不掩饰我的缺点,在这里,我心甘情愿为大家做任何我力所能及的事。这里的友谊,是我大一生活最最重要的收获。大一生活结束了,除去收获最让我遗憾的就是没有规划好自己的未来。大学四年是短暂的,明确自己的目标,规划自己的道路是必不可少的。这让我想起我们高中校训"为四十岁做准备"解说词里的一句话,四十岁的辉煌,都来源于十八岁的志向,二十年的血汗。没有计划,四年仅仅是弹指一挥间。自己得以慰藉的是,虽然没有制定明确的规划,但是,我可以做好当下,在日常的学习中逐渐地认识自己,规划自己。过去的已经过去,最重要的就是当下。无论过去如何,现在才是自己的。对自己也对你们说"且行且珍惜"。

我的大一生活

王纯阳,男,汉族,材料2010级学生。曾获国家奖学金、校级特等奖学金。

大一是新的开始,结束高中辛苦生活的我们,终于有了喘息的时刻,怀着欣喜的心情步入了大一的生活。早就听学长们说过大学的生活是美好的,我也有机会亲身感受一下了。于是我开始了虽说不算完美但还是让我觉得算得上圆满的大一生活。虽然大一的生活离我愈来愈远,大二的生活也已渐近中点,但是大一的美好回忆还回荡于我的脑海当中,不能抹去。如果用一句话来总结的话,那便是"靠友谊去支撑,靠个人去奋斗"!

第 5 章　青春有价　大学无悔

从刚进入大学的校门，一种陌生，又有一种亲切，心中充满了对大学生活的向往，到现在的见怪不怪。总待在学校里，会觉得烦；而离开学校久了，又有一种恋校的感觉。可能这学校太让我熟悉了吧！喜欢学校的一草一木，喜欢学校可爱的人们，喜欢我们住的宿舍楼，喜欢那传说中的学九广场……这就是我的大学，我一辈子只上一次的大学。

大学真的和高中不一样，我可以深切地感受到。我可以有幸倾听来自外国教授和老师的课程，虽然能让我听得头都大了，但是那种学术氛围深深地感染了我，同时也让我见识到高水准的人才是什么样的，激励着我树立远大的目标，并不断为之而拼尽全力。所以如果有听讲课的机会不要错过哦！

在我看来，大学生活不得不说与同学之间的友谊了，过去的一年中，我和我的同学们一起上课，一起上自习，一起出去游玩。我看到了一个班级的凝聚力和那份深深的友谊。篮球赛时，我们男生们不遗余力地练着篮球，满身臭汗毫不在乎，受伤了也依然坚持；女生们放下自己的事情，也不在乎什么矜持放声狂喊着加油。我为有这样的班级而感动，不管结果怎样我们乐在其中。还记得那时的香山植物园一游，我看到的是团结，看到的是友爱，看到的是我们班集体那坚韧的精神。感动于爬山爬到腿脚发软时同学给你援助的搀扶；感动于自己干粮吃完时，同学把面包掰下一半与你分享；感动于我们攀上山顶的那一刹那，豪放地呼喊。最让我觉得开心的是，我们班在逛植物园时，全然没有欣赏花草植物的意思，找了一块草坪就打起"三国杀"来！大学生活之所以是精彩的，正是因为这些可爱的同学们把它装点得色彩斑斓！你是否经历过与同学一起K歌，唱到嗓子沙哑发不出声来；你是否经历过与同学们聚餐，吃到肚子要爆掉，喝到连路都走不了；你是否经历过和同学么一起参加活动，而全然忘记了疲劳和困倦。正是依靠着同学之间的友谊，我才能克服学习生活中的种种困难，一直坚持着走下去。

大学之前，听到过一些说法：大学生活自由轻松；大学里60分万岁；必修课选逃，选修课必逃等。也有一些另外的说法：大学很累，累得喘不过气；大学充满了机遇和挑战；好学生不能逃课等。对于一个没有上过大学的人来说，心中充满了疑惑。幸然，我走出了一条属于自己的学习之路。发现过怎样的大学生活全在于你自己的选择，你给自己一个怎样的定位。想想大一学习的日子，有辛酸也有泪水，但更多的是收获。**想想大一时候的我，当时规定自己每天六点起床去**

操场读英语，虽然有时会冻得直哆嗦，有时还会头晕，但时间长了也就习惯了，欣慰的是自己的英语有了一定的提高。想起那时一到周六周末就很早起床背起书包，找一个安静的教室，一学就是一天。期间当然会有懈怠的时候，想要放弃，但自己还是咬咬牙就挺过去了。困的时候就趴一会儿，醒来接着学，似乎有点高中时候的感觉，虽然累但学习自有学习的乐趣。想想看，当同学问你问题时你能帮上忙，那是一件多么快乐的事。

学习不能间断，要持之以恒，否则不会有很好的效果。我也有过颓废的时候，但是"亡羊补牢，未为晚矣"，只要能及时地发现和改正，继续坚持下去，学习一定会好起来。不要在乎自己是笨还是聪明，每个人的智力是有所不同，但不会差距很大。就算真的有很大差距，也不要灰心，有一句话叫作勤能补拙。我的智力在我们班不是很好，但依然通过自己的努力，取得了很好的成绩。我相信只要有付出就会有回报！

自己的大学生活路，需要自己来走。珍惜享受自己的大学友谊，充分利用好自己大学时间提升自己，相信你的大学生活定会更加精彩！

过有目的的大学生活

郭森，女，汉族，出生于1988年，预备党员，2008级测控技术与仪器专业。曾连续三年获得国家励志奖学金、校级一等奖学金和校级二等奖学金，同时荣获第六届"挑战杯"首都大学生创业计划竞赛北京市银奖，高教社杯全国大学生数学建模竞赛北京赛区甲组成功参赛奖，2010年度首都大学生暑期社会实践优秀团队，2010年度首都大学生暑期社会实践优秀成果，第六届学校"创新杯"大学生机器人挑战赛迷宫组二等奖，学校第三届数学建模竞赛二等奖，建国60周年庆祝活动优秀骨干称号。

我想在大学里，我应该做到从思考中确立自我，从学习中寻求真理，从独立中体验自主，从计划中把握时间，从表达中锻炼口才，从交友中品味成熟，从实践中赢得价值，从兴趣中获取快乐，从追求中获得力量。大学是很多人向往的地方，但是大学真的有想象中那么的美好吗？在大学里有很多的事情要做。毕竟在大学里的时间是有限的！我认为大学生活要把握好以下原则：首先要把握好自己的人生目标：出国，保研，考研还是工作，明确了自己的目标才能有方向、有目的地度过我们的大学生活；其次自己要有一套学习的安排计划：学习方法因人而异，制定一套适合自己的学习方法，才能提高效率，更有效地学习；再次尽可能地利用课余时间：**大学的课余时间很多，我们要充分利用这些时间充实自己，我们所需要的不仅仅是专业课知识，老师的一句不经意的话可能会触动我们的心灵，为我们指明前进的道路**；最后要善于思考：以平和的心态带来融洽的人际关系使大学生活丰富多彩，很多人都把大学称为一个小社会。既然是小社会就会有各种各样的人，就会有各种各样的人际关系。与同学和老师如何相处才能有利于自己成长，培养自己的人生观、价值观。树立远大的目标，明确自己的责任。

在学习方面，我认为：

学习的是一种思维。学习专业知识固然重要，但更重要的还是要学习思考的方法，培养举一反三的能力，只有这样，我才能适应瞬息万变的未来世界。这种能力必须在大学期间开始培养。我觉得不应该只会跟在老师的身后亦步亦趋，而应当主动走在老师的前面。比较好的学习方法是在老师讲课之前就把课本中的相关问题琢磨清楚，然后在课堂上对照老师的讲解弥补自己在理解和认识上的不足之处。我要求自己"理解"知识并善于提出问题。对每一个知识点，都问几个"为什么"。事实上，很多问题都有不同的思路或观察角度，在学习知识或解决问题时，不要总是死守一种思维模式，不要让自己成为课本或经验的奴隶。这样，我的潜在思考能力、创造能力和学习能力就能被激发出来。

要学会记笔记。笔记是我个人的财富。好的课堂笔记对于促进我的记忆和以后的学习起到很重要的提醒和启示作用。做笔记要注意课后归纳，进行提炼。只有课后整理、归纳和提炼，才能去伪存真，去粗取精，去水留干。

在学生工作和兼职方面：

作为一名学生干部，我首先在自己的干事中树立自己的威信，在各方面起模范带头作用，以身作则，兢兢业业、任劳任怨、勤勤恳恳地为同学服务。其次，我努力提高自身综合素质。工作认真，形成自己的一套工作方法；生活随和，低调处事，并且以德服人。把干事们当作兄妹对待，尽自己所能帮助他们。再次，我努力处理好工作与学习的关系。在学习中，我努力培养严肃认真，一丝不苟的

| 大学生活启示录 |

学习态度和严谨慎密的良好学风,力戒不懂装懂,一知半解或不求甚解,甚至投机取巧。兼职也是我大学生活中必不可缺少的一部分。它不仅是我能够维持正常的大学生活,还锻炼了我的意志力以及社交能力,为我的大学生活增光添色。

忙碌而充实是我大学生活的主旋律,大学里我经历了很多,付出了很多,也收获了很多。脚步到达不了的地方,眼光可以到达,眼光到达不了的地方梦想可以到达。我的路会越走越远。

与你的大学相适应

孔俊丽,女,汉族,预备党员,2008级学生。曾三次获得国家励志奖学金、两次获得校级一等奖学金,获得北京市高等数学竞赛二等奖、全国英语竞赛三等奖、北京市电子设计大赛三等奖、校毽球比赛三等奖等。

转眼已大四。清晰地记得自己在收到大学录取通知书时的兴奋与喜悦,那时每天必做的就是在网上找学校的资料,我看着网上大学校园的风景,浮想联翩。2008年金秋时节。载着自己的梦想与家人的期盼,我来到了北京,来到了我的大学。在刚入学这一阶段有适应期,感到学习生活不如意,首先在思想上要相信自己,要自信。不要过分强调学校、教师适应你,而应当主动去适应大学的生活、教学。特别在学习上,刚开始教学内容明显加大,感到吃不消。我们只有做到课前预习,课堂上认真听讲,课后多练习,争取问题不遗留,否则到后来就越来越难,就会导致放弃。大学的校园是一个完全自律的地方,没有老师会来过问你的学习,没有师兄会督促你交作业,我们如何学习与生活完全取决于我们自己,所以要摆正位置,有一条永远不变的就是"将学习进行到底"。如果我们不趁现在的年轻抓紧时间学习充电,到了毕业的时候会连后悔的时间都没有了。我始终牢记:学生不学习是最大的错误。学习是学生的第一任务,我认真学习专业知识,还积极参加各类学科竞赛。我先后获得校高等数学竞赛二等奖,北京市大学生高等数学竞赛二等奖,全国大学生英语竞赛三等奖,一次性以超过四六级优秀线的分数通过全国大学生四六级考试,通过国家计算机二级考试,大二学年和大三学年学习成绩专业排名都为第一，并三次获得国家励志奖学金。

　　看着自己用辛勤努力换来的成绩，我知道自己在不断进步，同时也知道自己只有不断努力才能取得更大的成绩。但是慢慢发现大学中，最重要的确实是学习，可是不仅仅是学习课堂上的那些知识，学习并不简单是学习知识，学习范畴很广，需要学习的内容也有很多很多，我们需要去不断的学习，学习如何去生活，去好好享受自己的生活；学习如何去做人，吸收别人身上的长处，改掉自己身上的不足，做一个大家都称赞的人；学习去爱，知道什么样的爱才是我们需要的；我们要去学习怎么样对待爱情，友情和各种各样的感情。最重要的，学习如何去学习，一个优秀的人才必须具有的能力就是——学习能力，只有拥有了好的学习能力，同时不断去学习，我们才能进步。

　　作为当代大学生，全面的知识固然重要，但社会的要求不仅仅是呆板的书本知识，而对综合素质和能力的要求却越来越高。我们在大学校园里，既要学好专业知识，又要积极参加各项活动，不断提高自身的综合素质和能力。大学入学伊始，抱着开阔视野，锻炼自己综合能力的愿望，我进入了机电院的学生会。大一期间，我作为一名干事，工作中我认认真真地做好自己的本职工作，虚心向别人学习，不但将个人工作出色的完成，而且协助学生会的其他组员，将集体的工作完成好。一年下来，通过部门组织的各项活动，比如迎新活动，篮球赛和足球赛，我将个人能力充分发挥出来，将活动做好做细。同时，自己的认真办事态度也得到了大家的认可。因此，到了大二学生会换届时，我成为机电学生会办公室的副主任，这是对我工作的肯定。2009年的暑期，我积极投入到国庆60周年游行的训练中，为庆祝祖国母亲的六十华诞献上自己的一份力量。百年矿大校庆期间，我参加了校庆志愿者，服务回访的各届校友，以长江后浪推前浪的姿态向老校友们展示矿大的生机勃勃，人才辈出。在2010年的暑假，我还参加了学校组织的暑期社会实践活动，去了全国著名国企中煤平朔公司就矿区发展低碳经济与生态重建进行参观和调研，这次实践活动对我今后的学习工作和生活都有很积极的指导作用。作为电气专业的学生我深知动手能力的重要性，因此，在学习专业知识的同时，我积极参加各项课外活动，将专业知识付诸实践。我参加了国家创新实验计划《小功率光伏发电并网逆变器设计与实现》，提高自己的动手科研能力。大学生活虽然很自由，很精彩，但是充满了挑战，我还在这条路上！

| 大学生活启示录 |

永葆"学习"之心

　　刘希高，男，汉族，出生于1988年，预备党员，2008级学生。曾先后获得三等奖学金、校级特等奖学金以及国家奖学金、校级一等奖学金以及国家励志奖学金、全国大学生英语竞赛二等奖、校内力学竞赛一等奖以及"世界武搏运动会校级优秀志愿者"称号。

　　当我踏入矿大校门的那一刻，眼前所有的一切都是新的，新的城市，新的校园，新的老师以及新的同学，我对一切都充满了新鲜感。然而像很多大学新生一样，大学的学习与生活使我有些茫然：大学究竟应该怎样度过？我相信每个人都有自己的理解，而我的理解就是大学是我们"学习"的地方，我们在这里学做学问、学做事、学做人，或许这就是大学培养人才的根本吧。

一、学习篇

　　经过大学一年的学习，我逐渐认识到大学期间学习基础课程和专业知识的重要性，并且逐渐适应了大学的学习和生活。从大二开始，学习任务逐渐变得繁重，我也更加严格要求自己，更加勤奋、刻苦学习，认真仔细地学习每一门课程，绝不放过任何一个疑点、重点、难点。每次上课，我都会认真听课并且积极思考，课后还会抽出大量时间温习功课及独立认真地完成上课布置的作业，以加深对所学知识的理解。通过对专业课学习的不断深入，我对本专业的了解也越来越深，并对专业的兴趣越来越深。不仅如此，我也是图书馆里的常客，图书馆不仅藏书丰富，而且安静的学习氛围非常适合学习和思考，我不仅掌握了课本知识，而且增长了丰富的课外知识。付出终将有所收获，努力就一定会有回报。从大一的三等奖金到大二的特等奖学金和国家奖学金，再到大三的一等奖学金和国家励志奖学金，这些都是对我努力学习的最好证明。此外，我还积极参加各种学科竞赛，先后获得了全国大学生英语竞赛二等奖、校内力学竞赛一等奖，不仅通过准备竞赛的过程锻炼了自己的毅力，同时为学校和学院争得了荣誉。

二、学术实践篇

古人云:"纸上得来终觉浅,觉知此事要躬行。"理论学习尽管非常重要,但作为一名工科学生,学以致用也非常重要。所以我努力把握每次机会积极参加学术实践活动和实习活动。大二上学期,我参加了在清华大学的金工实习活动,通过亲身的实践和操作,使我对现代工厂的流程有了清晰的认识并且更加坚定了对本专业的兴趣。同时,通过实践我还学到了工程领域的严谨、求实的精神。大二下学期,我带领的团队参加了学校机器人大赛活动。经过我们团队的不懈努力,最终成功地参加了灭火机器人的初赛和复活赛,虽然最终没能进入决赛,但通过这次比赛,我获得了很多,不仅开阔了自己的视野,而且大大提高了发现、分析、解决问题的能力,同时也锻炼了团队合作精神。大三下学期,我参加了大学生创新实验计划,积极参加实验,查阅相关文献等,在校挑战杯竞赛中论文《关于自主避障移动机器人的研究》获得了获得一等奖,同时锻炼了自己的科研能力。

三、社会实践篇

随着科学技术逐步向跨学科、综合性发展,我认识到未来社会更需要具有协作意识和团队精神的人才,因此我积极主动地锻炼自己的组织协调能力和社会实践能力。从大一开始,我就积极参加社团活动,我先后加入了红丝带协会(历任干事及部长),红十字协会(参加急救培训和纪念5·12汶川地震活动),心理协会,能源先行者等。同时我也积极参加了旨在帮助灾区孩子心理恢复的"心灵火炬"计划,旨在为癌症患者献爱心的马拉松义跑活动以及通州光爱小学的支教活动。

在大三,我担任了班长,积极协助辅导员开展班级工作,努力团结全班同学,及时将学校、学院的通知决定传达给全班同学,不断发挥模范带头作用。同时,我也时刻不忘学习,合理的协调学习以及班级工作,成绩始终排名专业第一。

转眼之间,大学四年即将结束,而我也已从一个懵懂的青年变得更加成熟和自信,我将这一切都归功于"学习之心"。大学是一个人"学习"的黄金时间,我们在这里学习知识、学习做事、学习做人。回忆自己的大学期间的学习和生活，我感觉自己非常充实，相信当毕业那一天，我可以自豪地说：我没有虚度自己的大学时光。

怀揣梦想，把控时间

赵峥，女，汉族，预备党员，材料2008级学生。曾获校级一等奖学金，校级二等奖学金，两次国家励志奖学金，校级物理竞赛二等奖，校级优秀团员称号。

我的大学四年简单而充实，并非想象中的埋头苦读，而是合理的目标，规划和不懈的坚持。

一、长期目标的建立和短期目标的规划

人生的奋斗目标不要太大，认准了一件事情，投入兴趣与热情坚持去做，你就会成功。大学伊始，和大家一样对自己的未来比较迷茫，从学姐学长那里知道学习仍然是最重要的目标，尽管不是唯一的目标，但它是我们取得成功的基础。因此取得保送研究生资格就成为我大学一直坚持努力的目标之一，作为一个学习上的长期目标，这也是我四年能够保持积极进取态度的原动力。因此我想和大家分享的是，有时候我们很迷茫，面对诸多选择手足无措，但拥有一个合理而现实的梦想有助于你专注于奋斗而不失方向，也让我们有资格在重要的时候做出选择，因此，摒弃那些不切实际的空想，有的放矢。有了长期的目标，如何执行是关键。刚上大学时我偶然看到一个心理学报，内容是介绍时间规划，印象最深且对我影响最大的就是时间"四项法"，这是著名管理学家科威提出的时间管理的理论，把工作按照重要和紧急两个不同的程度进行的划分，基本上可以分为四个"象限"：既紧急又重要，重要但不紧急，紧急但不重要，既不紧急也不重要。**时间管理理论的一个重要观念是要有重点的把主要的精力和时间集中放在处

理那些重要但不紧急的事情上，这样可以做到未雨绸缪，运筹帷幄。我很庆幸的是在大学刚开始的时候就看到这样一个关于时间规划的理论，更重要的是我尝试着运用这个理论去规划我的大学生活，学会管理我的时间，给我的任务排序，所以我的大学生活过得紧凑、充实，一切尽在掌握之中。我既在学习上取得了一定成绩，也通过社团活动锻炼了自己的能力，同时也参加了大学生创新实验计划，培养了自己的专业素养。当然也会有些小小的遗憾，但是我不后悔，因为有得必有失，有时放弃也是一种成全。

二、丰富理想，充实生活，青春飞扬

在我们前进的道路中，会遇到各色风景，总会让我们的梦想丰富多彩，赋予我们生活以活力和色彩。社团活动是丰富课余生活、加强交流和锻炼自身能力的有效途径，要充分利用大学社团这个特有的优势资源，相信大学生活中丰富的社团资源会让大家找到适合自己的舞台。我个人参加过学院学生会，也担任过绿色志愿者协会的副部长，无论是组织经验、交流能力还是学习经验，都在活动和讨论中不断积累；社团的凝聚力和丰富多彩的活动也给我们的大学生活画上浓墨重彩的一笔，一起完成活动海报，设计活动策划都成为我们的共同记忆和宝贵财富；参加社会实践也给我很宝贵的经历，从参加让座日活动志愿者，国庆六十周年庆祝活动大学生志愿者，到学校百年校庆志愿者，纵然辛苦，但是这种付出是值得的，团队协作，志愿者精神都带给我们感动和坚持的力量。当我决定参加香港大学的研究生项目，放弃保研时，我相信新的梦想已经起航；每一个人都会遇到选择，在考虑自己未来发展的同时一定要基于自身的情况和兴趣爱好，不能够盲目从众，在条件允许的情况下选择适合自己的方向，相信你会更有潜力、更有动力、更有活力。

三、坚持人生理想，拥有崇高信仰，积极争取入党，投身祖国建设

信仰是一个人能否始终坚持自己前进方向的决定因素，我们的人生理想应该建立在自己的信仰之上，我们要根植于信仰去制定人生理想。四年来我积极向党组织靠拢，现在已经是一名预备党员，成为其中的一员我感到很光荣；经过理论

> 大学生活启示录

学习和支部活动,对我党有了更加深刻的认识,相信在今后的学习和工作中我会用实际行动实践自己的诺言。怀揣梦想,把握时间,大学四年铸就梦想的风帆,用充实的生活和严谨的计划保驾护航,梦想从今天起航!

过充实的大学

陈安林,男,汉族,预备党员,机械工程专业2009级学生。曾获得国家励志奖学金2次,全国大学生周培源力学竞赛优秀奖,校物理竞赛二等奖,校"暑期社会实践优秀个人"等。

很喜欢这样一句话,人的一生应该这样度过,当我回首往事的时候,不会因虚度年华而感到悔恨,也不会因碌碌无为而感到羞耻。转眼间,我的大学也过了两年多,这一路走来,开心过,失落过,有过很多收获,也有很多感慨。但是我一直以这个信念来要求和激励自己,不管是现在或者是若干年以后的某个时间我回首我的大学,我仍能自信地说,我的大学过得很值得,很充实。

大一来到学校时,从高中来到大学这个充满着未知和希望的环境,内心充满着好奇,当然夹杂着一丝的恐惧。那段日子,学习任务还不是很重,社团和学生会也就成了我们最向往的地方,和很多人一样,我奔走于各社团和学生会的招新,认识了很多新的朋友。虽然也会因为学生会的工作忙得不可开交,但是心里边很是开心,也很充实。同时,**大一也是为以后大三、大四学习专业课打基础的最重要的时期,所以学习也不能落下,学习,在大学里依然是头等大事**。大一年,可以说是大学四年里最轻松的,特别是上半学期。高中时候,老师总说高中好好干,上大学就好了。这句话也只有在大一上学期能感受得到。首先是高数。有句笑话,从前有棵树,叫高数,上面挂了很多人。百分之八十的大一挂科都会在这。高数其实跟高中数学最显著的不同就在于多了微积分这个知识点。其他的你会发现跟高中数学差不多,包括函数、极限和导数等等。微积分包括微分和积分两部分,微分包括微分和微分方程,积分又包括定积分和不定积分。这四部分就是高数上册的主要内容。以我个人的观点,高数辅导书基本上可以不要,至少我是这样的,因为你基本没心思没时间去做它。不过话又说回来,做做答案参考书也行。我完全不反对看答案,但是肯定不能看不看就往上抄。但是如果你准备考研,特别是考外校,像清华,北航,那你就得从大一起比别人多下点功夫,多做些题,把每个知识点学透,到大三考研时也就不会太累了。

接着是英语,在英语课堂上,老师主要注重的是我们对英语的感觉和领悟以及对整个英语文化的掌握,所以要想更多更好的学习英语关键还在个人课余的学习。平时可以多看一些英语电影,那种带中英文字幕的。多练练听力,听听英文歌。另外,可以听一些VOAEnglish,最初可以听慢速的,最后在听高级一点的。

到了大二,我们开始接触专业课,对自己所学的专业有了较为细致的了解;同时我担任了班级的学习委员,开始接触班级工作。我一直以来都怀着一颗敬畏的心来对待我所学的专业。在接触专业课的过程中,当我发现各个学科在一个知识点上产生交集的时候,我会有种成就感。当上课老师讲的新知识能拿来解决生活中遇到的现象,我会不由得产生一种自豪感。

在担任学习委员的过程中,虽然会有很多比较琐碎的事情需要细心的做,当看见班级的总体成绩有了明显的提高,我会由衷的高兴,与此同时,在这个过程中,个人会有很多的收获,比如说,班级同学的信任,老师的肯定,学到各种解决问题的方法等。

四年的大学走过了一半,多彩的大一生活,充实的大二都已离我远去。大三的挑战已经在我的面前,我依然会保持一颗平淡而充满希望的心去继续走完我的大学生活,走出属于自己的那份精彩。

用行动编织自己的梦想

李红颖,女,汉族,预备党员,测控专业2009级学生。曾获得校级二等奖学金、首都大学生心理健康节征文大赛优秀奖等。

梦想陪伴着我成长,梦想见证了我的进步。梦想是对成功的憧憬,是现实的导向。爱做梦的人是乐观的人，因为梦想总是给人以希望；敢于做梦的人是上进的人，因为梦想意味着更高的标准；能讲出自己梦想的人是勇敢而自信的人，因为她相信自己的目标会实现。大学是梦的开始，其实也是我们梦的实现。你可以很自豪地对曾经的自己说：我的大学梦实现了！从这里开始，我们不再是孩子，从这里开始，我们要真真正正做到对自己负责，对自己的人生负责。我相信我们每一个人都是满怀希望来到这里的，我也相信每一个人在离开时都会有很大的改变。还记得我在新生班会上说过："希望我们的大学生活丰富多彩，我们的青春掌握在自己手中。"是的，这是我对大学生活的规划，我在一群和我一样兴致勃勃的新生面前大声地宣读了我的又一个梦，因为我知道，我会用自己的行动将它实现。也许会有一些同学对自己的大学感到生活失望，因此有好长一段时间"无聊，枯燥"这类的状态总是等着我们去评论。但是不久之后我们会发现，"忙碌"这个讨厌的朋友带给了我们充实感，随之而来的便是大学生活的丰富与多彩。大学校园里有好多新的体验，写总结，听报告，组织活动，曾经好多离我们遥远而又陌生的东西都在这里与我们接触。这里，你真的成长起来了。

在一次学习经验交流会上，一位学姐说的话让我印象特别深刻。她是名非常优秀的学生，各方面都做得非常好，而且也有着很不错的发展。看着别人的辉煌成就，我觉得自己的梦好难，成功离自己那么的遥远，真的是只敢梦而不敢去想。学姐用一句话总结自己的经验，那便是"**当你专心做好一件事的时候，很多的好结果就跟着来了**"。真的只是这么简单。路就在自己的脚下，在一个地方站着，再怎么向远处张望也不会有丝毫的进步。只有踏踏实实地走好每一步，你才有机会欣赏到前面的景色，只有不停地收获并积累，你才有机会获得加速度，才可能实现超越。

作为学生我们的本职工作就是学习，也许学习相对于很多事而言是简单的，但要是想做好就真的是很难的。每个大学生都有自己的一套学习方法，从小学到现在，十几年的学习经验积累起来都是值得分享的。而我觉得，学习过程中，养成适合自己的好习惯是非常重要的。从理解与记忆方面，我认为记笔记是一种很好的方法，这样不仅可以让自己可以有选择性地去回顾自己的弱点，并且可以让我们加深对重点内容的记忆。从思考方面，我觉得培养一定的领悟能力和好奇心都是十分有好处的。领悟知识是综合的过程，是运用的基础；而好奇心则是创新与思考的原动力。除此之外，我发现交流也是一种相互学习，加深记忆的好方法。听了别人的思路，我们一定会是有收获的，而把自己的想法分享给别人也是对自己的检验。

学习中，我们会遇到很多的困难，但只要是有浓厚的兴趣，那么很多事情也会变得容易许多。知识往往是真正应用的时候才能显示出它的价值，而运用的过程也是学习的最佳过程。因此为了对自己的学习知识有一个更深刻的认识，我和班级同学一起组队参加了大学生创新实验项目。一件事，着手做的第一步就是要了解，而这个却花费了我们很长的时间，这足以见证"知识越少，行动越难"。接下来，要学习的东西就更多了。查资料，学习画图，分析别人的设计，从手册上查找相应的计算方法并计算，每一步我们做得都很难，因为一切都相当于是从零开始的。或许，我们做不出对他人而言有意义的设计，但我相信对我们而言，意义重大。这一次，我知道了知识是怎样被应用的，这一次我认识到了学习中的哪些内容我应该好好重视，最重要的是，我在用行动实现我丰富多彩大学生活的宣言。

一位老师曾说过，学习知识要有一定的钉子精神，一方面要将一定的宽度留在外面，另一方面要尖锐而深刻地投入其中。我想，这句话不仅仅适用于学习，也可以很好地概括人生。学习不是我们生活的全部，但是生活的真谛却可以说是去实现有意义的事。在这方面，我很高兴自己能够有机会参加学校的心灵火炬手的爱心活动。作为一名心灵火炬手，我以写信的方式与甘肃省某中学的学生交流心声。从她的信里，我能读出一种坚守自己的梦想，相信自己可以成功的信念。我为她描述大学生活的丰富多彩，鼓励她努力实现自己的梦。我与她一起分享我从学习从生活中感受到的快乐，帮助她分析她学习中的困难。

我的生活里，多了一个遥远地方，以我为榜样的妹妹，多了一个见证我梦想实现的小观众。而她的生活里也多了一个关心，帮助她的姐姐，多了一个为她加油的支持者。这就是我的大学生活，学习，实践，交流，畅谈心声。我用行动编织着自己的梦，丰富多彩，收获丰硕。每一个阶段的我都会勇敢地宣读自己的梦，有时对自己，有时对别人，然后扬帆起航，开始自己梦的征程。就让梦想充实着我的生活，走出更加绚丽的人生！

| 大学生活启示录 |

大学要有所取舍

余建民，男，汉族，材料科学与工程 2008 级学生。曾获得国家励志奖学金 2 次、校级二等奖学金 2 次。

时光荏苒，不知不觉在矿大学习已有两年多的时间了。两年前，我来到矿大，是心怀感激之情的。没错，我一直认为我是一个幸运的人，正如我对朋友们说的那样，当你放眼四周，一切都不太坏，不甚糟糕时，你甚至应该感到侥幸。2008 年的大地震给了我很大的触动，地震过后，你发现四周一切未变，亲人、朋友、生命，那份幸运你不得不珍视。当然幸运不尽如此，但这二字似乎是我在讲到自己时无法避开的词汇。

我们齐聚在这里求学求知，在大学这个阶段，20 岁左右的我们依然是可塑性较强的。我个人认为大学里主要是培养我们的学习能力、独立能力、自律能力以及交际能力。我们或许未能在每个方面获得满意的结果，但我认为大学这一阶段是对我们各方面加以锤炼的十分难得的过程。作为一个学生，在大学里的首要任务当然会是学习，既然是首要任务个人的生活重心应该是在学习上。我觉得想在学习上有所收获，首先要心中有学习，要时刻将之放在心上，做到有一种归属感。**在课程学习时，首先课堂听课时十分重要的，也许你不能全部听懂，但老师对课程知识的整体把握和知识脉络的串联都体现在课上，这对我们的理解是十分有益的。同时这对我们课下的学习效果有很好的保障，因为老师对课程的引入如同一把钥匙帮我们打开课程学习的门，而放弃课堂听讲选择完全课下自学，往往找不到知识头绪，常常是事倍功半。**当然课下学习也相当关键，结合课堂听讲，课下学习可加深对知识的理解，理清知识结构，同时也会培养自己的学习习惯。在这个过程中，我认为，问问题是一个不可或缺的环节。对自己不甚理解之处多问为什么，通过找到答案可是我们对知识有更深层次的理解。更为重要的是，问问题并找到答案的过程能较大程度地提高我们的学习能力，学习能力的提高会让我们学起来更容易，如此一来，良性循环受益良多。

我们经常会说，大学相比高中少了老师的硬性管束而变得自由的多。不过我想，将自由二字换成自主或许会恰当得多。大学是一个较为开放的学习环境，因此我们的自律能力变得十分重要。而自律能力中，时间的管理想必是重中之重。大学生活丰富多彩，但我认为将过多的时间浪费在不值得无意义的事上，做到了丰富，显然并不多彩。作为学生的我们，荒废学业而为其他显然是得不偿失的。我们应在时间安排上找到一个平衡，有些人看似忙碌，其实只是动作、肢体上的忙碌，对待问题是缺乏思考，行事又犹豫不决。做事之前，要三思而行，有所为有所不为，避免误时误事。于我个人而言，我计划一件事时，会多留出一些时间以防止各种临时事情耽误而不能完成。这当然就要做到做事不要拖拉，不要再迫不得已时才着手，这样会使自己的时间过于仓促。总之，个人时间的管理对我们每个人来讲都相当重要，它会影响我们生活的方方面面。

在大学求学，我们大部分人都是远离家乡，离开父母，这便要考验我们的独立能力，同时这也是对我们的锻炼与提高。大学是一个较为开放自由的求学环境，对于20多岁即将毕业走向社会岗位、成家立业的我们来说，独立能力的培养与提高无疑十分重要。我个人认为，大学里各种个人事情我们都应该亲历亲为，而不应将众事都寄望于别人的帮助。只有万事自己亲历亲为才能使自己更有担当，提高自己的处事能力，才能使我们在今后的生活中独当一面。同时这也能增强我们的责任感，使我们更加自信，在将来的路上走得更稳更远。

大学里的同学都是来自五湖四海，每个人或许都有各自不同的习惯，故在生活中良好的交际能力或许会让你颇受欢迎，否则可能会产生一些误会。我个人认为，在大学里我们所接触的毕竟都是同学，作为学生的我们或多或少有一些率真，彼此之间不会有太大的误会与矛盾，但培养与提高交际能力仍能让我们受益匪浅，尤其是我们即将步入社会，充当新的角色，面对更多形形色色的人。总的来说，待人真诚，心怀善意，宽容忍让仍是我们的交流之道。祝我们有一个美好的大学生活。

我对大学的认识

黄鹏豪，男，汉族，电气工程专业2010级学生。曾获得国家励志奖学金和校级二等奖学金。

大学生活启示录

不知不觉,作为大一新生的日子已经结束,大二的时光也即将过半。在这既漫长而又短暂的一年半里,我渐渐适应了大学生这个身份,而在这个过程中,我渐渐对大学产生了与以往不同的认识。下面我就随便谈一谈,和大家探讨一下吧!首先说一下以前我对大学的认识吧。在高中时代,每天挥汗于书山题海中的我总是在向往着大学生活,因为张三说:"上了大学就不用每天做卷子、不停地学习了!"李四说:"上了大学就能一觉睡到自然醒!"王五说:"上了大学就没有人管我们了,想干吗就干吗!"赵六说:"上大学就可以光明正大地谈恋爱了!"……每一句话都说得我心里直痒痒,恨不得马上就去上大学,这也在某种程度上成了我每天坚持下去的动力源泉。那时的我觉得大学和天堂似乎是同义词。如今,大学梦早已成为现实,但梦想与现实总是存在差距。当你对大学的新鲜感开始淡去的时候,当一切都归于平常以后,你会惊奇地发现,你所置身的并不是别人口中的梦幻之地。

在大学里,我们确实不用每天都做各种各样的试卷,但是学业依然繁重。我们所接受的是一种完全不同于过去的学习模式,在一节课上,你的书本会翻过十几页甚至几十页,也许你一时难以理解消化,但课堂上没有人会为你在某一个知识点上精雕细琢,直到你大彻大悟。这就意味着我们需要学会独立思考,学会更快地接受新鲜事物,需要我们去发现自己的学习方法,提高学习效率。

在大学里,我们确实不用每天五点半起床,但是,如果你想要在期末时得到满意的成绩,不想辜负父母家人对你的寄托与希望,你就不太可能淡定地睡到自然醒。在大学里,我们中的大多数都是背井离乡,远离父母,也远离了他们的唠唠叨叨,所以的确,我们可以更多地按照自己的意愿行事,有了更多的自由,可是当我们逐渐变得懂事,当我们发现自己再也不是懵懂无知的孩童,当我们开始为自己的未来做打算,想要为自己的未来负责的时候,不知不觉,就不会再任自己为所欲为,因为在内心深处,我们都会给自己订立一种法则,它将约束我们的一言一行,把我们引向自己设想的未来。所以,在学习这个层面上,大学是高中的延续,我们依旧无法摆脱那种三点一线的生活,我们依旧在虐待自己的脑细胞。不同的是,**在这里,我们能够也需要更加广泛的学习,同时可以照顾到自己的兴趣和爱好,仅此而已**。

听到这里,有些人可能会感到些许的失落,其实大可不必,大学还是有一些你梦想中的东西的。在大学里,你可以自由地谈一场轰轰烈烈的纯粹的恋爱。当然,作为矿大的男生,这个梦想也不太容易实现。不过,大学之所以叫大学,它一定与高中存在本质上的差别，我是这么认为的。高中时候的我们的目标很单一，就是考大学，一切的一切都是为了完成最后那神圣的一考，而大学则是为我们踏入社会，学会独立生存做准备。打个比方来说，高中时的我们就像是将要出壳的雏鹰，我们生活在坚硬的蛋壳之中，外面的世界与我们没有什么太大的关系。我们所要做的就是拼尽全力啄破蛋壳，打开通往天空的大门。而大学时代的我们就是羽翼未丰的雏鹰，尽管我们依旧受到关怀与照料，但已经暴露在残酷的现实世界之中，我们不得不开始为搏击长空、独立面对生活而学会一些必要的各种各样的生存技能。这意味着我们要面对各种从未遇到过情况，要学会独立的解决它们，但也意味着许多新鲜的体验，和你对世界的新的认识与感悟。我认为，大学的魅力很大程度上存在于此。

最后，我想说，如果每一个人都能够正确看待大学的点点滴滴，能够正视自我，能够为自己的未来负责，那么大学将会成为我们实现梦想的摇篮。我相信，未来一定是属于我们的！

回首大一

袁瑞敏，男，汉族，电气2010级学生。曾获得国家励志奖学金、校级二等奖学金、校级创新实验竞赛二等奖、校级高等数学竞赛二等奖。

我静静地坐在桌前，细细咀嚼着大一的酸甜苦辣，时而心酸，时而大笑，时而呆滞，时而激动。"思念"、"高数"、"自习"、"出游"这几个词反复跳跃，在我脑海里展开一段又一段的往事，令我回味！思念是我进矿大前两个月里的一种习惯！思念家人、同窗好友及家乡的各种美味，而且总是一不经意，我的思绪就飞到它们那里去了；然后我静坐、回忆，直到心中一片静谧一阵暖意。后来我干脆拿起各种电话卡跟家人问候或跟之前的朋友狂聊狂侃，甚至打到手机停机都习以为常。现在看来实在有些可笑，电话聊天的时间足以看好几本书了。当然在熟悉各种电话卡和套餐的同时，我也清晰地感觉到亲情和友情是需要用心灌溉的！

随着思念的心情逐渐变淡，大一的重难点课程高等数学开始占据我的生活，并伴我走过整个大一。还记得老师讲完数列极限定理证明后的那个晕啊,我仿佛找到高一时数学老师初次给我们讲解复合函数时的感觉——不知东南西北!当然有不懂、有问题,就应该有探索。自习便自然地开始成为我的生活常态。看书,做题,请教老师及同学……在我顽攻之下,一些问题开始逐渐瓦解,然后又熬过高阶导数,在不安中闯过第一次高数月考。之后是接触一系列数学家,各种中值定理。其中让我印象很深的就是泰勒公式,在课堂上我惊奇地发现用泰勒公式竟然可以证明高中数学老师补充的琴生不等式。我一下子激动起来,感觉高数的魅力实在强大。虽然那个证明很简单,我还是当重大发现一样,赶快跟我以前要好的同窗打电话"报喜",并讲得滔滔不绝。呵呵,我殊不知好戏还在后头!三章积分学,我是与其鏖战三百回合,在草稿纸上战得天昏地暗。战果我就不说啦,当时有这样一句歌词(模仿《爱情买卖》)描述得很生动:当初是你要求导,求导就求导;现在又要用积分把它积回去,积分不是你想积就能积的。

当然还有后面的多元微积分学,难度更大,需要花的功夫也就更多了。也不知多少个钟头我就坐在自习室里,做题啃书。有时也会想到自己离这些数学中的经典是如此之近,是多么的幸运,而想到离那些早在多少个世纪之前就发现和创造经典的伟大的数学家们,距离却又是如此之远。求学任重而道远啊!**也因为高数,自习开始成为我的一种习惯,而自习高数则成为我的一段难忘的学习经历。**

在大一,紧张繁忙的学习有之,轻松愉快的出游也不少!香山、北京植物园、奥林匹克森林公园、天安门、奥林匹克公园、天坛、北海公园等等,到处都布满我的足迹和欢声笑语。登山则情满于山,观海则意溢于海。出游,看的是风景,品的则是自己的心境!

回首大一,只觉现在时光弥足珍贵!太多问题我要去寻找答案,太多故事我要去写一个圆满的结局。珍藏过去,把握现在!在路上……

大学,需要奋斗

苏一新,男,汉族,测控2012级学生,班长。曾获国家奖学金、校级特等奖学金、校级二等奖学金、全国机器人大赛暨Robo Cup公开赛全国一等奖、华北五省大学生机器人大赛一等奖、北京市物理实验竞赛三等奖等。

"大学之道,在明明德,在亲民,在止于至善",两年前,读着《大学》里的句子,我迈进了自己大学的校门,可大学究竟是什么?我们要付出自己四年的美好年华在这里究竟要收获什么?一切都是未知,需要我们自己探索。

有些人四年浑浑噩噩地度过了,没有目标,没有理想,临毕业时或是临考研时才对自己问时间都去哪儿了?有些人珍惜光阴,目标明确,在自己喜欢的事情上面挥洒青春的汗水,最终收获的是青春的美好沉淀。说这些也许为时尚早,但两年来,从懵懂到探索未知,我认为有一点是,如果你看得起自己的青春,自己的学历,那么你的大学需要你的奋斗,需要你的耕耘,需要你的汗水。

大学奋斗,我想主要还是自己的专业学习与技能培养,自己努力成为一名合格的毕业生,这是我的方向。**我认为大学锻炼并保持自己的学习能力很重要,而且作为学生的我们在大学中学习永远是第一位的!**有人认为大学课程在社会上没用,事实上呢?很多时候在于你会不会用,把学的知识迁移运用到实际生活中,大学基础课程都是重要的,专业课也是专业内需要具备的,有用没用关键在于知识的融会贯通,为此,课外实践也很重要,在实践时候,才能把实践与理论相结合,而实验课和学科竞赛正是课外实践的重要途径。

我刚入大二参加了北京市物理实验竞赛,这项赛事对于当时的我非常耗时,当时毕竟知识的掌握还是有限,比赛前的那段时间可谓是起早贪黑,买材料、定方案、做实验、记数据,在指导老师的悉心帮助下,我们队获得了三等奖,虽然等级不高,但这个过程已经让我收获不少,熟练操作实验仪器,更深刻地明白了一些物理实验的原理;2014年暑假我参加了在北航举办的Robo Cup机器人大赛,还有合肥举办的年终总决赛,这是国内机器人的顶级赛事,至于我们的机器人作品,从电机、核心处理器、传感器到电源的多路配置与走线再到机械结构和重量配比,我们都对它进行了精心设计,在比赛前那段时间熬夜是家常便饭,中发市场、五金市场也是常去的地方,而当举起奖杯,你会感觉一切努力是值得的。在2014华北五省机器人大赛中我的作品miningrobot又获佳绩并接受了BTV的专题重点采访,这也让我感觉到当你愿意在某件事情上花费时间,收获总会有的。即便是抛开奖杯的荣誉,当你可以独立操作常用实验仪器进行自主实验;当你用机械手册设计出自己需要强度和刚度的机械外形；当电机与传感器在你的程序里配合运行；专业技能实践能力已经得到锻炼；虽然娱乐的时间少了，但相信若干年后的你一定会感谢现在拼搏的自己！

竞赛实践经历也让我学到大学课程的重要性，实践是运用理论检验所学知识的过程，往往实践中问题的解决离不开课本的理论指导，所以，大学自习室里潜心地学习很重要，只有自习室里的静心沉潜，才能换得实践时的成功与喜悦。由此，我的学习经历可以总结为这样三点，学习，培养良好的学习能力；课外实践，培养优秀实践能力；理论实践相结合。

另外，我认为大学有个良好的心态挺好的，不需要"泰山崩于前而面不改色"，只需要凡事有个平常心，淡然自若，不浮躁，不狂妄，但对生活总是充满激情，充满希望，充满向前的力量。卡夫卡在《城堡》里说得好，"努力想得到什么东西，其实只要沉着镇静、实事求是，就可以轻易地达到目的"。今日上课，老师也说起这么一句话："什么都不用去想，只需要静静地努力，提高自身的竞争力。"把奋斗作为大学的常态，你会发现没有什么艰苦，只有不断进步的快乐。

最后，作为工科生，我想说，科学的世界很精彩，需要我们在大学不断求索，勇攀科技的高峰！

青春与梦想

姜庆箐，女，电气2012级学生。曾获国家奖学金、国家励志奖学金、校级特等奖学金、校级一等奖学金、全国大学生英语竞赛三等奖、北京市艺术展演合唱比赛中获得三等奖等。

故事的开始是我们迈进大学的校门，或者满怀憧憬，或者踌躇满志，带着无尽的向往，走进我们的大学。随着日子的流逝，大学生活也已经过去了大半，成长与收获并重，喜悦与泪水同在，我想这才是大学的概念吧，脱离依赖，自我成长，寻找方向，追逐梦想。

我想，大学的概念绝不止于追随高考的后狂欢时代。压抑许久的激情在大学里绽放，这固然是好事，却要看清前进的方向。在这个最仁慈、最美好也是最残酷的地方，要让自己的生活不要后悔，不要遗憾。或许我们会做错很多事情，经历很多煎熬，但彼时，结果似乎也不那么重要了。重要的是，我们曾经为之努力过的自己，已经向成熟迈进。

其实无论是学业，亦或是大学生活中我们所在的任何一个部分，对于我们来说都是我们的选择并且要为之承担起责任的。为自己定位是一项必不可缺的技能，有方向才有动力，有梦想才能前进。在大一的生活中，我尝试了很多以前从来没有尝试的经历与过程，回望的时候也颇觉日子丰富多彩，大二、大三随着课程的增加，便开始侧重专业知识，认真学习多多锻炼。人的精力终归是有限的，贪多往往得不偿失，给自己一个明确的定位，一个梦想，又或者是短期内的一个小小的目标，往往可以让人拥有无限的正能量。

再者，人际关系在这里也不容小觑。三两知己可以救自己于低迷之中。离家离乡后有很多事情是需要自己承受或者是承担起来的，然而若有人分享喜悦与痛苦，则会让生活中的快乐加倍悲伤减半。尤其良好的、和睦的与周围人的关系是我们要积极营造的，只有置身于和谐的氛围中才能让自己也充斥着阳光的心情。无须过多计较，礼让容忍换来一份安宁也是一大欢喜。竞争是不可避免的，无论是现在还是在以后的工作中，这都是不得不面对的。然而，积极的心态总是好过于唯利的争夺，让它成为动力而不是刀刃才是长久之计。

对于学业这个问题，不同的人总是抱有不同的态度，听起来也都颇有一番道理。但自己始终要相信自己，坚定自己的方向，只要确定了就不要为他人所动摇。本科的课程偏重于理论基础轻于实际应用，但现实是只有扎实的基础才能熟练的应用。而且，在学习的过程中，兴趣便是最好的老师，乐于了解，积极思考，更好的是还可以多去询问老师相关问题或者动手操作试验，都有利于我们的学习与理解而不是仅仅停留在其表面上。**对于自己感兴趣的方向可以多加研究，充分利用图书馆以及网络资源，让知识真正地留在脑海里而不是以计算题的形式消失在空中。**大一、大二的基础是必要的也是需要重视的，数学基础是我们这个专业的敲门砖，因为到了真正接触专业课的时候才发现每一门课都离不开计算、应用。大三的课程忙碌起来也让每一个人都感受到了生活的充实，无论是上课还是讨论课题，每一分一秒都是我们珍视大学生活的表现。学业不是大学生活的全部，但也的的确确是生活所必需的侧重点之一。学长们的经验告诉我们，学业这个敲门砖如果不存在,那么就根本没有什么所谓的施展能力的机会而那些所谓的锻炼也就更不复存在了。

责任与信念是支撑大学生活的坚实力量,梦想与未来是力量的来源。还是那句话,没有梦想就没有方向,没有梦想就没有远方。在我们最自由、最青春的、最有资本去做梦的年代,不奋力为自己的梦想而努力,就只能将悔恨留给年华。人生能有几回搏,高中老师常常挂在嘴边的话仔细想想便觉得是如真理般的存在,年轻人拥有的果敢、坚定支持着我们为了自己的梦而翱翔。

最美好的大学生活是愉快与充实并存,青春与梦想同在,在大四毕业的时候转过头来看来时的路,如果可以说,我不后悔,便是一个完美的句号。为了这句话,珍惜当下的每一分每一秒,去做梦,去圆梦。四年说长也长说短也短,转眼就只余下一年半的时间,接下来的大学生活也要更加积极努力的对待,不愧对自己曾经的努力,不为碌碌无为而悔恨,让自己满意,活出自己的精彩。

尽量别让自己后悔

张琼方,女,机械2012级学生。获国家励志奖学金,校级特等奖学金,校级一等奖学金,优秀团干部,军训标兵;校物理竞赛二等奖,物理实验竞赛二等奖,金相大赛三等奖,北京市触式橄榄球团体亚军,全国触式橄榄球比赛大学组团体冠军。

我从未觉得拿了奖学金,拿了国奖就可以贴上优秀的标签。优秀不一定只在于成绩、荣誉、财产、社会地位,也许这些荣誉有的时候会慢慢地蒙蔽人的双眼,使之变得思维狭隘;也许是一种毒药,让人学会嫉妒,学会钩心斗角,学会唯利是图;也许是一滩温水,而我们正是那一只只青蛙。我希望学弟学妹们能有自己的判断,有自己的想法和思考,而不是盲目地听从,盲目地学习。因为每个人的长处不同,每个人想要的生活不同,做出的选择不同,不能一概而论。但是我觉得有一点:尽量别让自己后悔。

我的大一是失落和迷茫的一年,矿大从未在自己的计划之内,失落感充斥了整个大一，也由于其他方面的原因，心情压抑不快，纠结于生活的意义，纠结于要不要复读，纠结于大学到底要干什么……如果现在让我回想大一做过什么有意义的事，除了大一暑假去贵州山区支教了20天就没有了（第二年又去了，两次支教收获太多太多，在此不多说了）。大一浑浑噩噩，无心学习，算是虚度了吧。不过我觉得失落和迷茫是青春中不可缺少的一个片段，刘同不是写了一本书就叫《谁的青春不迷茫》，所以如果你正处于失落和迷茫之中，不要担心，不要怀疑，继续往下走吧，生活本不可能一路顺风。

　　大二是我成长最快的一年。大一的失落和迷茫多少带到了大二，所以在大二上学期我决定多看看课外书。虽然大一也在看，不过看得不算多。大二上学期利用各种时间看了20多本课外书，像《穆斯林的葬礼》《狼图腾》《目送》《普京传》《菊与刀》等。基本把图书馆一层所有最想看的书都看了，平均每周一本以上，有感之处再写写随笔，那个时候觉得有点充实了。"书中自有黄金屋"这句话是绝对没有错的，除了课本之外，多看看课外书、杂书是很有必要的，可以开阔视野，可以健全思维和人格。

　　大二下学期开始接触到了一些社会气息，从一定程度上来说这也不算是坏事。举个例子，我去新东方应聘，顺利地通过了简历关和面试关，再过一个简单的笔试就可以入职了。但由于负责人通知具体时间时把我漏了，我也没有主动问询沟通，好不容易争取到不上培训和考试的机会，还傻傻地跟人解释说："您通知的时候把我漏了"，然后人毛了："怎么没通知啊！每个人都通知了！再说你不会主动问吗！"那一下午我一直被找茬儿，结果可想而知。这是我第一次找工作失败，后来想想也很感谢那位大姐，用最快、最直接、最深刻的方法让我了解了一点社会的"规则"。上下级关系与师生关系大相径庭，别总试图解释，别以为犯的错一定会有机会弥补，别把自己想得太高当然也别妄自菲薄，要学会主动向上沟通，学会和不同的人说话。同样，我们教练教过：第一次干活儿的时候一定要干得漂亮，如果第一次出现问题，别人对你产生的怀疑和不信任可能得用十次的完美来挽回，当然前提是别人愿意给你第二次机会。这句话能让我记一辈子，来与大家分享。

　　学习方面就不多说了，个人认为学习是生活中最简单的事，不用想的考虑得太多，用心学就能学好。我的学习方法不具代表性，容易产生误导，不值得提倡，不提也罢。

最后，我想谈谈选择。因为是校篮球队和橄榄球队的成员，感觉在大学我成了半个体育生。训练和比赛会消耗大量的时间，大量的精力。也许你没法理解，不就是打打球嘛，我原来也是不能理解，但后来体会颇深。累成狗了实在没办法听课上自习写作业，受了伤也必须得用一些上课的时间去理疗，这多多少少会影响一些成绩和专业的学习，不过没到不可调整兼顾的地步。这种时候就得看选择，有学姐劝我舍弃，但是我还是选择了坚持。因为喜欢，因为团队，因为尊严。有的时候运动员赌的就是一口气，拼的就是尊严。无比享受和队友一起冻得发抖还从天黑练到天亮，迎接新的一天。无比享受和队友一起躺在操场上大口喘气，看着落日烧红了半边天际。没有当过运动员，不会理解为什么那些人会挥着拳头吼成那样，不会理解什么叫作激动得想哭。体育运动，尤其是集体项目给人的教育是书本绝不可能做到的。这就是我的选择。

20岁左右的成年人，得学会自己做出选择，不能盲目地听从，每个人都有选择的权利，但并不是每个人都有选择的能力。如果没有，那么最好从现在开始，因为没有人可以帮你决定一辈子。有自己的思考，有自己的判断，学会从不同的事物中汲取教训，学习补充自己。选择前分析分析前因后果，有的时候有很多迫不得已，很多需要去妥协，尽量顺应内心，不一定要目的性很强，因为那样太累，目的性太强不一定是好事。选择后不论成败都要对自己的选择负责，尽量别让自己后悔。就算是后悔了，也要继续向前，人生又不是一条路走到黑的。

大三快要过半，还在努力中，因为不够，远远不够。

淡泊明志，宁静致远

满孝臣，机械工程2013级学生。曾获国家奖学金、校级特等奖学金。

"淡泊明志，宁静致远"一直是自己最喜欢并努力践行着的一句话。简简单单的八个字，却很难真正地去做到，生活中总是充斥着各种纷扰和诱惑，很多人走得久了远了，被各种诱惑牵引着偏离了最初的方向，而忘记了自己为什么出发,每天生活得如行尸走肉一般,也就失去了大学的意义,也就是大学生经常挂在嘴边的"迷茫"。所以,我觉得大学四年少不了的是多思考,多观察,时刻提醒自己,你是谁,想成为什么样的人,你和别人不一样,你要做独一无二的自己,你的梦想在前方。

自己到现在也算是在大学"混"一年多了,所谈所写的算不上经验,只是自己对大学生活的一些认识和理解。在大学,每个人都有自己对大学的认识,对大学不同的理解使得每个人都有各自的活法,自己没什么资格也没有理由对别人作评价,自己要做的就是做好最真的自己,不忘初心,方得始终。**没有谁对谁错,但是每个人应该要确保自己所做的每一件事都是对得起自己,对得起家人,对得起朋友,对得起社会,没有违背自己的本心**。这样,不被现实所拘泥,眼睛向着前方,你所收获的满满的都将是踏实,向前走的每一步都会踏地铿锵有力,留下的都是自己以后回忆的资本。

"学习",从步入大学校门那天起,我们就有了一个崭新的称号"大学生",庆幸我们还被称为"学生"。我们还可以最后一次理所当然地花着大把的时间接受系统的教育,也可能是最后一次拥有较高可塑性,集中精力充实自我的成长过程。但四年之后呢?所以,我们首先要端正的就是自己对学习的态度,正确地去认识学习,珍惜大学时光,摆脱中学那种应试教育,作为大学生的我们,应该树立一个"大学习"的观念,不要为了眼前的利益而对学习附上一层功利的色彩。眼睛向前看,始终要明白一点,自己现在的学习是在完善自身,充实自己,而不是为了考试、排名、奖学金等等。一旦偏离了方向,坚持会很难,学习对自己来说会变成一种负担,收获更是不尽如意。正如别人所说的那样,在大学学习,不能再以成绩为骄傲,应该骄傲的是自己思想的成熟,独立人格的发展,在大学,把自己从一个吃奶的孩子变成一个顶天立地的人。这样才能爱上学习,轻松地学习,达到事半功倍的效果。

"生活",或许我们还觉得现在谈生活还过早,大学四年转瞬即逝,当我们走出大学校门的时候,走出一个完美的自己,自然健康的身体、扎实的基础、良好的生活习惯是必不可少的。所以,在大学我们一定要找到自己的生活节奏,这样才能从容不迫,运筹帷幄。别人都说,劳碌和智慧是根本相左的,智慧的人绝不劳碌,过于劳碌的人绝不是智慧的,善于悠闲岁月的人才是真正有智慧的。真正找到自己的生活节奏,善于做计划,那么"没时间"会很少从你口中说出。即使真的很忙，你也能处理得很好，因为此时的你分得清轻重缓急，有着自己的节奏。当然，上面所说的悠闲，绝对不是那种由于缺少追求伟大事物的愿望或能力而导致的闲适，这种悠闲没有丝毫的价值，因为他们生活在既感受不到胜利也遭遇不到失败的灰暗世界里。

"习惯"，从大学的第一天起，我们就必须从被动转向主动，我们必须成为自己的主人。首先，我们要学会安排自己的时间，管理自己的事物。大学不是一个地点，更是一段时间，对于每个人来说，时间是一样的，机会是均等的，再没有一段时间像大学一样，可以任意由你支配。相同的时间在不同的人身上会体现出不同的价值，你对得起时间，时间迟早也会对得起你。还要有坚韧执着的性格，必须要做的事要做到最好，对尽量做的事尽力而为，切不可，开始之前想得轰轰烈烈而缺乏行动力或半途而废，这样极易养成拖延的习惯，进入恶性循环。一件事情，要么就不要开始，一旦开始便要认真投入，不怕不成功，最怕的是连开始都没有。同时，我们要注意自己生物钟的运行规律，按时作息，劳逸结合，这样才能在学习的时候有最好的状态。同时，务必要养成阅读的习惯，读一本书总会读到自己想要的东西。关于读书，不同的人有不同的看法，就不赘述。但不多说不代表不重要，读书反而是我最看重的一点。

一个人最精彩的不是成功的那一瞬间，而是回头看，那段漆黑看似没有尽头苦苦摸索的过程。没有谁对谁错，每个人所经营的都是自己的大学生活，不要怕路途遥远，走一步有一步的风景，进一步有进一步的欢欣，阳光下灿烂，风雨中奔跑，一切都会很好。

过好当下，珍视过程

吴赛龙，男，机械工程2013级学生。曾获国家奖学金，校学生会优秀干事。

一直挺喜欢林志颖的一句话，我对时间有耐心。感觉这种能把控住生活的节奏，并能乐在其中的状态很幸福。

大学就像一块松软而肥沃的土壤。肥沃在于，你若用心耕耘，必能结出很多你渴求已久的果实。但它又是松软的，若控住不住自己的恶习，松软的土壤将会加速你营养物质的流失，很痛心。对于这篇"经验之谈"，我希望大家秉承着"兼听则明，偏信则暗"的态度，取其精华，弃其糟粕。

首先我说一下定位的问题。如果把大学四年的生活比作一座花园的话，那么刚进大学的时候，大家花园里面都是空荡荡的，没什么生机。那为什么有些人结束大学生活的时候，能够将自己的花园打理得井井有条，该有的大树一棵不少，每棵都高大挺拔，大树下面却还能百花齐放，浓郁芬芳？当然原因很多，但是最基本的定位的问题。首先你得有这个想法，然后你才会花心思去想我怎样才能实现这个想法。这个定位不妨定得稍微高些，因为闲闲散散地过四年是过，忙忙碌碌地过四年也是过。**闲闲散散的，生活安逸一些，但却失去了生活的很多乐趣；人家折折腾腾的，尽管苦点累点，但是却有很多快乐的经历**。当然不是希望大家无效率地去忙，也不是希望大家每个人都有一样的定位，都想成为马云或者其他符号化的人物。希望大家在不岔开基本大路的原则下，有自己的"精加工"方向。可以是希望大学多看些书，可以是希望大学多参加些活动，等等，都可以，不盲从，得选适合自己的道路。

其次我想说说学习的问题。毕竟身为学生，学习是最基本的。在网上看到过一则故事，挺有意思，但我觉得挺能反映问题的。故事说大学里有一个学习只靠考前突击的人问一个平常学习很认真的人，"你说你平常学习努力努力，考试也就考个90来分吧。我平常不去上课，考前一周突击一下，也能及格，这么计算的话，我的效率要比你好多倍"。那个学习不好的人说的话似乎挺有道理，从分数的角度来看，倒就是这么回事。但是他忽略了在整个学习过程中，无法用分数计量的东西，也就是你对知识理解的能力。这词听起来有些假大空的样子，但是其实是很实在的。比方说，你去一个工厂上班，很多知识要现学，那么那个平常努力学习的学生就会明显比那位靠考前突击，只应付考试的学生上手快得多，因为人家在学习过程中间体会深，新知识入门也就容易很多，用时髦一点的话说，他的核心竞争力就高很多。

在这里我希望大家别把学习仅仅局限在专业的学习，书本的学习上面，而要去打开视野，多看些专业之外的书籍。这些书带给你的东西看不见，摸不着，但是对于你完善自己的性格，优化自己的思维角度，增强感悟生活的能力有很大的作用。毕竟大学不是职业技术学校，除了技术化的东西之外，得多关注些人本身的东西。人首先得是个活生生的，真实可爱的人，然后才是自己的技术本领。

最后我想说一下经历。这里的经历，当然包括我们参加社团活动，游历名山大川的经历，但同时也包括自己灰头土脸地做 PPT，苦哈哈地上课听讲之类的经历。我觉得我们不能把主观地把自己的路给走窄了，把自己的生活蜗居在很小的范围内。我觉得大家要会玩，要会学。学起来，严肃认真，目不转睛；玩起来，多姿多彩，忘乎所以，两样都不耽误。大学生活应该多姿多彩嘛，就得过得多姿多彩嘛！应该是早晨八九点钟的太阳，朝气蓬勃地，就像一碗热气腾腾的龙须面嘛，别耷拉个肩，愁眉苦脑的样子。

文章就写到这里吧，说的好多东西我目前也还差得很远很远。算不上经验之谈，只是胡诌了三言两语的，说得支离破碎，希望对大家能有些作用。

最后用一句话收束全文，"永远不要去拒绝成长！"，与君共勉。

大学点滴

田柏玉，女，党员，汉族，计算机专业 2011 级学生。曾获国家奖学金、国家励志奖学金、校级特等奖学金、华北五省（市、自治区）及港澳台大学生计算机应用大赛一等奖、全国大学生数学建模竞赛北京赛区二等奖、校第二届创新结构设计大赛一等奖等。

时光匆匆，转眼间四年的大学生活已悄然接近尾声。四年，48 个月，1460 天，35040 小时……大学，真的是我人生中最重要最美好的一段记忆，它将我从幼稚青涩的孩子蜕变为成熟稳重的大学生，不仅教会了我如何自主学习，如何独立思考，如何正确取舍，也教会我如何恰当地为人处事。路，只有亲身走过，才会知道怎么走是对的。下面我主要从学习、做事和做人三个方面谈谈我的一些感悟。

首先是学习。既然是"学生"，那么"学"必然为先。首先要端正对待学习的态度，然后才有学习的动力。在学生时期，永远要记住，要以学为主，学有余力，方可去做其他的事情，否则，便是舍本求末，得不偿失。大学毕业找工作，面试的时候，首先是看你的学习成绩如何，其次才是社团活动等其他方面。大家不妨去想一下，对于那些与你初次见面的面试官来说，他们不看成绩还能拿什么来衡量你？而且对于学生来说，学习成绩从一定程度上反映了一个人的学习能力、思维能力以及做事的态度。其次，态度端正了，就要行动起来，不能只把学习挂在嘴边，否则一切都是空谈。学习就要讲究学习方法。上大学后，很多人都丢下了做课堂笔记的习惯，但是记笔记真的是一个好习惯，它不仅能帮助你认真投入地听讲，跟上老师讲课的步伐，而且更利于课后和考前高效率地复习。然而做笔记也是讲究技巧的，有些课程很需要做笔记，比如高数和大学物理，这类课程老师会讲很多课本上没有的题型以及需要重点掌握的知识点，这个时候做笔记会让你更容易抓住重点。但对于一些完全参照PPT和书本讲授的课程就无须浪费时间做笔记了，这时只需认真听，一本书不可能都是重点，而重点便是老师上课强调的地方，及时做下备注标记，书上没有而PPT上却讲的知识必然要重视，可以课后打印出来，补充到书上，以防复习时遗漏。课前预习不强求，但课后复习是必须的。要想轻松地学好，我觉得便是当日事当日毕，当天的知识就在当天整理消化掉，不拖拉。对于计算机专业，像C语言、C++、JAVA等等这类专业课，学好理论是基础，但纸上谈来终觉浅，上机实验还需要认真去做，可以从书上的例子开始，一个一个用手敲上去，运行起来，不要小瞧这个动作，慢慢地就会对写程序产生兴趣，然后开始自己写，当你看到自己写的程序运行出结果时，那种成就感便是对自己最大的鼓励。我们还应该多去参加一些学校、北京市和全国的学科竞赛。通过这些竞赛，一方面会将所学的理论知识付诸实践，另一方面更是对所学知识的拓展和延伸，不仅锻炼了思维，而且开阔了眼界，会让你从中收获很多。最后，学习需要对自己的肯定和信心，只要相信能，你就一定能。

其次是做事。大学是为我们以后步入社会打基础的。随着成长，你越来越会发现学习并不是衡量一个人唯一的标准。所以，我们应该有意识地锻炼自己做事的能力。同样，一定要主动。大学里，锻炼的机会有很多，就在于你能否抓住。学会主动承担，学习之余，可以加入自己感兴趣的学生会或者社团，可以担任班级干部，也可以在学校或学院里做一些学生兼职工作，既丰富课余生活，也可以锻炼人际交往能力。但是，切记不可贪多，人的精力都是有限的，如果不能合理取舍，便会造成心有余而力不足。而且要牢记一条准则，做就要用心做好，否则便不做。

最后是做人。人生是一个不断学习如何做人的过程，每一个阶段都会有着不同的感悟。无论什么时候，都应该做自己！不要盲目攀比，人外有人，天外有天，每个人都是不一样的，从家庭成长环境到经济条件，应该正确看待这种差异，可以羡慕，但不应嫉妒，月亮有月亮的耀眼，但星星也有星星的璀璨，你就是你，不是别人，找到自己的位置，合理定位，应怀着一颗平常心，只管做好你自己。不要盲目从众，大多数人的选择并不一定就适合你，每一个选择都应该从自身出发，理性分析，长远规划，迷茫的时候可以与有过相似经历的人交流一下，或者和父母商量，多方咨询，最后做一个适合自己的选择。或许你不知道究竟对不对，但至少你为之已经认真思考过，而不是草率地决定。在我自己的大学生活里，曾有过错的选择，也有过对的选择，但回想起来从不后悔，都是美好的记忆。我相信，能将这篇感悟读完的人中，在大四，一定会有和我面临同样选择的人——保研去哪儿？其实，从大一我就告诉自己，一定要好好学习，将来保研能去更好的学校，也是这个信念支持着我。大四，如我所愿，专业成绩第一名，多个学科竞赛获奖，足以实现我之前的目标。可是随着成长，对事情的看法和思考角度都会发生变化。面对来自同学、朋友的质疑，最终，我还是选择了继续在本校读研究生。活在别人的掌声中，终究禁不起考验，路是自己走出来的，只有你自己知道适合不适合。无论怎样，做自己最重要。这个世界上最不缺的，就是看不起自己的人。别人怎么看你并不重要，你怎么看自己决定了一切！

充实和丰富

赵世娇，女，预备党员，汉族，材料专业2012级学生。曾获国家励志奖学金、校级一等奖学金、数学竞赛三等奖、北京市大学生艺术展演三等奖、北京市物理实验竞赛二等奖。

大学的意义，在每个人看来都会有不同的观点。在我看来，大学的意义在于努力奋斗，在努力的过程中不断地学到一些东西，提高自己，在奋斗的过程中收获一些东西，逐渐充实和丰富自己。

回顾我的大学生活,大一的时候也有过迷茫,不知该如何给自己定位,然而**我仍然相信,努力是不会错的,就算还不太清楚自己到底想要的是什么,但在前进的过程中,也许在某个阶段就会想明白。**同时,大一的时候所学习的课程基本上都是基础类大课,学习好基础知识是十分必要的,不论是对于任何专业来说这些知识都是最为基本的,需要用到的。在学习各类基础课程的过程中,注重理解其考虑问题的角度,注重掌握其解决问题的方法和思路,我认为是更加重要的,因为这样才能够培养自己的逻辑思维能力,在解决一些新问题的时候可以借鉴和应用,而不会使某一些方法仅仅局限于一些方面。学习之余,各式各样的活动也使我的大学生活更加丰富,在这些活动中我用心去做,拓宽了自己的视野,也收获了友谊,学到了一些东西。通过参加一些演出活动,让我在站上舞台的时候并不那么紧张;还有在北京市慈善晚会上,我真正感受到了慈善的力量和奉献的精神。这些都是我收获的,不仅在于拓宽了视野,更多的在于自己的成长。

到了大二,我开始担任我们班的团支书一职,和同学们的交流也更加多了一些,在完成一些的工作的过程中,我认识到了自己对于班级应有的责任,尽力去做好自己的工作,去帮助同学们。不论是以班级为单位参加活动,或是班级的聚会等等,我都感受到了我们的班级相比之前更加团结了,至少在我看来是这样,当然这是同学们的共同努力,共同重视这个班级做到的,这让我感到由衷欣慰。在学习方面,开始接触一些专业的课程,我对于自己的专业也从模糊有了一个逐渐清晰的认识,开始了解材料专业研究的是什么,又是应用于哪些领域,从老师们的教导中、从学习的知识当中,我逐渐建立和培养了自己对于材料专业的兴趣,因为在这里还有很多东西值得我去细细品味和研究,还有很多已涉及但还有待进一步提升的空间,还有很多未涉及而需要去开拓和创新的方向和领域。所以我注重打好自己的专业基础,并和大类基础知识结合,从而更好地掌握它。现在,我对于专业知识已有了一定的学习和理解,但这是远远不够的,还应当以更加坚定的信心去深入学习,打好更加坚实的基础,以不断丰富自己的专业知识,不断提高自己的能力。

大学的一个主要目的,就是要培养人的自主学习能力,不必去奢求所有的知识都从老师那里去获得,不必去奢望由老师督促自己,要去学会主动地学习,从书本中、从实践中汲取知识,提高自己。其次,要管理好自己的时间,不要在碌碌无为中浪费自己的时间,也不要在忙碌中忘却自己的本心,需要的是不断地反省自己，发现问题与不足，并改正之；学会鼓励自己，因为在努力地过程中，没有那么多人总是去为自己鼓掌，要学会自己为自己鼓掌。还有，持之以恒，只有在坚持之后才能看到由量变到质变的成果，真正具有自主学习的能力，才能在夯实基础、拓宽视野的过程中让自己逐渐充实和丰富。

现在，阳光正好，青春正盛，应以更多的努力投入到充实和丰富自己的过程中去。

做一个快乐的人

沈克胜，男，汉族，测控2012级学生。曾获国家励志奖学金、校级二等奖学金、全国大学生数学竞赛预赛三等奖、校物理竞赛二等奖、全国大学生金相技能大赛二等奖、全国大学生节能减排大赛校内预选赛二等奖等。

上高中的时候，老师就跟我说要有意识地培养自己的自学能力，不要光进行题海战术，要多总结，多思考。上了大学后，孟院长在第一次给我们测控专业开会的时候就强调自学能力的重要性。学习能力在一定程度上是一个人最核心的竞争力！它包括安排学习内容（正确理解基础课，专业基础课，专业课之间的关系来构建你自己的课程体系）；探索有效的学习方法（预习、听讲、讨论和复习）。

大学学习环境是很自由的，可以说是想学啥就学啥，想咋学就咋学。那么如何利用有限的时间学到更多的东西，让自己在专业上走得更深更远就是一个要好好规划的问题了。应该说我们本科学的都还是最基本的东西，建议大家把精力放在对基本概念的理解和掌握上，否则到了后来学习专业课的时候，基础不扎实，原理都稀里糊涂，又如何应用原理来理解他们为什么要这么做，最难的是告诉你要干吗，你就是不知道是怎么干出来的。比如积分搞不定，大物下算电场强度就成了天书。这样就不能融会贯通，当然这些东西在你的脑子里就不会停留太久，以后遇到类似问题就卡壳，就会集体呼喊专业课难学。因为要想学明白，还得从基本概念入手，也就是要干以前没干完的活儿，这会很累！最可怕的是这会让你丧失对学习的兴趣，甚至产生自己不适合学习的想法。如果你以前学得比较扎实，可能就会轻松一点，而且会更快，有更多的时间进行更深入的纵向的或横向的探索。这样学着学着你就会越来越明朗。有句话是这么说的：大一的时候不知道自己不知道，大二的时候知道自己不知道，大三的时候不知道自己知道，大四的时候知道自己知道！

我们都不是神，不能说学了一门课，就理解得极其深刻，三言两语便能总结这本书，道出其中精髓。所以在后续的学习中遇到了以前学过的知识要把它拿过来再理解，忘了的抓紧补上（这很正常，不忘才不正常），有可能以前理解错了，或者以前没有想这么多，现在你知道了，理解得更深刻了，这就是进步。而且我认为这才是正常的学习过程，不能遇到问题不会就放了它。在后续的学习过程中，还有可能你发现这个东西我以前从来没学过，那你就要去了解了解是哪本书上的，难度怎么样，重不重要，要不要现在去解决它，还是以后安排时间集中攻克（大二我们专业开了电工学上册《电工技术》，我自学完电气专业的《电路原理》）。学习要把心态放平和，切莫急于求成！一定要脚踏实地，一点一滴地积累，不要让时间白白地流逝，可以很慢，你没有必要非得在30岁之前年薪百万，但要确保自己在进步！

下面为大家提供一种非常好的学习方法，那就是**课前好好预习，把明天老师在课堂上要讲的知识提前都过一遍，自己先要进行理解，再去听别人的看法**。这样做的好处有：

对于新的东西，你自己先进行理解，解释一下它到底说的是什么，它与前面的知识的关系是什么，牵扯到的东西有哪些你自己还有疑问（知识层面），教材是如何引出和解释这个问题的（方法与逻辑层面），如何让你来解释这个问题，你会如何组织（应用层面），能解决的自己先把它解决了，未能解决的，待课上解决。这样长此以往，你的自学能力会有质的飞跃，别人看不明白的问题，你能学得更快更深，这就塑造了自己的核心竞争力。

带着问题去上课，你的心里就有谱了，听课不会太费劲也就不会走神了，还会特别感兴趣，你的疑问老师是如何解释的？课下要及时和老师交流。这样下来完成作业就很快了，然后抓紧进行预习别的，这完全就是你自己在学习了。后面会发生什么，自己去做试试就知道了！大一我学高数的时候周一、周三、周五有课，我就周日预习，周一上课，做练习；周二预习，周三上课，做练习；周四预习，周五上课，做练习。

再谈一谈我自己遇到的一个问题：处理好学习与比赛的关系。大学里的比赛很多。比赛获奖了，发证书、上校报、发奖金、评优还加分，而且不需要懂得太多就可以参加，投资少见效快！诱惑实在太大。积极地参加比赛能够锻炼自己的动手能力，关键是能遇到理论学习中遇不到的现实的问题，这些极其重要的经历和体会是自习室给不了你的。但比赛参加得太多，就可能耽误了理论课程的学习，这是很要命的，比如除了大一，你再也不会有机会一周上三次高数，每天预习、练习、复习地按部就班夯下坚实的基础。看你自己更看重夯实基础，学好理论，还是想练练动手能力适当地牺牲一下理论学习的时间，但在假期一定要补回来！最怕的就是参加过各种比赛，证书拿了一大摞，但专业知识不过关。一定要慎重把握这个度，竞争力体现在不可替代的价值，而且这会让你拥有真正的淡定和自信。

我希望所有的同学都能珍惜大学时光，珍惜这个经历，珍惜友情，用心经营。在获得知识和能力的同时塑造健全的人格，做一个幸福的人。以前的我们，年轻，太青涩；以后的我们会很成熟；现在，风景正好！

踏实走好每一步

刘媛双，女，汉族，测控2013级学生。曾获得国家励志奖学金、校级一等奖学金、全国大学生英语竞赛三等奖等。

大一刚开学的时候我曾迷茫过，曾因为高数课听不懂而自己跑去后海散心，也曾手里抱着高数答案不知所措，也曾埋怨过学校的晚自习，抱怨课程太多，好在我很快适应了这里。针对我大一出现的问题，我特意去向学长学姐咨询，他们给了我很大的帮助，也给了我很大的启发，所以如果刚入学的大一新同学有任何疑惑可以向学长学姐求助，借鉴他人的过程，自己的经验也会从无到有，帮助自己适应大学生活。

接下来我想谈谈自己的学习心得。高数应该是每个大学新生最头疼的课程了，上课听不懂，课后题不会做，练习题又太多太难不愿意做，这是我大一出现的问题，针对这个问题，我尝试用了高中的笨办法，就是整理错题本。而跟高中不同的是，**我只是将作业中不会的题记录下来，在后面根据自己的理解写上自己总结的步骤方法，用通俗易懂的话将老师上课讲的晦涩的定理表达出来**。在高数方面我没有做课外习题，就是看书上的原理，做书上的课后习题，每道题都搞明白，这样在考试的时候就会游刃有余。到后期，我个人觉得整理错题本没有什么必要了，就拿一个小本专门记下重要的定理公式，抽空拿出来看看，不是死记硬背，而是在写作业的时候对照公式定理自己完成，久而久之这样就不用依赖于答案书了。还有就是，上课听讲也很重要，大一的高数我一节课没有睡，遇到不会的题课后马上问，不让疑问留在作业本上。线性代数也是一样，起初可以整理错题本，随着对概念的理解程度逐渐加深就可以放下错题本转战公式小本，毕竟整理错题会占用很多时间。还有就是线性代数的学习方法我觉得是多做题，多做题是指一道题磨上 5 遍，因为线代需要很强的计算能力，原理很简单，就是怕考试的时候因为粗心大意而丢分。其他科目的学习方法也逃不过认真二字，只要上心了成绩自然不会太难看。

再谈一下课余生活的安排。有的同学可能会因为刚来到北京就想到处去玩，我当时也很爱玩，不过我从来不会在平时时候出去，而是选择在小长假或者放寒暑假的时候出去，这是一个时间安排的问题，我觉得只有时间安排合理了就会提高效率，如果周六出去玩一天周日就会在寝室睡一天，这样将会导致周一的课没有预习，进而对后续的课业产生影响。还有就是有的同学加入了学生会还有社团，平时会做一些上面布置下的任务，我觉得这些任务或者工作完全可以选择在写完作业之后再做，时间完全够用，或者是牺牲一下中午的午休时间，时间安排合理就会够用，安排不合理就会觉得不够用，而且从现在起学会合理安排时间对以后的工作也有很大的帮助。

最后就是关于上大学的目标制定。有的同学一进大学校门就开始搜寻保研的事情，这有点太过着急，一切都是未知数现在考虑太早，但是如果是要出国的话现在就要想清楚，要知道自己想申请什么样的学校。其实大学的目标很好制定，如果你觉得自己的实力不够强就制定一些短期的目标，比如期末考试我要全部及格，如果实力不错就可以要求自己期末考试考高分，争取满分。其实刚上大学的时候我对自己的水平还不了解，毕竟大家来自不同的地方，教育有很多不同，而通过一次期中考试我确立下自己的期末目标就是保证高数80分以上，正是有了这个目标才激励我在学习上不敢松懈，因为有的同学可能因为一次小小的期中考试取得高分就会骄傲，考差了就闷闷不乐没有了学习的激情，凡事都要向前看，要有一个方向并朝着这个方向不断努力。当然也要制定一个长期目标，就是四年之后我要读研还是工作，读研是要去什么样的学校，工作是想去什么样的单位，这个长期目标是一个经过深思熟虑之后得到的而不是听学长学姐说考研有出路，出国有出路，毕竟现在的我们都已经成年，我们需要对自己的未来负责，但是如果一味把长期目标挂在嘴上而不采取实际行动那么一切都是白费。

所以脚踏实地是一个比较稳妥的方法，大学四年一晃而过，珍惜我们最后的青春年华，踏踏实实交上一份青春答卷！

发现自己

孙露露，女，党员，汉族，电气2011级学生。曾获国家奖学金、校级特等奖学金、国家励志奖学金、校高等数学竞赛二等奖、校运动会跳高第一、4×100米跑第二名、校数学建模大赛三等奖、校创新结构大赛三等奖、校暑期社会实践三等奖。

首先我想解释一下题目，发现自己。为什么不叫认识自己，了解自己呢？我觉得发现自己是一个探索自我的过程。经过一番努力和挣扎之后，你知道自己是怎样的人，自己的不足和潜力在哪里，自己想要过怎样的生活等。发现平常外表下真实的自己。

很多人都有这样的疑问，大学生与高中生的最大差别是什么？**我觉得是独立的完整的人格。包括能够独立地生活，完整地认识自己，发现自己。**这篇文章主要想说一下如何发现自己？发现自己的哪些方面？

关于学习。我想学习是大家最关心的事情之一。我是否应该认真努力学习？在回答这个问题之前，我觉得大家应该先思考这个问题：我毕业之后准备做什么？毕业之后的道路有以下几种：读研（保研和考研）、出国、工作。在经过一番深思熟虑之后，如果你决定读研。说实话，大部分工科、理科生本科毕业之后都很难找到满意的工作。所以，恭喜你做出了明智的决定。那么你的第一选择肯定是保研。那么你肯定要认真努力学习。其实保研没有大家想象的那么难。只要你能够坚持做到课前预习、课上听讲、课后复习，保研是必然的。据我了解，现在各个学校接纳外校的推免生比例都在上升，老师也更倾向于接收保研生。原因大家可以自己揣度。如果你觉得自己坚持不了，就选择考研。那么你不努力学习，你对于自己的要求就是尽量不挂科，这时候，你就应该思考不学习的大部分时间应该如何度过。大学里很多人都花时间在一些无所谓的事情上，这直接决定了他们未来的人生。如果你决定出国，你需要认真学习，把本科成绩的绩点弄得高高的，在申请学校的时候才会有很大优势。同时你还得着手准备各种考试。包括托福、雅思等等，咨询一些留学机构，自己需要准备哪些东西。如果你准备工作，学习可能就不那么重要。当然你也必须不挂科，或者少挂科。你可以利用闲暇时间、周末或者寒暑假，去找各种实习。推荐前程无忧网站。我觉得这个网站还是很靠谱的。提前积累工作经验，为以后的工作打下坚实的基础。最后如果你还没有决定好自己该走哪条路。那么请义无反顾、毅然决然地脚踏实地认真学习吧。因为只有这样，当你决定好怎么走的时候，才可以没有任何阻碍。

  关于社团。大学里充斥着各种新鲜的东西，包括各种社团、学生会。你首先要思考一下，自己到底喜欢什么？再决定是否花时间加入到其中。毕竟人的时间和精力都是有限的，一定要花时间在自己觉得有价值的事情上。当然在这之前，一定要先花一些时间去了解和尝试你以为会感兴趣的事情。比如我想加入学生会。因为我觉得在学生会里可以认识很多师兄师姐，可以告诉我很多学习、生活方面的经验；也可以认识很多志同道合，以后能够一起玩耍的伙伴。然后我会先请教几个在学生会待过的人，到底学生会的氛围是怎样。我能否得到我想要的东西，我的性格是否适合在学生会工作。或者我想加入某个社团，比如篮球队、排球队、足球队、轮滑社等等我都感兴趣，那我就要来筛选一下自己到底喜欢哪个。我会分别花几天时间去尝试这些事情，然后通过各种途径了解这些社团的平时活动时间。从而决定自己是否要加入该社团，加入几个社团。社团方面，我建议1~2个最好。

  关于心态。很早就听过这样一句话，快乐是一天，不快乐也是一天，那么为什么要让自己不快乐呢？多直白的表述啊，送给大家。大学里会有很多事情烦扰着你，请保持一颗积极乐观的心，去面对、去解决。破罐子破摔永远解决不了问题。还有就是耐得住寂寞。大一的所有课余时间我几乎都是一个人度过的。一个人上自习，一个人去旅行。因为大学每个人选择的道路不一样，很少能碰到跟自己的想法一样的人。如果碰到请珍惜，如果没有也不要沮丧。因为如果你耐得住寂寞，你经过努力足够优秀了，优秀的人就会向你靠近。为什么说物以类聚，人以群分。就是这个道理。不要为了合群而在宿舍一起打游戏、看韩剧。没有任何意义。如果你是一个胸怀大志，不甘平庸的人，请孤独起来。因为成功永远只属于那几个人。向着自己认为对的方向努力。头也不回，你会成功！最后祝愿大家都能够拥有自己想要的生活，未来就在你的脚下，拼搏吧，少年！

过好独一无二的大学生活

郑杜成，男，预备党员，汉族，电气工程专业2012级学生。曾获国家励志奖学金、校级特等奖学金、校级一等奖学金、全国大学生英语竞赛三等奖和二等奖、学校数学建模比赛三等奖。

很高兴在美丽的大学校园与大家相遇，能够在这里与大家分享自己的一些想法更是荣幸。我想，在20岁左右年纪的时候我们经历都大致相同，在十几年的寒窗苦读之后，进入了大学的校园，开始一段全新的生活。也许是我们习惯了甚至是受够了多年以来食堂、教室、宿舍三点式的生活，希望大学赋予我们全新的体验，给我们看待生活的另外一种视角。**然而当我们真正融入大学生活，才会发觉这四年的时光绝不是青春的肆意挥霍，这段时光一去便不再复返，每一个独一无二的我们只有过好专属于自己的大学生活，才不枉最初我们带着梦想来到学院路丁11号院的那一脸倔强。**

一、搞好学习，夯实基础

大学生也还是学生，其最根本的任务依旧是学习。低年级学习的许多课程都对后续专业课的学习有着至关重要的影响，因此对于基础课的学习要足够的重视。以电气自动化专业为例，大一所学的《高等数学》，《C语言》等许多课程中讲解的解题方法和科学思维在《单片机原理》、《电磁场》等课程中使用，整个课程体系环环相扣。我们在单独学习每一门课之后还需要横向联系，自己不断尝试用不同课程结合，甚至多学科交叉去解决问题。

  大学的学习过程中我大多会提前预习，因为我们学校每次课程是100分钟，老师讲授的范围会比较大，在课前预习的基础上，我会明确听课的重点，把握难点，提高课堂效率。同时我们的精力是有限的，不可能在100分钟内都全神贯注，课前预习才会有的放矢。有许多同学上课听讲的效果不好，课下自己要花大量时间学习，事倍功半。课下要及时完成老师留的作业及任务。矿大的老师都很负责的，会根据授课内容布置典型的习题，以便我们巩固知识，检验能力。作业该怎么做呢？我有一段时间是对着答案书写作业的，后来发现虽然写出了作业上留下的问题，但遇到新的问题没有能力解决。在自己思考之前翻看答案，它只会限制我的思路，让我失去练习的机会。后来我要求自己**把答案收起来，自己解决问题，然后对照答案，总结反思。**

  在学了那么多理论之后千万别忘了实践。依旧以电气自动化专业为例，该专业的大部分课程都设置了实验的课时，做好实验能够增强动手能力，加深对知识的理解。例如《微机原理与应用》的学习涉及许多程序的编写，当我亲自上机运行程序，调试电路时出现了许多在自己在教室里写程序是想不到的问题，这个时候要善于思考并请教实验室指导老师，便能够积累解决问题的经验，对微机原理也就有了更为深刻的认识。"纸上得来终觉浅，绝知此事要躬行"。在两年的学习里，我最大的遗憾是没能参加2014年北京市大学生电子设计大赛，这是一个极好的锻炼机会，望学弟学妹们抓住机会，积极参加！

二、认识自己，发展自己

  忙碌的学生会组织，丰富多彩的社团活动，这些人群里有你的身影吗？清晨的小花园，能否听到你的声音？运动场里是否会看到你矫健的身影？大学里，趁我们还年轻，我们还有着极强的可塑性，我们一定要让自己独一无二的大学生活过得不同凡响！我常常在想的一个问题是我究竟是一个怎样的人，我擅长做什么,我想做什么,我应该改变哪里,怎么去改变。然而空想是收效甚微的,必须在生活当中迈出脚步。我参加院学生会积极努力工作,我随校红会去爱心支教,我们暑假参观工厂,我也跑出去兼职,认识了比我年轻但凡事必作于细做了主管的男孩;认识了两年青藏、青海骑行,鼓足勇气在北京混下去的湖南女孩。不同的体验给予了我不同的视角,看到不同的可能性,把他们的生活影射到自己身上,我会更清醒地面对自己。我还记得去年最后一次学生会的例会上我跟干事们说,我们的精力都是有限的,看过光怪陆离的世事,你要清楚自己想要什么,然后为之奋斗。

我们都是独一无二的,却也是可以彼此倾听的。祝福大家都能够走出自己精彩的大学生活。

大一让我幡然醒悟

朱显锋,男,汉族,电气2012级学生。曾获得国家励志奖学金、校级三等奖学金、校物理竞赛三等奖。

拿起笔,我很犹豫,我不知道我该写些什么。我觉得我还不够格,我还没有可以言传身教地教导别人如何学习、如何过好大学生活的资格,因为我本身就是一个不怎么合格的大学生。但我毕竟已经经历了两年多的大学生活,在这期间,有过欢笑,有过失落,有过收获,有过迷茫,所以我觉得我还是有的东西可写的。

首先我想谈谈我那已经逝去的两年大学生活,看看自己走过的路。大一过得舒服,但很空虚。还记得刚进大学的我,是那么充满朝气,是那么充满活力,立志要将自己的大学生活过得精彩,过得灿烂。但现实总是如此的残酷,大一生活还没怎么过,我就早将自己当年的豪言壮志抛到了九霄云外。我败给了谁?我败给了温暖舒适的床,我败给了高潮迭起的小说,我败给了惊险刺激的游戏。每天早上睡到10来点才起,浑浑噩噩地上完课,就是看小说、玩游戏,如此日复一日,周而复始,我的大一生活就不知不觉地溜走了。现在想想,大一过得舒服吗?舒服。但舒服过后还剩下什么呢?就剩下那几科惨不忍睹的分数。大二感觉到了压力，开始悬崖勒马。当我看到身边的同学一个个拿了国家奖学金、励志奖学金，并还在为自己的梦想而努力奋斗时，我有点着急了，有点慌了。我想到我再这么舒服地荒废剩下的三年，将来还能舒服下去吗？我要好好想想了，反省反省自己的过去，规划规划自己的将来。我要重拾刚进学校时的那份朝气与活力，充实地走过剩下的三年大学时光。我开始上课认真听老师讲课、认真做笔记，我开始有事没事地就去自习室，我开始摆脱答案、独立自主地完成作业。你有了改变，那结果也自然而变。大二结束，我有幸获得励志奖学金。回首过去，更令我追忆的还是大二时光，因为它充实，它令我感到我正脚踏实地、一步一个脚印地往前方迈进。这种感觉很好，令人充满希望、活力与干劲。

我觉得我们在大学应该尽力做到：一是要有明确的理想或目标；二是要正确认识兴趣与责任；三是要真正地做学问。

我们每个人都要有自己的理想，有理想才会有动力。但有的同学就会说，我没有什么具体的理想，我也不知道将来我要做什么，我现在生活的很迷茫。没关系，我也很迷茫。但在迷茫中，我们不能毫无目的，随波逐流，我们要有明确的目标，而且不同的阶段，我们的目标也应不同。理想很难树立，但目标却很好确定。这科我要上90分，这就是一个目标；我要过英语四六级，这也是一个目标。当我们确定了目标，我们就有了方向，我们就可以为之而不懈努力。当我们一个个地实现自己的目标时，我们会感到满足与喜悦，并在不知不觉中改变了我们的结果。

有了理想或目标后，接下来我们谈谈兴趣与责任。进大学后，有的同学会抱怨我不喜欢这个专业，我对这个专业没兴趣。确实，我是学电气的，但要我说真对电气专业有浓厚的兴趣，那肯定是骗你的。那我对什么有兴趣，我对游戏有兴趣，对小说有兴趣，对出去玩有兴趣。但这些兴趣不能让我们实现自己的理想，不能让我们将来过上我们想过的生活，不能让我们获得成功。然而，我们所学的专业却是我们将来在社会上安身立命的本事，没有它，我们将靠什么来实现自身的价值。这我又不得不说说责任，责任这是一个很重的话题，但我们生活中又不得不背负着各种各样的责任。我们要对自己负责；我们要对父母负责；我们将来还要对我们的家庭负责。这些责任压迫我们不得不对自己的专业感兴趣，不得不好好学习专业知识。说到这儿，有的同学就会觉得这算什么，我明明对这个专业不感兴趣，但现实生活又强迫我去学。这我们就得谈谈兴趣到底是怎么产生的，这是一个思辨的问题。兴趣是一开始就有，还是通过后天学习培养出来的？我更倾向于后者，当我们运用自己掌握的专业知识解决了身边的问题时，我们会有一种成就感，这种成就感会滋生我们对专业的兴趣。久而久之，兴趣也就出来了。

最后我想谈谈我认为在学习中最重要的一点，那就是做学问。什么是做学问？简单来说，就是学以致用。怎样才能做到这一点呢？我认为至少要做到以下两点：一是要有恒心，就是坚持，不要随意放弃。就像我们做题，遇到步骤烦琐的，不要怕麻烦，要耐下心一步一步地写。千万不要认为自己看懂就可以了，因为看明白和写出来是完完全全的两回事。二是我们要结合具体，就是不要盲目地乱做。还举做题的例子，当我们遇到一个题，不要上来就套公式，而是首先要分析题意，了解题目的具体情况，再有选择地运用公式，这往往会事半功倍。

只有付出了，才可能有收获，与大家共勉。

理想不是空想

甘甜，女，汉族，电气 2013 级学生。曾获国家励志奖学金、校级一等奖学金、暑期社会实践校重点团队、校主持人大赛最佳台风奖。

在大学生活中，有很多给我帮助的学姐如同启明星一样指引前行。最该提到的是一位我在公益活动中认识的学姐，她完美地诠释了人是否需要有理想。

毕业于非"211"、非"985"的大学，学的是看似高大上、其实就业率颇低的经济专业，长相平凡，智商平凡，家里条件普普通通。今年，被哈佛录取了。很多人看到这段经历就会说：这一定是大神，肯定英语特好，不，这位姐姐高中英语从来没及格过；那这位姐姐一定是学校学生会里数一数二的人物，不，大二的时候她就退出了学生会。那么她怎么成功的？其实答案只有一个：她，有理想。

她的理想就是：帮助别人。我们结果导向，从反方向推她成功的秘诀。因为她拥有一封哈佛教授的推荐信，所以被哈佛录取；因为她曾接待过一位哈佛教授，所以哈佛教授给她写了一封推荐信；因为她当年做了一个非常知名的校友会，所以认识了负责接待教授的老师，老师推荐她她接待教授；因为当年她发现自己的学校有很多知名校友可以帮助同伴解决就业问题，所以想努力办成一个校友会提供就业岗位；因为她的理想是帮助别人，所以她坚持做好了这个校友会，受到了肯定。这就是理想的伟大之处。

但同时，在这个奇迹般的故事里，我们也会发现，如果当初她英语还跟高考时一样不好，那么没有人会推荐她去接待哈佛教授；如果哈佛教授认为这个人没有可取之处，也不会写一封推荐信；如果这个社团因为懒惰夭折，没有人会认识肯定她。**当有理想以后，坚持做好每一件事更是一种挑战**。当你有了理想，你就可以从庸庸碌碌的生活中摆脱出来，清楚到底什么事情是真正能带你走向理想的，即使做上千遍也不会觉得累，觉得没意义。

如果你现在找到了理想，却怕坚持不下来，这里有一些小 tips，专治懒癌患者。

一、制订计划

小到一次考试复习，大到一次理想的实现都离不开制订计划。现在就拿起手中的笔，想想大学四年要完成的几项事务，由大到小写下来。比如我想出国深造，大目标下就要有一个一个的小目标，比如考过托福、刷 GPA 等等，小目标下就要有进程，从哪一年开始要确定国家学校、哪一年考四级、哪一年考六级、哪一年考托福。再细分到月，每个月要参加几次和外国友人的互动来提高英语水平、看几部英语电影、完成某几科考试。最后细分到天，今天应该背几个单词，复习第几章内容。做几张周计划或者月计划的表格，就会惊讶地发现，其实生活根本没有自己现在过得那么清闲，要一年后达到目标，几乎每天都要为之努力，才能成功。

二、积极询问

当你遇到瓶颈，像无头苍蝇一样碌碌无为的时候，与老师学长学姐交流学习上的困难，学习方法，比自己埋头苦干要有效很多倍，找不到目标的时候询问其他人的看法，就会重新找到希望。当然，在听取意见的时候也要有自己的考虑才行。

三、专心致志

自习了一天什么也没学到，给自己指定的计划连三分之一都没有完成。一天的努力有的时候其实有一半时间都花在了发呆、玩手机上。学习的时候想工作上的事，工作的时候老想着没写完的作业，那最后一天下来就什么都没做成。

时间规划是一门很不错的学问，值得去研究一下，是一位保送到北航的学姐给我的建议。每次和她交流工作，她总能一语中的地指明我的弱点：你要学会的是专时专用，你一个时间里想七八件事不慌才怪。后来我也学机灵了，按照计划，这两个小时就是用来学习的，下两个小时要去写文案，那么好，手机关机，脑子里清空所有工作，专心学习。学习任务完成后，打开手机再去投入工作里，让书本都让道。这时候你会发现，其实也没那么多人给你打电话。

四、勤于思考

我觉得我一天很忙了，把时间精力都投入到我的工作或学习里了，为什么没得到部长赏识，学习成绩依然不好？如果忙忙碌碌没有作为、没时间思考，那还不如不做。

你真的那么累吗？其实不然，如果坐下来认真思考，对这一天的几件事有一个完整的规划，抛弃没必要的事。那么这一天的事情，也许半天就能做完。然后再对每件事进行一个分析思考，找到一个合理的完成办法。比如曾经我需要做一个展示用的PPT，一张一张地做，做半天我也没做完，说好的复习也没动笔，被学姐痛批了一顿问我：你动脑子做了吗？其实，这些事情都是有技巧的，在学姐教我先用半个小时列提纲，细分到每一页，然后再下载几个合适的PPT模板，最后调整一下动画，两个小时就搞定而且比之前自己做了半天的PPT不知道好多少倍，演讲被老师夸赞PPT做得好，我还余下了三个多小时用来学习。所以，做事情要先思考再去做，才能事半功倍，脑子里没有清晰的思路，自然什么都做得很慢。

找到真正的理想，真正喜欢的东西，四年后不为此后悔，能够笑着走出校园，就是大学最完美的诠释。与君共勉。

学习经验之我见

冯逸雨，男，电气 2013 级学生。曾获国家励志奖学金、校级特等奖学金、"军训标兵"称号。

大学是每个学子心目中的"象牙塔"。在读高中期间，我也曾对大学有过幻想与憧憬，想象着我将要进入的大学是怎样的，想象着大学中会发生的事。大学，成为我心中的一片圣土。

当我真正迈入大学的校门，却发现与其说大学是一片圣土，不如说是一个熔炉。大学校园融入了天南地北与社会方圆，其中有来自五湖四海的同学，有形形色色、丰富多彩的活动，形成了独有的校园文化；大学校园融入了中学时代的纯真，更包罗了世间百态、人间万象。无论是社会上常见的琐事、俗事，还是学校独有的趣闻逸事，都会时常呈现在你面前，关键就要看你怎样去感悟与理解。在大学生活了一段时间，我发现这座"象牙塔"是有棱有角的，一不小心就有可能撞上。有很多人在大学一直难以找到真正属于自己的节奏和道路，常常迷失了方向。在大学，最重要的一点无疑是学习，这才是主旋律。也许有些同学对大学学习生活还无所适从，这里我总结几个学习经验供大家参考。

（一）学习计划很重要，不管做什么事都应该有一个计划，大到自己的学习生涯规划，小到自己的一天什么时刻该做什么，这样你才能做到有的放矢。"把简单的事情千百次地做好就是不简单"，用心做好每一次小事，日积月累，也许就将收获富足，即时地消化学习内容，有规律、有计划地安排预习和复习，平常多积累，学得轻松而愉快。

（二）听课是学习时最重要的环节，会听课意味着会抓重点，能理解老师的意图。充分利用课堂时间，上课认真听讲不用多说，这都是老生常谈的经验，然而对于大学学习生活，它却显得尤为重要。大学老师不会像高中老师一样带着你一遍又一遍地复习，有些知识也许讲一遍就不会再讲，如果你没听到，课下只能花更多的时间自己理解，可以说损失惨重。

（三）好记性不如烂笔头。记笔记是一种良好的听课习惯，好笔记不是全记，不是漏记，不能只听不记，更不能只记不听。可以记在课本上、教学内容附近，这样记录的内容不易丢失，又易和教学内容相联系，既实用，又利于今后复习。布置作业的目的是巩固学习的知识。多数学生为了完成任务，不复习就急于做作业，这不利于知识的巩固。做作业前首先阅读一遍课本内容，和老师讲课的内容对照一下，看一看是否一致。这样做等于及时地复习了一遍，然后再做作业，既快速又能保证作业质量，达到最佳的学习效果。

（四）充分利用晚自习时间，大一时，学院都会有强制性晚自习，目的就是养成大家上自习的习惯。利用这段时间，大家可以回忆一天所学，自己梳理知识体系，建议使用记录表归纳总结，以便考试前复习，事半功倍。每过一个阶段要进行一次总结，以融会贯通所学知识，温故而知新，形成自己的思路，把握所学知识的来龙去脉，使所学知识更加完整、系统。要独立完成作业。做作业是巩固消化知识，要做到举一反三、触类旁通，养成良好习惯。

（五）考试是学校生活里必要的一部分，要以端正的态度来面对。无论什么考试，考前的那段时间很重要，这不是"临时抱佛脚"，我所说的是最后的整理复习，当然这一定要建立在平时的基础上，平时能够把老师所讲的东西尽力吸收，抽空多读一些课外书，在临考前，把所学的要考的知识点再重新在脑子里一点一点地过一遍，算是温习，也是查漏补缺，这是读书考试很关键的一个环节，相信所有人都能做到。

以上就是大学里几项比较基本的能力和方法，最后送大家一句李开复的话：经过大学四年，你会从思考中确立自我，从学习中寻求真理，从独立中体验自主，从计划中把握时间，从交流中锻炼表达，从交友中品味成熟，从实践中赢得价值，从兴趣中攫取快乐，从追求中获得力量。

踏实走好每一步

蔺思茹，女，机械2011级学生。曾获国家励志奖学金、校级特等奖学金、校级二等奖学金、华北五省机器人大赛二等奖、全国电子设计大赛北京市三等奖、北京市机械创新设计大赛三等奖、全国大学生节能减排大赛三等奖、北京市"挑战杯"科技竞赛二等奖。

第 5 章　青春有价　大学无悔

大学，是一个令许多人向往或者怀念的地方，这里可以施展自己的梦想，做自己想做的事情，可以说是一个自由的天堂，在这里，有友善的老师和学生，协作完成一项项任务。我认为，尽全力做自己想做的事情，才是充实的大学生活。

回首过去的三年大学生活，有艰辛，有收获，也有遗憾，更多是令人欣慰的回忆。我会一直要求自己努力向上，只要走好眼前的这一步就好了，只要回忆起刚刚走过的路感觉有所收获就好了，虽然还是有很多很多的遗憾，但是还是有所进步的。

大一来到学校时，刚从只知拼命读书的高中走出来，见到了一个崭新的空间，这里有很多友好活泼的学生，有很多造诣很高的老师，还有丰富的大学活动应接不暇，勇于尝试是给我的收获。不管学生会或某个社团怎么样，先过去试试再说，或许失败了，总是有收获的。也或许试得多了，就自然而然走通了。此外，积极向学长学姐听取建议也是很不错的，那时候的经验交流会给了我很大的震撼，希望自己能向他们靠近一点就好。

学习还是大学生的第一要务。到了大二学年，我意识到了学好专业课的重要性，我开始比以前更努力了，知道自己的笨拙才更要努力。我认为，对自己的专业能有比较深入的了解，是对专业起码的尊重，机械专业是我十分喜欢的一个专业，到现在为止，我还是不能够很清楚地表达我的专业主要是做什么，只好继续走下去。从大二学年开始，我就一直勤奋学习每一门课程，并希望能够有比较深的认识。**每一天，我都早起去读书，晚上一定要做到按时完成作业，每天都是寝室里最后一个睡觉时**，只希望自己能够把专业知识学好。此外，积极参与一些竞赛也开阔了我的视野，让我看到校外的大神更是数不胜数，自己需要努力的方向太多了。在大二、大三学年，我参加了很多比赛，比如北京市"挑战杯"竞赛，虽然我们组选择的社科类，但还是有不少收获，那一段时间，和队友一起写论文写到晚上三点，然后互相叮嘱一句晚安，早点休息，早上起床再继续讨论，继续写论文。经过这个比赛，我不仅对社会心理学有了一些认识，还收获了深厚的友谊。有失败，也有小的成功，不管怎样，当时都是尽自己所能去做了，收获是有的。每次赛前准备，去另一所大学比赛，都让我十分兴奋，能够与同学一起合作，共同进步，对专业知识有了实践方面的认识，在比赛场地与老师、其他学校同学交流，更是难得的经历，总能感觉到自己的渺小，然后更加努力。

大二、大三的课程，让我更加深入地了解了机械专业的知识，让我更加热爱机械专业,也加深了我对机械专业的兴趣。金工实习、暑期社会实践、机械创新设计大赛、电子设计大赛,都让我更加热爱自己的专业,亲手铸造、使用车床、参观煤矿生产车间、与工人面对面交谈、自己购买材料,然后和队友一起制作一个作品,在煤矿的生产车间里,我看到了课本上学的采煤机、掘进机,了解了他们的基本构造,结合书本知识,对矿山机械有了更深的了解,在电赛中,从一开始点亮走马灯,到后来能实时显示电压值,熟练的编程,一步步成长起来,使我对编程和电气方面也产生了兴趣。他们都是我很喜欢的经历,如果再给我一次机会,我希望能够做得更好。

大学生活已经渐进尾声了,但我会以更加昂扬的姿态走下去。很喜欢这样的感觉,不管前方的道路是怎样的,如果认定了,就只管尽力地走下去。带着曾经的收获与遗憾,我会继续努力,做一个更好的自己。

青春不散场,且行且珍惜

于营营,女,预备党员,汉族,机械2011级学生。曾获国家励志奖学金、校级特等奖学金、校优秀团员、大学生暑期社会实践北京市优秀成果奖、物理实验竞赛校二等奖、首都高校机械创新设计大赛二等奖、"挑战杯"大学生创业大赛校三等奖。

十年磨一剑,赖我千日功。今日剑出鞘,谁敢与争锋!高考百日誓师的战角仍余音绕耳,转眼我已匆匆走完了大学的征程。这四年的风霜,也许并没有太多地改变自己的容颜,却给我的心中留下了不可磨灭的痕迹。太多的感动、太多的成长,这一路,我且歌且行,在大学的舞台做着自己的主角,演绎着自己的青春。

大学是我心目中的"象牙塔",它自由、多彩、神圣,是我高中在题海中苦苦挣扎的一盏明灯,承载着我太多的期待与憧憬。当我有幸迈入大学的门槛,却发现与其说大学是一片圣土,不如说是一个熔炉。

而刚步入大学的我,懵懂而任性,对大学的兼容并包感到一种无所适从,便

产生一种对大学生活的排斥，于是并不能很好地处理学生会、社团、课业和感情生活的关系。 虽然学校课程安排得很宽松，然而我总有一种空有大把时间却落实不到实处的感觉。后来，我担任了班级团支书，和班上同学也慢慢熟悉起来，发现大家虽然平时都一副我行我素的模样，可当你遇到困难，却总能伸手给你温暖。那应该是一个刚入夏的晚上，我阑尾炎忽然发作，两个室友不顾第二天的考试，不顾11点的门禁，和老师、班长匆匆打过招呼就搀扶着把我送到了医院。清楚地记得就诊的队伍那样的长，已过凌晨的急诊部充斥着消毒水刺鼻的味道，不承想这会儿班长带着好几个同学来看我，周到地把两个女生送回学校，自己却留在这里陪我输液，直到天亮都没有休息一会儿。在漫长的大学生涯中，身边一直充斥着这种感动：曾有人在金工实习中伤到了手指，室友们交替帮他买了一冬的三餐；曾有人因家中亲人病逝而耽误了考试，班上学霸们替他认真整理了笔记；曾有人因感情受挫而沉溺游戏，从此同学们自习总爱拉他一起去；在班级的各种娱乐活动中，总能看到大家一路笑一路闹的模样；在无论谁参加的各种竞技场上，足球赛、篮球赛、辩论赛，甚至是"矿大好声音"的选拔，都从未少不了班上同学助威的阵仗……原来，只要自己敞开心扉，温暖触手可及。

　　进入大二后，我已经适应并喜欢上了大学的节奏，但看着大一不温不火的成绩单，总感觉心里空落落的，我想：大学除了一张毕业证，应该给自己留下点什么证明我来过。而对新增专业课程的兴趣，更是坚定了我要认真学术起来的决心。于是，大二一年，我认真对待每一门课程，慢慢也摸索出一些学习的门道：兴趣决定一切。印象深刻的是《金属工艺学》这门课，对于它枯燥、琐碎的内容我并没有兴趣，可我尝试着强制自己坐前排，认真听老师讲的内容，积极思考，认真总结，居然在考试中取得了第一的成绩，这极大地鼓励了我的学习热情，从此我更加努力和认真，慢慢的我发现我真的喜欢上了学习专业课。所以，将学习这件本没有兴趣的事情做好，培养出了兴趣，反过来更加督促自己的精益求精，从而形成一个良性循环，自然能让学习变得简单有趣。

　　大三后，对于负担不重的几门课程，我已应付自如，于是利用课余时间，我尝试着参加了一些学科比赛。在这个过程中，我发现理论与实践有着很大的差距，我们需要将二者结合起来，用理论以指导实践，实践以证明理论。印象深刻的是机械创新设计大赛，比赛准备时间长达半年之久，我们的任务是做一个液压支架模型，一个难点在于其四杆机构尺寸的计算。我们根据课本公式得出结果，并对其进行反复验证后才进行加工,然而并没有取得预期的效果,我们百思不得其解。后来我们查阅了大量的工程性学术文献,明白了由于工况不同,并不能墨守成规的套用公式,而要进行修正与调试。最后几经波折,终于得出的理想的数据。除此之外,作为组长,不仅要不怕辛苦,还要协调队员间的关系,分配任务、活跃气氛、调动大家的工作热情。最终我们取得了北京市二等奖的好成绩,并在同类分数中名列第一。

"艰难困苦,玉汝于成",我从来都不惧挑战,不畏困苦,我坚信爱拼才会赢,生命因奋斗而怒放,青春因恣意而昂扬,只要努力,我们都会演绎出属于自己的精彩。

青春这曲华丽的乐章,时而轻快,时而铿锵,它既是我们对生活的一片赤子之心,也是我们不断地自我超越与拼搏进取。大学四年,转瞬即逝,我们在这个美好的年纪应该善待自己,心存感念,奋斗努力,切勿让岁月侵蚀掉心中的灵气与斗志。总之,青春不散场,且行且珍惜。

孤独与幸运

段子豪,汉族,机械工程2012级学生。曾获国家励志奖学金、优秀学生二等奖学金、优秀学生三等奖、学校物理竞赛二等奖等。

"逝者如斯夫,不舍昼夜"。转眼间两年多过去了,在你从进入大学校门到现在,我们可以反问一下自己,究竟学到了什么?在人生最宝贵的时间里,我们是否可以留下以后值得驻足品味的东西?一千个学生有一千种大学,每个人的追求,价值观都不尽相同,在借鉴他人学习经验的同时,我们要取其精华,弃其糟粕,我也仅从以下几个方面谈一下自己微不足道的见解。

心不清则无以见道,志不立则无以立功。理想的树立能成为你前进道路中源源不断的动力,大学生的理想尤为重要。大则联系到一个国家民族的生死存亡,小则关乎一个人的前途命运。不妨观察一下我们身边的人,有理想的人在做些什么,没有理想的人在做些什么,从中你会发现两种截然不同的人生态度。有理想的人做事目光坚定，每天充实而快乐；反之，另外一些人每天迷茫无助，虚度光阴，过着行尸走肉般的生活。混一天是一天的心态只会是你的青春埋葬，后悔也为之晚矣。屠格涅夫曾说过，生活中没有理想的人是可怜的人。仔细想来也确实如此，因为他们体会不到劈荆斩棘攀上顶峰，拨云见日的喜悦，也不会发现黑暗尽头黎明伊始时的霞光有多美。理想的人生不应该闷死于享乐的温床，而是应该主动迎接暴风骤雨的挑战。在我们的学习工作中，坚持着自己的理想，做自己应该做的事，你的人生只会越来越美。

曾有一本书，叫人生要耐得住寂寞，感动和激励了很多读者。大学的学习生活中亦是如此，**当他人在课堂上交头接耳或玩弄手机的时候，而你却在认真听课，你是孤独的；当他人在打电脑游戏，而你却在图书馆看书的时候，你是孤独的**。但同时，你又是幸运的，因为你在同书中更睿智的灵魂进行心与心的交流。或许在以后很多时候，你还会孤独，因为你在进行一件常人很难做到的事。并且你的境界越高，你就会越觉得孤独。但是，你会在此中快乐着。王国维说过，古今成大学问者要历经三种境界：昨夜西风凋碧树，独上高楼，望尽天涯路；衣带渐宽终不悔，为伊消得人憔悴；众里寻他千百度，蓦然回首，那人却在灯火阑珊处。在驶向理想彼岸的过程中，要耐得住寂寞，锻炼自己的心境，一步一步走下去，不轻言放弃，达到属于自己的精彩。

在大学的生活中，充满了各种各样的诱惑。进入大学的我们好似开启闸门的洪水，压力突然释放，感觉到了大学就是天堂。可以不去学习，可以不去上课，或者沉迷于电脑游戏，或者沉迷于网络小说，考试作弊蒙混过关。只能说，这种态度与教育的目标背道而驰，这样的大学生活无疑是失败的。当然，人毕竟不是机器，如果一味地学习而不去娱乐也可能会使你丧失学习的兴趣，还有很多知识在课本之外。其中的关键在于如何去控制自己，如何去合理分配时间。同不少人一样，我也喜欢玩游戏，我也曾在刀塔中与人激战数个小时，男孩子血气方刚，喜欢玩本身问题不大，但我们要把它作为学习之余的调剂，而不是沉迷其中，否则就是本末倒置了。读书，读一本好书，让我们得以明净如水，开阔视野，丰富阅历，益于人生。书籍就是一盏明灯，让我们看得更远、更清晰。在种种诱惑面前，不妨多读几本震撼心灵的书，同伟大的灵魂沟通会使你心境平和，意志坚定，不会再诱惑面前迷失自己。

每个人的学习方法都可能不同，但要说到好的学习方法，我认为之前一位

> 大学生活启示录

学长说得非常恰当。好的学习方法没有具体的形式，因人而异，但是标准有二：一、采用这种方法学习你确实能学到东西；二、采用这种方法学习你觉得很爽，可以坚持很长时间不分心。以上两条必须同时满足，缺一不可。

总之，宝贵的青春不是我们挥霍的资本，唯有不断努力，你才会越来越幸运。

大学是人生的加油驿站

> 陈静珊，女，预备党员，汉族，机械2012级学生。曾获国家奖学金、国家励志奖学金、校级特等奖学金、校级一等奖学金、校级数学建模竞赛一等奖、暑期社会实践特等奖及明星团队。

人就像手机，难免会泄气，会漏电，所以我们总是需要随时充电，而梦想就是那个可以随身携带的充电宝。你有梦想吗？你有感受过它的力量吗？

还记高中时奋斗的日日夜夜，脑海里的那句"考上了大学就解放了"支撑着身边许多人挨过了那最艰难的三年。终于踏入了大学，他们松懈了下来，我想他们或许知道在大学应该去做些什么，但却不知道为什么要做，如何做。就在这迷茫的时候，开始过起了浑浑噩噩的懒散日子，习惯一旦养成就很难改过，到了大三对未来做出选择的时刻，开始叹息时光飞逝。要知道世上没有后悔药，从现在想好你的目标，确立你的理想，脚踏实地，困难挫折看作是磨炼，支撑不下去了想想自己的梦，无悔这四年！

我的奋斗路程是与梦想相伴的，高中梦想着到京都求学，于是高考结束后我毅然决然报考到北京，从厦门一路北上。刚入大学，我的目标十分明确，千里迢迢来京都开始大学解放生活岂不笑话，所以基本没有经历所谓的迷茫期。但由于刚从高中的书山题海中解放出来，突然发现自己对周围的一切都有点无所适从，再加上大学的教育方式也与高中有所不同，所以有一段时间是在慢慢调整学习方法中度过的。慢慢到现在我觉得自学在大学的学习中尤其重要，而自制力是学习的前提保障。懒是每个人的通病，但是拿懒惰当借口，没有顽强的自制力去克服外界的诱惑和干扰，这就拉开了人与人间的差距。

　　大学不是死读书就行的，它是步入社会前的阶梯，我们需要在大学的生活中提高各方面的能力。其实除了学习，大学还是一个色彩斑斓的世界，它不是只是学习文化知识的地方，还可以让我们成长，提高个人素质修养和交际能力训练。我在大一加入了体育部担任干事，大二留部担任副部长，大三我选择留在了团委担任组织部部长。参加校院团体磨炼人也成就人，把握好其与学习的关系于我本身也是能力的提升。

　　在大一的暑假我参与了暑期社会实践，走访了各个企业收获匪浅，不仅让我提早了解了本专业未来的工作就业情况，也让我对大学接下来的生活有了进一步的规划。于是大二的暑假我再一次地参与其中，对于我来说，实践中的感悟与思考是最宝贵的财富。

　　生活方面，我一直勤俭节约，经常利用寒暑假来锻炼自己。这样既能解决部分生活上的困难，更使我所学到知识得以升华。每当专业知识在实践中得以运用的时候，我的心里由衷地感到喜悦。在班级里我担任团支部书记，团支部的每一项工作都能按时完成，作为"优秀团员"起到先锋模范作用，帮助同学老师，工作繁杂但是收获却是无价的，比如说，班级同学的信任，老师的肯定，以及各种突发情况的解决方法等。

　　对于大学的规划，我的建议是有梦想、多学、多问、全面提高。梦想的力量是无穷的，它能给灰心丧气致命的一击，让自信心重新占领高地。在大学里，不要因为自己嫌麻烦或怕麻烦老师而有问题不解决，其实**在大学里老师很喜欢爱思考勤动手的学生**，要知道大学里解决的许多问题对我们日后的学习及工作帮助极深，这一点我在社会实践中颇有感触。

　　有梦想有追求的人，不要因为路途艰辛就放弃了前进的脚步。追寻梦想的过程是苦涩的，但只有经过磨砺的人生才会拥有更多内涵。不要让不安的心被浮躁占据，而是驾起灵魂的翅膀在校园里汲取知识，在不同层次的人群里学着更好地做人，四年的时间里坚持很难，放弃却很容易。坚信冬天来了，春天就不会再远！

　　大三已走过一半，接下的一年半，与君共勉，逐梦大学！

| 大学生活启示录 |

我的青春我做主

王丽君，女，汉族，机械工程专业2012级学生。曾获国家励志奖学金、校级一等奖学金、校级二等奖学金、首都大学生暑期社会实践优秀成果奖、学校数学建模竞赛一等奖。

作为一名如假包换的工科机械女，每次和别人说起自己所学专业时，别人都会先露出满脸的诧异，紧接着说女孩儿读机械啊！刚开始的时候自己会有一些尴尬，但习惯了以后，便会微微一笑，再来一句"对啊"。是的，或许在外行看来，机械专业是既枯燥又烦琐的学科，但没有认真学习的钻研过的外行人又怎会了解机械世界的美妙。现在的我，在大一公共基础课的学习，大二基础专业课的熏陶下，已踏上了大三攻坚专业课的征途。其中的酸甜苦辣，我会一一品尝并沉浸其中。

还记得高中那种生命不息、奋斗不止的热血冲劲，两年前，我经历了高考的洗礼，带着父母老师的期望，既兴奋又好奇地来到了大学，开始了未知的大学生活。还记得与父亲一起踏进校门的那一刻，父亲微笑着跟我说，接下来的路是你自己选择的，再苦再累也别忘记自己最初的赤子之心。从此，崭新的大学生活正式开始了。还记得在学校寝室待的头一天晚上，宿舍的六个来自天南海北的姑娘带着对未来的期望和对大学的新奇叽叽喳喳地聊了个通宵。还记得在热心的学长学姐的带领下，将学校用自己的脚步丈量了一遍又一遍，仿佛进入了一个全新的世界。还记得学生会面试时内心的忐忑不安，一次次地问在教室门外负责签到的学姐面试会问些什么问题，同时也认识了很多与我一样内心在紧张挣扎的小伙伴。还记得第一次上高数课时，之前有问过学长，高数有如噩梦一般，便带着满心的敬畏破天荒地认真听了整整两个小时，现在想想还觉得很不可思议。还记得，还记得，不知不觉中便适应了这一切，**每天在学习和学生会工作之间来回转换，早上醒来脑中已有一天的规划**。经常手上拿着早饭急匆匆地赶去上课，也时常口中吃着东西便伴着铃声迎着全班同学的目光进入自习教室。真是匆匆那年啊！

大一生活虽然匆忙，但我收获了很多。首先是学习成绩，大一上学期，并不是十分自信的我，期末考试竟然拿了班上第二名，这无疑使我的自信心大大提高，在没有任何检验标准的情况下，这一次小小的胜利使我看到了自己的能力，也向别人证明了自己的能力。虽然大一下学期成绩有点下滑，但这并没有挫败我的意志，我也顺利通过了英语四级。在学习的同时，我参加了院迎新晚会的舞蹈表演，这是我从小到大舞台表演的处女秀，从来没有接触过舞蹈的我却与大家共同完成了一个完整的舞蹈表演，那个时候的我才发现自己或许有舞蹈的天赋也说不定。顺其自然的，我又参加了毕业晚会的舞蹈表演，认识了大三的机械学姐们，听着她们讲述自己的大学生活，我发现了自己的大学还有好多事情没有做。在大一暑假我和同学一起组织了暑期社会实践活动，并收获了北京市优秀成果奖的荣誉。大一整个学年我获得了校二等奖学金，这个鼓励虽然不算大，但足以使我鼓足信心，向更大更远的目标冲刺。

大一结束，大二生活如约而至。此时的我已明确了大学生活仍然以学习为重的方向。大二开始接触专业课学习，我慢慢了解了机械专业并不只是画图那么简单，需要以各种力学知识及材料知识为支撑。同时我也认识到了应该树立作为一名机械专业学生的责任心，任何的机械设计都必须为使用者负责。科研选题训练我们小组的研究课题是井下透水事故机器鱼的研究。这个过程中，我们参观了研究生师兄的实验室，并向他们请教了网上查资料，查论文的方法，也认真听了学长的毕业论文答辩。使我对科学研究的世界有了一个大体的认识，虽然我并不具备科学研究的能力，但却被其魅力深深地吸引着。我还参加了校数学建模竞赛，并获得了校一等奖的殊荣，也顺利通过了英语六级。除了学习之外，我进入院团委实践部工作，主要负责暑期社会实践的各项事宜，工作虽然烦琐，但锻炼了我很多办公软件的操作技能，同时结交了很多在各个专业十分优秀的同学，在他们身上我也学到了很多。大二这一学年在学习上的努力使我拿到了专业第一的好成绩，并获得了校一等奖学金和国家励志奖学金。

很喜欢一句话，我想让这个世界因为我的存在而有一点点的不一样。是啊，我的青春我做主，大二过去，大三已在眼前。现在的我脑中不会再有迷惘，我会在继续努力学习专业课的同时，多多接触生产实践，多与老师交流自己的困惑和想法，为自己未来的职业生涯制定一些规划，打好基础。加油，未来的美好需要现在的努力拼搏，我已做好准备！

| 大学生活启示录 |

提高工作学习效率

仲迎迎，女，机械2012级学生。获得国家奖学金、国家励志奖学金、校级特等奖学金、校级二等奖学金。

已经是在矿大的第三个年头了，回首自己的大学两年，收获不用去说什么，最起码自己过得很充实。一直在庆幸自己不曾放弃过。要不你就要有梦想和信念。进入矿大，并未觉得惊喜和憧憬，只觉得自己很胆怯，对新环境的不适。虽然有很多悲观的因素，但是自己一直都没有放弃学习，它一直在进行着，并未因任何外界因素而有所改变，可能也是高中养成的良好习惯吧。在这过程中，也特别感谢学校，感谢学院，不断地给我们进行各种讲座，对我心里的疑惑进行解答。我一直觉得矿大不是我的理想大学，也没有特别喜欢它，在这两年里慢慢对它改观。总要有个经历的过程，才能体会到。什么事都要去做，才能知道它真实的结果。

我觉得自己的大学只是过得充实而已，并未成功。一开始大一的时候觉得自己很忙碌，什么事都来不及做，却发现别人却不这么忙碌，不是别人事情少，而是没有统筹安排好时间而且做事效率特别低。发现这点之后，我慢慢改变自己，什么事情都掐着点来，提高自己的学习、做事效率。**办事效率高不管是现在学习还是以后工作了之后都是特别重要的能力。**

一是毫不留情地放弃不重要的事情。开始学习时就列出当天要做的事情，评价哪些是最重要的，就像《企业管理》学的关键路线和关键工序一样。对于正在做的事情，自问它有多重要：还有比它更重要的事情可做吗？答案是"Yes"就坚持做下去，答案是"No"就毫不犹豫地放弃，不要做无用功。

二是策略地分配时间。高效并不是说要像机器人一样不间断地工作，那样做反而会变得低效。要学会休息，休息很重要，不论你想做多少工作，生活中都有工作无法填补的领域，如爱情、家庭和健康，这就是为什么生活由很多不同部分组成，而不是铁板一块，并且每一块都很独特，不能被其他部分取代。这里说的"休息"就是指业务、事业和学习以外的那部分，利用这段时间给你的电池充电，再恢复工作时就又能向前冲刺了。

三消除分神干扰因素。这样的因素指的是限制发挥效率的东西，例如边学习边听的音乐、边做作业边玩手机，它们会使你分心，无法完成手头工作。那么应该怎样做？消除这些因素或干脆躲到没有这些因素的地方，例如，对于我来说最大的分神干扰因素是听歌，写作业时我有听歌的习惯，因而精力不断被新的歌曲的歌词所分散，不知不觉间15～20分钟的时间就过去了，所以写作业时我就索性手机关机，结果效率提高了不少。如果发现效率有所降低就要查找原因，什么在使你分神？如何消除？尝试换个地点、调整环境，消除的类似因素越多，效率就会提升得越高。

除了效率之外还有更重要的是兴趣，但是兴趣并不是与生俱来的。我觉得兴趣跟你投入的时间有很大的关系，光看一件事你就觉得你没兴趣，我觉得你没资格这么说。我学的是机械，一个女生能对机械有多大兴趣，但照样可以学好。你越学，你会发现你越对它感兴趣，前提是你不以排斥的态度对待它。多看，多研究，你会发现你越来越感兴趣。

大学已经过去了一大半，但我依然会好好地对待它，过出不一样的精彩！

永不言弃

林强，男，汉族，机械工程专业2013级学生。曾获国家励志奖学金、校级特等奖学金、校优秀学生会干事。

老师说让我写一个自己的事迹，突然间却不知从何写起，其实回忆起来，首先想到的还是高中那段时光，它是如此的刻骨铭心，让我终生难忘。从小学到初中、高中再到大学，每一个阶段都很关键，每一个老师都说它是最重要的阶段，其实老师强调的不是它有多重要，而是希望我们能够努力、努力再努力。

每个人都会有一个人生的转折阶段，有的在小学，有的在中学，有的在大学，还有的是在以后的工作中，都会因为某个经历而改变了自己的人生轨迹，而我，从高中的改变一直延续到现在，也许还将一直延续下去，这两年的努力都告诉我：勿忘初衷。

大学生活启示录

两年前，我还是一个励志考上复旦大学的高中生，一个省重点高中高考模拟考在近千人中拿到总分年级第四，数学物理全校第一的学生，我曾经也一样踌躇满志、意气风发，一场高考的意外却将我的人生轨迹分成了两半，当时的我没有选择复读，而是抱着沉重的心情来到了矿大，可能在外人看来，考上重点大学了，已经很不错了，邻居都纷纷过来祝贺，而我只有强颜欢笑，感谢他们的祝福。

但我没有放弃，在理科男生中，其实我是略偏一点感性的，也正是这种理性与感性相结合的情愫让我更加坚定地走着自己的路，虽然我的高考失败了，但我的高中是成功的，我收获了高中应该收获的。很多人觉得高中与大学无关，高中的能力只是停留在高中，不会影响大学，其实并不然，就我大学所认识的专业前几名基本都是高考没发挥好的，甚至有的能上清华北大却是因为掉档来到矿大的，我说他们，并不是因为他们高中有多厉害，而是高中锻炼的那种毅力，是我们一生的宝贵财富。大学里，老师常说，你们要是能够拿出高考一半的劲来，什么高数线代都不是问题，但实际上有几个人做到了呢？其实不是我们做不到，而是很多人不愿意去做，甚至强迫自己不去学习，觉得高中都累了这么久了，大学就应该放松，但实际上大学里课程又这么多，于是就有人抱怨大学像高中一样，学习压力重，时间紧，根本不是自己想象的那样。其实，生活不就是如此嘛，现实总是那么不尽如人意，不是老天不眷顾我们，而是很多时候我们需要做出两倍甚至三倍的努力才可能得到最初期盼的结果。高中时很多人问我学习的方法，大学里也一样，但我从来不和别人说学习方法，每个人都有最适合自己的方法，这个方法是需要自己去寻找的，而这个寻找的过程就是努力，奋斗。

到了大学，我还是不幸中比较幸运的，矿大是我的第一志愿学校，机械工程是我的第一志愿专业，大一的时候成功加入了院学生会学习部和校科协科普部，一直到现在大二，也很幸运能够留在科协任科普部部长，面对着很多新面孔，他们都能够很认真地听我讲述着我的大学经历，我感到很幸福。我的梦想，说小一点是帮助需要帮助的人，说大一点是为家庭、学校、社会做出一份应有的贡献。有的人可能会觉得这说得太官方，其实，当你真正经历了一些事情之后，就会发现，付出也是一种幸福，我不祈求自己能够得到什么，却希望能够为别人，为社会做些什么。但是要想为社会做出贡献就需要相应的能力，大学固然是培养学生能力的地方，可是如果我们不充分利用好在大学里面的机会好好努力，可能以后要再想这样的机会都没有了，学习要靠自己，机会更要靠自己去争取，去把握。

特别是学生干部工作肯定会占用生活中的一部分时间,但不能让它占用学习时间,学生工作应该是对时间的累加,而不是跟学习时间替换。也正如校团委老师谢老师所说的:"**学生干部和别人的区别就是学生干部既能把工作做好,又能扎扎实实地搞好学习。**"

最后我想说:只有付出从所未有的努力才可能得到从来未有的成绩,无论你曾经经历过或将要经历什么磨难,一定不要放弃!

明确目标,努力奋斗

关贞成,男,汉族,机械工程2013级学生。曾获国家励志奖学金、校级二等奖学金、北京市大学生机器人大赛、华北五省大学生机器人大赛二等奖,优秀团员。

明确目标,这对我们大学生有着重要意义,我听一个学长说过,"大一不知道自己不知道,大二知道自己不知道,大三不知道自己知道,大四知道自己知道。"当时不明白,现在我有了那么些许理解。刚进入大学,很多人都不知道自己应该做什么,或者上大学的目的不明确。只有在学校里慢慢跌爬滚打,才逐渐了解大学的目的,掌握正确的学习、生活态度。其中了解得早的人,也就是悟性好的人,就会如鱼得水,取得自己在大学成功顺利的历程,获得满意的成果,留下美好的人生回忆。了解晚的人,不但在学校不会有太好的成果,而且以后离开大学后,会追悔莫及的。也许你们认为我想得太多,过早地想出了大学以后的结果,但是我认为,我们每个人都应该想一想,大学以后我们究竟能干些什么。

大一刚来学校的时候,我也对大学生活充满了憧憬与希望,树立了许多宏伟的目标,但在大学的学习与生活中,随着生活的逐渐安逸,学习的步步紧逼,那些目标早已被我抛之脑后,就连简单的早起也渐渐地做不到了,那时候我还没有察觉,早已麻木在每天的课程中,以为只要搞好课程学习就足够了,所以大一上学期,我就在课本中度过了,到了寒假,当小伙伴们聊起了自己的大学生活,才发现我的大学生活是那么单调,似乎失去了大学的意义,于是我陷入了深思,大学究竟是为了什么。

在与同学们的交流中,在父母老师的指导下,我慢慢地形成了自己的"大学观"。蔡元培校长有云"大学者,'囊括大典,网罗众家'之学府也",在这样一个文化交融的环境里,我们的主要任务是学习,此学习非彼学习,我说的学习是指在这个大熔炉里面,博采众长,补己之短,逐渐完善自己,把自己准备成社会人才。学习成绩不是最重要,也不是不重要,这只是大学的必要组成部分,也是生活中不可缺少的一部分,当你对成绩漠不关心时,想一想连生活的一部分的搞不定,怎么能搞定整个生活。身体是革命的本钱,没有一个好的身体,怎么才能进行学习和生活,平时多参加体育锻炼,根据自己的爱好多运动运动,既锻炼了身体素质,又增进了同学间友谊,一举两得,何乐而不为也。那么就来谈一谈同学间的友谊,大学同学将成为你一生的财富,在大学里你们共同奋斗,度过你们人生中最幸福的时光,在这时你们的情谊是最容易建立的,也是你受益终生的,所以搞好与每一个同学的关系,不要因为一些鸡毛蒜皮的小事而破坏了你们的友谊,忍一时风平浪静,退一步海阔天空,识大局者不拘小节,这也便是人性的修养,也是人生中的一大修养。有了良好的人性,才能将人格魅力发挥得游刃有余,将来的办事能力才能有所体现。

那么我就来说一说办事能力。一提到办事能力,我首先想到的是"靠谱",一句地道的北京话,表明这个人办事又好又快,达到了让人满意的地步。大学是个培养能力的地方,有的人好搞科研,钻学习,他可能大部分时间泡在图书馆、实验室,拿得出一些科技成果;有的人好交际组织,他可能在学生会里面如鱼得水,办的来许多社会事务;有的人好运动,好打球,他可能带领小队打得小有名气……这些都是办事能力,我比较好静,在课本上下了功夫,此外吸取了大一上半年的教训,我也涉足了课本以外的知识,这样我的生活也变得丰富了许多,由于对课本领会有些深刻,所以大家都喜欢来问我问题,在互相的交流中,既回答了问题,也加深了理解,也就得到了大家的认可。

其实对大学的理解很简单,就是向社会人才转型,做好铺垫,打好专业基础,培养交际能力,增强操作能力,为将来向社会推销自己做好准备。刚刚走掉了一年半的时光,还有很长的路要走,我对我的未来充满了希望。

第 5 章　青春有价　大学无悔

我的大学经历

徐丹，女，党员，汉族，计算机专业 2011 级学生。曾获国家励志奖学金、校级一等奖学金、校级二等奖学金、北京市优秀团员、校级优秀团干部。

我的大学，即将结束。很开心，能通过这样的方式表达下大学四年的感受。匆匆四年，有喜悦、成功，也有痛苦、失败。静下心来想一想，大学四年收获了太多太多。

还记得大一刚来的时候自己的样子吗？我初来大学的时候，我暗暗地告诉自己，这是一个新的开始，一定要把握住机会提升自己。仍清楚地记得自我介绍时我引用的那首词："少年自有少年狂，藐昆仑，笑吕梁；磨剑数年，今日显锋芒。"那时对大学有着美好的憧憬，期待着自己能够拥有与高中不一样的"轰轰烈烈"的大学生活。庆幸自己没有误入高中老师那句"到了大学就好啦"这个美丽的谎言中。于是，积极参加学生会，社团，业余时间找兼职，努力学习。大一的第一节高数课，教室门没开就去占座了。不过这种热血也没持续多久，后来经常在"探索高数奥秘"的同时，玩玩手机，做做白日梦。

大二时上专业课，枯燥又听不懂。学各种编程语言，自己也很难写出一个好的程序。那时上实验课，真的如座针毡，一方面想好好写些程序，但静不下心来；另一方面又为自己浪费的时间懊悔不已。那段时间我仔细地思考了自己的专业和心态。我想自己不喜欢计算机科学与技术，这个专业不适合我学。又仔细想了想，自己喜欢什么呢？经常很清楚自己不喜欢什么，很迷茫自己到底喜欢什么。后来想清楚了，兴趣犹如爱情，都是可以培养的。让自己静下心来，一步一步的走，莫名地就已经翻越了高山。

我在大二结束的时候开始考虑出国，利用了大三一年的时间准备出国考试。刚开始准备托福考试的时候，打击很大，托福考试最主要的是听力，而听力的提高需要长久努力，坚持不懈。经常努力了一段时间不见效果，挫败感油然而生。也是在这个过程中我更深刻地理解，人与人之间是有智商、天赋、家庭之间的差距的。面对差距，我承认自己是一个再平凡不过的人，但平凡人也可以过不平凡的生活，正如一句话说得很好：人生为棋，我愿为卒，行动虽缓，谁曾见我后退一步。只要坚持，不后退，没有成就不了的事。在准备语言考试的过程中，我深深地爱上了英语，尤其是爱上了背单词。随着时间的流逝，背单词将达到质的飞跃。开始背一遍，忘一遍，最后背个几遍之后，发现自己词汇量有飞跃的时候真的太让人欢喜。坚持就是胜利。经过一年的时间，终于通过了留学考试，现在想想，自己过去走过的，当初认为很艰难的路，走过之后，发现其实也没什么。选择出国是一条"不归路"，一旦选择了很难放弃。大四我毅然放弃了保研名额，坚持自己的出国梦，虽前路漫漫，无法预料，但选择了就要坚强地走下去，我相信会看到不一样的风景。

大学里很感恩自己能遇到共同奋斗的室友，宿舍的风气对每个成员的影响很大，看到优秀的室友，自己也没有理由不努力。大学四年的朝夕相处，室友间无话不说，像亲人一样。怀念每一次宿舍深夜的交流，谈谈梦想，人生，聊聊八卦，真的很乐在其中。

大学里迷茫一词经常伴随着我，面对选择有很多畏惧，迷茫着时间也过去了，后来我想清楚了，之所以迷茫是对前路的未知，自己太想可以预料未来，可惜没有未卜先知的能力。抗击迷茫最主要的方法就是：Just do it！自己想好了，只要是好的事情就立刻去做，摆脱拖延症，越拖延，越迷茫。人生就是这样，世事难料，但只要自己坚持一件事情，总会遇到某种机会。

我在大学期间的信条是：不安于现状，每天努力一点点，每天看到奋斗的自己。奋斗的自己最漂亮，也最令自己满意。大学是一个很好的媒介，教会我如何管理自己的时间，如何规划自己的生活，如何缩小和优秀的人之间的差距。时间不等人，宝贵的年华更加值得珍惜。面对未知的前路，我相信自己是打不倒的小强，我坚定地相信未来，相信不屈不挠的努力定会带来柳暗花明。

我们一直在路上

朱紫薇，女，预备党员，汉族，计算机专业2011级学生。曾获国家奖学金、国家励志奖学金、校级特等奖学金、校级二等奖学金、全国信息大赛 C 语言类省级三等奖、校高数竞赛三等奖。

  作为一名大四的学生，我首先想说的，也许你在大学的前三年会慢慢成长，但在大四这一年的四处奔波中会迅速成长，从小孩子到慢慢以一个成年人的角度来看待这个世界，首先长大的是保研和出国的，然后是找工作和考研的，到了大四，我们会面对许多人生选择，会面对别人的审视和评判，也会在无尽的迷茫中去询问自己的内心，但不管怎样，我们的人生脚步都在前进着，从不曾停歇。

  刚来到大学的时候，大一一年我都会经常问自己"高考怎么能考这么差"，纠结难愈的心情直到大二才平息下来，在一年的学习生活中，我渐渐明白，你在一个什么样的学校很重要，但是最重要的是你是一个什么样的人，你是否每天看书，看报，积极向上，你心中是否有一个很远大的目标，类似于诗和远方那种，和一个近期的自己应该逐步完成的目标，你是否和周围的同学互相学习，取长补短，你是否去参加过志愿或爱心活动，有一颗爱心，你是否在课余时间参加一些有意思的活动，增长自己的见识，交一些一辈子的朋友，当然，如果有缘分的话，谈个恋爱也是很美好的，这是我们高考以后梦想中的大学生活，环境会改变我们，但更重要的是我们要学会适应改变环境，让周围的一切因自己的存在而更美好。

  步入大二后，当我不再因高考而郁郁寡欢时，我对自己的专业产生了迷茫，我相信很多人对自己和专业的相适度都产生过怀疑，我曾经觉得理工科很强大，觉得科学技术是第一生产力，但同时当我真的和男生一起每天不停地调着一个个程序，连着一条条电路，其实也不过是出于对同学的承诺时，我心里对自己的专业产生了厌倦，觉得很烦琐，很无味，觉得自己的一生难道就是要做这些事情吗，而且长时间面对电脑，我的气色很差，整个人都很呆板，因为上火脸上的痘痘总是"野火烧不尽，春风吹又生"，和同学的工程做完之后，我休息了很长一段时间，每天只是看看美剧，上上课，四处游玩一下，一开始觉得很舒服，但是渐渐觉得很无聊，我想起了曾经的梦想，想到了人生的意义和价值，甚至想到了"牺牲"和"奉献"这些高大上的词语，而且我也想到了工程做完后自己感受到的成就感和自己想出一个好算法，做出一个好模型时的喜悦感，所以大二结束的时候，我野心勃勃打算在大三大干一场，和以往不一样的是，我现在做好了心理准备，我必须意识到要想在技术这一行做得好，就要有足够的耐心和毅力，要注重每一个细节，要在每一次仔细体会后抽丝剥茧进行智力的创作，同时，我们要培养自己的课余兴趣，篮球、足球、网球、羽毛球，滑板、轮滑鞋，跳舞、唱歌、弹琴，学会让自己处在一个身心平衡的状态中，感受到愉悦。

大三对于自己是很重要的一年，大三的上半年自己因为参加了过多的比赛而又担任了所有比赛的主力，导致自己力不从心，所有比赛的结果都是不乐观的，心情坠落到低谷，等你们到了大四参与到保研的过程的时候，就会明白如果你的比赛有获奖或是发过一些论文的话，你在初审和面试的时候会为自己增添多大的优势，所以我当时是非常心急的，但也正是这些过密的比赛让我明白，我们应该学会选择，应该懂得拒绝，应该善于将自己的精力应用在最重要的事情上，虽然结果并不乐观，但我终究是学会了很多东西，比如说团队内的协调，如何控制自己的脾气，如何更好地交流，也七零八落地学会了一些知识。

大三的下半年我迎来了自己比较重要的一个机遇——清华实习，这为我后来保到清华奠定了基础，实习的过程让我之前的各方面能力的积累都得到了发挥，比如我不再迷茫，心甘情愿调代码到深夜，比如我懂得如何更好地和他人进行技术上的沟通和交流，比如我学习到的那些看起来杂七杂八但却潜移默化中影响到我的知识。机会是给有准备的人，我们所需要的只是随时准备好。

现在大四进行时，周围的所有人都在为了自己的明天奋发向上，我们不再是大一刚来时那个懵懂的自己，悄无声息中，所有的人都在进步着，祝福你们，只求做最好的自己！

学习的方法、习惯与品质

张帆，男，汉族，电气2012级学生。曾获国家奖学金、校级特等奖学金、校级数学竞赛三等奖、校暑期实践先进个人及北京市优秀团队、北京市电子设计大赛三等奖、北京市数学竞赛三等奖、北京市三好学生、北京市暑期实践先进个人、校优秀团学干部。

敲打键盘的顷刻，我蓦然意识到自己已经是一名大三的学生，像做了一场很长的梦，入梦前我仍然是一名在为高考而争分夺秒的高三学子，早上5：00起床，晚上10：30入睡，两点一线机械地往复运动，如同一台永动机，只不过，提供动力的不是燃料，而是梦想；一觉醒来，并未感觉到一丝酣睡后的轻快；相反，面对着比之前更多未知，更多的挑战，肩负着更重的责任；这或许就是青春，当你感觉一切都还恍若昨天，青春早已飞逝，当你感觉一切都充满挑战，你自己已悄然成长，当你感觉一切都充满希望，成功或许就在不远方。

回望高中，苦涩的时光慢慢砥砺了我百折不挠、愈挫愈勇的品格，在青春韶华留下了永生难忘的印记。进入大学后更是如同进入了成长的快车道，无不在时时刻刻的学习与进步，充实中夹杂着酸甜苦辣，特别荣幸能有一个机会与大家分享大学在品尝过一些酸甜苦辣后的"回味"。

我始终坚信付出必有回报，过去是，未来仍是。我想与大家分享的这句话的理解，不仅仅是停留在付出后成绩方面的显性收获，更多的是你在认真地去投入一件事情过程中，不知不觉中得到的隐性收获。常见一些同学的抱怨说：平时努力了很长时间却和临时抱佛脚刷题的同学获得差不多的成绩，感觉努力白费了。**诚然，就成绩来评判，可以说你和这些同学平分秋色，但是恰恰你忽略了较成绩而言一些更大的收获，像学习方法，学习习惯还有一些难能可贵的学习品质。**推而广之，在漫漫人生路上，无论学习还是做其他事，都是一样，只要肯付出，回报总会来，回报的形式五花八门，回报的时间或早或晚。

不舍，不得。这句四字箴言像一盏启明灯一直指引我前行，生活中的例子比比皆是：舍弃锻炼，你的身体就会慢慢变得虚弱；舍弃学习，你就会渐渐被社会所淘汰；但是舍弃缺点，你就会不断进步；舍弃消极，你的生活将充满阳光。就像现在的我非常感谢高中时所放弃的娱乐时间，我想未来的我也必将会庆幸现在的我为了明天而舍弃的一切，舍弃需要一种勇气，更需要一种决断，简言之，就是明确知道在什么样的时间段该舍弃什么，而且充满希望地去坚信你必将会得到些什么，我想同作为大学生的我们，"学"字当头，学习的重要性显而易见，在大学里，学习不仅仅停留在专业知识上，广泛阅读是一种学习，他可以不断完善我们的知识架构，广交益友，同样也是一种学习，尤其在大学这样一个开放的平台，常与牛人交流无不是一种享受与进步。说了这么多，一言以蔽之，就是作为大学生的我们，无不要保持清醒的头脑，在大好青春里，为了明天的"大得"，要勇于舍弃次要矛盾，不要让未来的我们为今天的无为而埋单。

| 大学生活启示录 |

相信时间的力量，明天的你比今天的你进步一点，明天的你比今天的你多收获一点，日积月累，水滴石穿，可想而知。我经常晚上躺在床上想：我今天收获到了什么？比昨天有没有进步？青春大好，或许当我们一直感觉未来还很遥远时，我们却不觉中踏入"未来"，到那时的我们再也没有像现在这么多的时间去提升自己，或许那时我们只能眼睁睁地看着自己被碾压，所以我们为何不趁大好青春，利用如此富裕的时间去不断提高自己呢？每个人都有自己的梦想，千里之行，始于足下，将你的梦想化为你每天的付出与进步，每天将自己与昨天对比，不断反思不断进步，终究有一天你的梦想将会换个名字，叫作现实。

与大家分享了这几点，或许大家会想：如此浅显的道理都懂。就像《后会无期》里一句台词所说：听了这么多大道理，仍旧过不好这一生。我觉得这句台词是一种只"懂"道理未付诸实践而产生自嘲式的自我安慰，我想，真正懂的人自然会去做，而踏踏实实做的人自然会不断收获，现实可以很复杂，现实也可以很简单，只需有梦，有行动。

"年轻的泪水不会白流，这一生痛苦和骄傲都要拥有……"张雨生的一首经典之作《永远不回头》又一次萦绕在耳边，有梦，青春永驻！

找回梦想，孜孜以求

张婷，女，党员，汉族，测控2011级学生。曾获国家励志奖学金、校级一等奖学金、校级二等奖学金、华北五省大学生机器人大赛八人组一等奖、校物理实验竞赛二等奖、北京市大学生排球联赛第四名。

以前的我，对于那些曾经独自在哪个城市生活过几年的人，都会感到十分的敬佩。认为那种生活无法想象，当自己离开家乡，在外求学时，才发现一切都没有想象中可怕。我们生活也一样，未涉猎到的总是那么可望而不可即，胆小者只能望而却步。

首先，我们不得不承认大学真的是一个很神奇的地方。而我们的大学，以它得天独厚的地理位置给我提供了各种便利的条件和优越的机会，同时它也充斥着种种诱惑。如何在其中不迷失方向，我想是每一个人都应该思考的问题。在我即将结束大学生活的时候，我真的想感谢我的学校，还有在大学里遇见的每一个人。还记得在大一的一次班级活动，我第一次听到范玮琪的那首《最初的梦想》，"最初的梦想紧握在手上，最想要去的地方，怎么能在半路就返航"。

我很荣幸自己能够搭上教育改革的这趟列车，成功的保外。**大一的我成绩处于班级中等水平，最让我受打击就是学分最多的高数，平均成绩刚刚过 70 分，单科成绩在班级算上是属于倒数了，与同学们的差距让自己真的很压抑、焦虑。并且那时保研政策的硬性要求必须过 80 分，保研什么看似都与我无关了。**也许那时就选择了放弃，一切都不一样。被深深自卑的情绪笼罩下的我，感觉在寝室都抬不起一头来。不服输的性格让我平时表现的虽然看似无所谓，但内心备受煎熬。大一的暑假自我认真地考虑了一下，我要的是什么，我真的要自甘堕落下去吗，显然不是。经过假期的休整。到了大二，我努力地适应老师的讲课方式，不放任自己，坚持去预习，复习。几科成绩下来，自己的努力没有白费，加之真正获取到了知识的愉悦，让我更加自信，一年下来成绩排名上升到了第三名。那时我想，即使要去考研，本科所学的知识也是不能轻易补回来的，所以不敢轻易放松的我，继续努力着，逐渐适应了大学的学习生活方式，掌握了学习方法，一切就没那么困难了。又经过一年的努力，我的成绩排名又上升了一位。俗话说得好，人生如逆水行舟，不进则退。我很庆幸自己的大学生活是这样过来，到过低谷，取得过成绩。大一的那段时间给迷茫的我泼了一盆冷水，让我认清了自我，找到了方向。回想起自己前几年的大学生活，总想调侃自己一下，真算上是 × 丝逆袭了。对于学习方面，我只想告诉学弟学妹们，不到最后，谁都不知道事情如何发展，只有自己强大了才能在任何情况下都立于不败之地。

说到各种活动，我认为对于我们本科生来说，参加一下与学科相关的竞赛真的是十分必要。从中，我可以看到我平时那些看似枯燥的理论知识在实际中是如何应用的，找到自己的不足之处和兴趣所在之处，更好地在以后学习生活中提高自身能力。对于学生会和各种社团，我们可以凭自己的喜欢去参加，从中我们可以学会更好的为人处事的方式，结交更多的朋友，学到更多本领。但万不能盲目地参加各种活动，我们要始终记住自己的本职是学生。喜欢运动的我加入了学院和学校的排球队。比赛前密集的训练，繁重的学业，这些都可能成为一些同学不参加各项活动的原因。可是只要我们合理的安排，都可以做得很好。干一行，爱一行，这样我们才能真正得到快乐，好的成绩也就随之而来了。

别人说的都是别人的故事，适不适合自己，只有自己才知道。盲目地移植套用只会毁人无限，所以我们必须认真的审读这些经验，取其精华，去其糟粕。最近网上流行一句话——"要多努力才能看起来毫不费力"，别人的成绩，也许都是有原因。我以自身的经历只想告诉大家，想要努力什么时候都不晚。最后以学长说过的一句话结束我的文章，想要命好，就要加倍地拼命。与君共勉。

回望大学

张奇，男，党员，汉族，电气2011级学生。曾获学校一等奖学金、北京市电子设计竞赛一等奖、北京市物理实验竞赛一等奖2项、华北五省机器人大赛一等奖、首都高校机械创新设计大赛二等奖、中国机器人大赛全国二等奖两项、全国大学生电子设计大赛北京市三等奖；飞思卡尔杯智能车竞赛华北赛区三等奖、全国大学生机械产品数字化设计大赛三等奖。

我从三个方面总结一些我的认识，与同学们共同追求大学四年的幸福生活。

首先我想说的是我的榜样。《士兵突击》中的许三多，是我生活的标榜。相比同时入伍的成才等人，三多简直就是一头"笨猪"，最后却成为兵中之王。这鲜明的对比使我思考究竟是什么样的元素让三多实现了他的价值？答案就是一个字，笨！因为他笨，只能在周围鄙视的眼光下苦苦挣扎，拼命做好每一件小事，才在单杠上完成了333个腹部绕杠，成为了七连的传奇；因为他笨，所以把草原五班一句"有本事你修条路啊"的戏言当真，最终把不可能的事情变成了流传的故事。不难发现，在他笨的外表下，埋藏的是三多的认真，不论大事还是小事。可生活中的我常常是个"聪明人"，每每遇到了难题，总是想想有没有简单的方法实现所谓的快速高效？而忽略了实际的付出；每每想要做一件事，总想着我能不能完成这件事？有何益处？却忽视了对事情持续不断的付出和努力，在所谓的目标规划的"成功学定律"下忽略了一次又一次的可能；每每想要持续一件小事的时候总是想着我的时间这样分配会更加有意义？最终浪费了一次又一次的积累。这样的我还满心的疑惑，奋斗这么多，安排得这么好，可我为何还是碌碌无为之人？许三多解答了我的疑惑，不停地提醒我，去做一个像他一样的"笨蛋"。规则很简单：有意义的事情就是好好活，不抛弃，不放弃。

其实有意义就是好好活，就是做好每件小事，不停地在自己的专业和学习中积累能量，不抛弃，不放弃，迟早有一天你会发现自己这样的经历才是大学最宝贵的学习。

其次我想说的是我的学习。思考是学习和迷信中的唯一区别。通过文字得来的知识，纵是已经得到了前人的验证，可于自己也只是听闻，并未有过推理和验证。所以，我认为不去思考而接受的知识便是迷信。这样的迷信最容易发生在所谓的成功人士说出来的话。1987年钱钟书在写给刘再复的一封信中写道："钱某名不副实，万万不要迷信。这就是帮了我的大忙。不实之名，就像不义之财，会招来恶根的。"在刘再复的《钱钟书先生的嘱托》一文中他这样说道："这一珍贵的教诲，它时时提醒我要往实处努力，要本本色色做人，认认真真读书，扎扎实实写每一部著作。"在我看来，很多身边的朋友都或多或少地迷信着某些东西，某些名人的话语。还有，在学术上也有不少同学迷信潮流。他们总觉着热火的，流行的才是搞科研的最佳方向。我觉着这也是一种迷信。科研是一种实事求是的事情，不是凑热闹能解决的。凑热闹只能丧失自己的个性和对科学、对研究的直觉和激情，我暂时还并没有发现凑热闹搞科研的好处，不知是没有还是并未被我发现。杨振宁也曾不止一次地告诫青年朋友在选择自己的科研方向上的时候不能随波逐流，要寻找自己觉着美的领域。

我在这里引用钱钟书和杨振宁两人的话，想借他们的言语表达我对身边同学迷信潮流，迷信成功人士，迷信学长，而忽视了自己的追求，忽视了自己对科学对生活中的美好等现象的痛惜。不经过思考的学习就是迷信，此句与各位共勉。

最后我想说的是我的幸福。幸福的生活有三个不可或缺的因素，有希望，有事做，能爱人。不去奢求太多，便有希望；不过多的衡量做事有没有意义就有事可做，不去关注别人是不是爱我，你就拥有了爱人的本领。越简单越幸福，这就是我对幸福的定义。在大学中，有着太多的闲散时间让你我去寻找幸福，我就找到了一种方法：参加学科竞赛。**参赛能让我闲暇时候有事做，也让我对竞赛过程中充满了希望，也让我在竞赛的过程中锻炼了爱人的本领，常常因为别人的作品和学识让我对别人充满了好奇，敬佩他们的时候也告诫自己，原来大学生也可以**

有这种可能。所以，找到一条可以让你感受到幸福生活的道路，并为之奋斗吧！不要去在乎太多的雄心壮志，报国壮志，做好自己，慢慢积累知识，国家需要我们的时候自然能有出路。也不要眼光狭隘，为了心中的他或者她而多日激动，魂牵梦绕，认为这个人就是你生活的全部。腹有诗书气自华，只有自己是个幸福的人，才能向这个世界散播欢笑散播爱，也才会收获幸福的大学。你是不是也这样想呢？

在平凡的学习求索中，保持着一颗敏感向上的心，相信每人都会有自己的幸福的。当然，需要指出一下：幸福不单单是恋爱得到的，我觉着不应该为了恋爱而放弃求学的大好时光。

最后我引用一段话来结束这篇文章：大学一个更接近梦想的地方，一个更需要奋斗的地方，一个可能来不及思考明白就要离开的地方，大学你会失去什么？你会收获什么？答案清晰之前，你需要做的是：做自己！

度过一个没有遗憾的大学

李晨光，男，汉族，电气2012级学生。获得校级一等奖学金、校级二等奖学金、校级数学竞赛三等奖、全国大学生数学竞赛二等奖、校数学建模竞赛二等奖、北京市大学生电子设计大赛三等奖。

大学时期或许是人生中最后一个可以随意浪费时间，浪费机会，并且可以不断冷静下来去思考未来，去思考人际关系，去思考人生方向的时期；但是作为一个即将步入懵懂却又有些青涩的我们来说，这里需要感受的有太多，需要学习的有太多，需要去经历的有太多。但是作为一个走过两年青春的大三学生，我只想说一句：付出最多努力去度过一个没有遗憾的大学。

首先要做好的是学习，当然这里的学习是比较广义的，**比如学习如何与别人在各种环境下交流，学习如何安排自己的时间，学习如何管理自己的资金钱财，学习如何把握各种机会，等等**。还记得大一刚刚进入校园，我还是一个稚嫩的小孩，对于各种事情都比较好奇，自己踊跃当上宿舍长，并且积极参加了各种社团活动，同时也努力学习专业课，管理好自己的时间，偶尔也会在放假期间去首都各大景点看一下，感觉生活特别充实，而且我始终保持乐观的心态，终于我在大一下学期考到了年级第一，同时也在校高数竞赛中获奖，也结交了一些可以谈天说地的好朋友；而进入大二之后，我担任班级的学习委员，开始接触班级工作，在担任学习委员期间，我尽力帮助每一个同学解决学习难题，同时也给自己树立更多目标，而在每次考试到来之际，我的旁边总会有许多同学陆陆续续赶来问我一些难点，而我也尽量给他们讲解清楚，看到他们一个个满意的表情，我也由衷高兴，在这个过程中，我学会了怎么样表达自己的想法和体会别人的想法，而对于自己的电气专业课，我也有一种荣誉感和敬畏感，而且当每一科的学习出现共通点时，我都会有一种成就感，而当我看到自己的一些见解被老师认同时，也会给自己加油鼓劲，让自己更加努力；而电气作为一个实用的工科专业，我们必须动手实践才能更加深刻理解自己的学习内容，所以大二下学期的电子设计大赛成为我新的方向，在实验室的两个月里，我坚持让自己去学习新东西，去体会那些实际的元件，去破解实际电路的问题，虽然最后仅仅勉强拿到了北京市三等奖，但是我很欣慰自己的经历给自己又多了一些丰富。

其次是自己的成长，对于我们这样一个从幼稚到成熟的过渡时期，我们需要学会自己处理问题，学会自己独立生活，学会自己去对抗别人的诘难。在大学里，我们会看到社会的雏形，我们会为人际关系的烦琐而痛苦。但是反过来想想，这又是我们必须经历的过程，这也是我们必须要看到的事实，所以摆正心态，渐渐适应这个过程。

最后是自己的方向，有人曾经说过如果你在大学里都没有什么想法的话，估计这一辈子都会碌碌无为地过去，所以我们在经历一些事情之后，需要找到自己想要东西，找到自己可以做到的事情，找到自己的兴趣，给自己一个人生的方向，决定自己以后要做什么，作出一个比较好的人生规划。

总结我这两年的经历，才发现两点经验可以分享：一是做任何事情之前都要先处理好自己的情绪；二是做事贵在坚持。

> 大学生活启示录

大学,阳光洒过的地方

>白帆,男,电气工程专业2013级学生。曾获校级一等奖学金、暑期社会实践"北京市优秀团队"称号及校二等奖。

我将阳光当做世上最美好的事物,而大学,必将是我一生中阳光撒过的地方。心若向阳,何惧前方。怀着对即将开始的多彩大学生活的憧憬,2013年的9月,我来到了矿大,这个注定会让我一生难忘的地方。

时间如白驹过隙,转眼将我的大学生活已经度过一年多了,这一路走来,成功过,失落过,经历颇多,收获颇多。它教会了我很多,不只是书本上的知识,更多的是一种能力、一份担当、一个选择。当然,每个人有着自己不同的经历与经验,所以,辩证地来看待这篇文章极其重要。根据我对大学的认识,给出三个建议。

首先是能力,这个能力当然包括很多方面,这里为大家介绍学习方面的能力。在学习上,找到适合自己的方法,学习才能事半功倍。第一,目标要明确,因为每个人的基础各异,接受新知识的能力不同,所以选择目标一定要切合自己的学习实际,要正确估计自己的知识和能力;第二,要合理安排常规学习时间和自由学习时间,尤其是自由学习时间,在完成老师布置的任务后合理安排预习、复习功课,查漏补缺和课外训练;第三,计划要全面,要做到"长计划,短安排"。在一段较长时间内要有大致安排,每星期每天也应有具体计划,使长计划的任务逐步落实,此外计划也要留出机动时间,可做必要补充和安排。由于担任一些职务,日常学习时间大大缩水。因此,高效的学习方法尤为重要。根据每门课程的特色,根据自己的专长,再结合这门学科考察的重点,总结出属于自己的学习方法,在短的时间内获得最大收获。

其次是担当,能力越大,责任越大。刚来大学,对这个未知和新奇的环境充满好奇,于是我奔走于学生组织与各种社团,认识了各种不同的朋友。大二留任了学院的体育部部长,负责学院的体育活动开展工作。刚上任时,由于工作繁重,与学习时间经常冲突,而大二的课业很重,但我依然选择坚持。在接连举办新生篮球赛和运动会的两个月内,作为策划者与领导者,面对接连而来的困难、坎坷，握紧拳头，将问题一个一个地解决掉，抓紧空闲时间，把一个分钟当两分钟使。慢慢地，成功不再遥远，那些困难都不再是问题，只要我们有勇气、有斗志、有行动。大一下学期，我开始担任班级学习委员，不能说我比班级的其他同学成绩优秀，但我却有全心全意为班级奉献的担当。在课下，我适当地提醒同学按时复习，及时完成作业，安排班级内学习较好的同学帮助其他同学，为他们复印学习资料及期末考试试题。在我的带领下，对学习热情不高的同学也可以基本掌握所学的基本知识。我们班级在大一下学期实现了零挂科率，是我们这一级唯一的一个班，这也是对我工作的一种肯定。

最后是选择。大学是人生最黄金的阶段，如果把时间比作生产力，那么不论用于学习知识、全面发展、开阔眼界、体验人生或是体味纯洁的爱情都是人生中生产率最不过的了。但是我们必须知道：来到大学一定要明白的第一件事就是学会取舍。因为我们所做任何一件事的机会成本都等于我们为这件事付出的时间精力加上我们与此同时放弃做另一件事可能带来的效益。人们都喜欢做超现实的理想试验，在做完一件事后总认为"如果当初我做另一件事没准会收获更好的结果"。其实这世上大多数事情都是"没做遗憾，做了后悔"。要想既不遗憾，也不后悔，两个建议：第一，要完全明确自己想要做什么；第二，对自己的选择与行动充满自信。

宝贵的大学生活已然走过了一年半，这段时间中，在各个方面我都获得了巨大的进步，但是我不能满足于现状。只有鞭策自己，继续努力。愿与君共勉：选择自己想要的大学生活，认清大学生活的本质，走出属于自己的精彩大学生活。愿多年以后回想起这段阳光洒过的青春岁月，我们都可以说出这三个字：不后悔。

我在大学放风筝

成家伟，男，汉族，电气工程及其自动化2013级学生。曾获得校级一等奖学金、暑期社会实践校二等奖、校优秀实践团队。

时间像指尖的沙子，不经意间便随风逝去，转眼间在大学已有整整一年，可

大学生活启示录

能不少人问我在大学里都干了什么，我只笑笑——没干什么，放风筝！

记得那天从上火车开始的压抑气氛，直到爸妈含着泪水挥手告别，我的大学正式开始了。老实说，我的适应能力并不是那样好，可以说是外向孤独患者吧，虽然表面上已完全所谓地生活在校园里，但是心里依然惶恐不安，不仅是新环境的陌生，第一次离家的思念，更是对生活的迷茫——考上大学，我该干什么？

于是，随着"学生会热"，我也幸运地进入到学院的外联部。之所以是幸运，大概在那里交到不少朋友，总之，心里也算多了份安慰。之后，学院的晚会，出去拉赞助，第一次和社会上的"老油条"们打交道，之间不乏被冷漠拒绝的心酸，也有小有收获的成就感，貌似，我找到了自己的位置。

毕竟刚上大学，上课的时候，依然像高中那样一字不落地记着笔记，撑着昏沉沉的脑袋不敢睡去，甚至课下还为自己上课的各种听不懂而忧心忡忡。可是，渐渐地，我发现很多同学上课大摇大摆地趴着睡觉，玩手机，很是轻松，于是，我也开始上课困了就睡，甚至有时候因为课太无聊而担心自己睡不着。尤其是在C语言课上，更是睡得肆无忌惮。晚自习也开始在敷衍完作业后玩手机，睡觉，这似乎才是高中老师口中真正的大学生活吧。

果不其然，大一学期末的成绩不尽如人意，C语言也是勉强过线，这种学习上的惶恐还是第一次吧，仿佛一只无形的手狠狠抽了自己一耳光，碎了一地的自尊心，更可以说是辜负了爸妈的期望吧。我停了下来，开始好好反思自己的学习生活，决不能让一个不太好的开始破碎掉我整个大学。

我到底要干什么？与其想那么多，做出详细的人生计划，还不如从现在开始，踏踏实实地做好手上的事，起风了，手中的线得拉紧点了，不然梦想和人生就飞走了。

于是，下学期一开始，心思还是放到学习上了。虽然有时不免犯老毛病，就是上课打瞌睡，但是好歹有把缺失的讲课内容补回来。以前排斥的晚自习，现在过得也挺充实，有时候放假没有出去转转，我也会选择去自习室，温习功课，累了就听听音乐，向窗外的远处看两眼，这不是装文艺，发自内心地说，那种安心的感觉好像找回了半年前那个为了大学而拼命努力的自己。

但是，我没有因为学习而丢掉我的生活，稍微克制点的青春。

节假日，经常和舍友出去找个景点，感受下帝都的龙气，这座城市所承载的沧桑与辉煌和我的家乡南京很像，有些莫名的亲切感。学生会的工作上，安排了轮值部长，我可以自信地说自己尽到了责任，完成了既定的任务，虽然大二换届的时候没有选择继续留在外联部工作，但是我还是很感谢小伙伴们一起留下了努力的汗水，留下了一份珍贵的回忆，那是我大学第一个没有做错的选择。

其实，最让我心怀感激，是和舍友们一起自习，互相解决疑问，记得下学期快结束的时候，我们宿舍每天可以说是早出晚归，大有高考冲刺的感觉。

功夫不负有心人，由于下学期的奋力直追，整个大一的总评，宿舍五人分别有一名获得国家励志奖学金，两名校一等奖学金，一名校二等奖学金，一名校三等奖学金，这是我们共同的荣耀。

其实，现在的我才懂得，大学生活就像是每个人在放风筝。有的人小心翼翼，紧张兮兮地握着手中的线；有的人随便把线系在一块石头上，然后自顾去追飞过的蝴蝶；有的人线缠杂在一起，费心劳神……可是对于我来说，我只需在风大时拉紧，蝴蝶飞过时看一眼，然后奋力奔跑，毕竟青春做的线那么长，不及时放长它，我的风筝怎么接近太阳，因为我尊敬平凡，但是我讨厌平庸。所以，我要继续奔跑。

学习上无捷径，唯一的方法就是努力，没有天才的智慧，再没有拼命的意志，那还有什么理由拒绝失败？

努力一点，再努力一点

孙倩，女，汉族，机械工程专业2013级学生。曾获得校级一等奖学金、优秀团员、全国大学生英语竞赛C类三等奖。

不要着急，只要努力，你想要的，岁月都会给你。

经历了高三的冲刺，我们又站在了同一条起跑线上。2013的9月注定是一个难忘的日子，这一天，标志着我成为一名大学生。金秋注定是一个收获的季节，大学新奇充满神秘感，我迫不及待，探索它的奥秘，我参加学生会和各种兴趣社团也担任了班级干部，诚然，这些提高了我的能力，丰富了我的课余生活。可是，**不管怎么样，我始终觉得学习才是我的第一要务，我坚信，努力学习必成**

大学生活启示录

大器。一路上,我们可能有时懵懂,有时迷惘,我们不知道该怎么办,但是,学习一直是亘古不变的旋律,无论如何,我们总会回到这一条大道上,它指引着我们向前,向前,努力一点,再努力一点,相信生活一定不会辜负你。

时光匆匆,大一已经悄然成为过去,这一年自己成长了不少,也明白了不管为了什么,我都需要努力一点,再努力一点。我始终觉得大一可能是我收获最丰富的一年,不管是情感方面,还是工作和学习方面,现在我对它们都有了最清晰的认识,明白了如何权衡,孰轻孰重,接下来的几年可能就会专注于专业知识的学习,争取保送研究生,继续求学之路,一直奋斗下去,我相信我可以,唯一想对自己说的就是:加油,姑娘。

大学你又怎么规划呢?校园里随处可见的恩爱的小情侣着实令人称羡,致力于兼职创业挣钱的同伴也令人佩服不已,认真负责的部长主席谱写着他们的干部传奇…每个人都有自己的规划,我想告诉大家最重要的是坚持,就我自己来说,大二创业,和小伙伴合资开办三号奶茶店,期间困难重重,也曾想过放弃,但是最后大家还是互相鼓励坚持了下来,虽然真的比较累,但是收获真的非常大,它让我明白了一个人对于梦想的坚持是多么的重要,每天和我的朋友在一起奋斗非常充实非常开心,或许有时候咱们又可以同时做好几件事情,只要你努力。我相信,只要保持初心不变,一直朝着自己的方向向前走,毕业之后一定可以收获你所想要的美满。

只要开心,只要喜欢,对于自己喜欢的事情,我们可以不顾一切。我喜欢旅游,感受各种自然风光,这一年去了好多地方,以后也会继续,我希望自己的足迹可以遍布全世界;喜欢跑步,曾经每天晚上和朋友相约绕着操场极限10圈,感受生命的燃烧;喜欢学习,知识的吸收是一个无比愉悦的过程,只有这个时候的奋斗会让我觉得前方的道路是明亮的,会让我相信梦想终将实现。各科经验其实并没有什么实质性的方法可以告诉大家,我觉得每个人都有自己的学习方法,因人而异,只要努力,结果都不会太差,唯一想告诉大家的是效率是关键,不要成为时间的奴隶,毕竟大学生,还是该玩耍的时候好好玩耍,该学习的时候好好学习,要及时进行知识点的总结和记忆,在各种理科性质的学科中,我建议还是需要自己独立解题,不要依赖答案,平时没事可以背背单词,看看美剧。各种竞赛建议大家多多参加。美好需要每个人付诸努力构筑,愿每一位朋友每天收获一点点幸福,只要努力一点,再努力一点,世界必温柔待你,与君共勉。